高等学校经济与工商管理系列教材

会展策划与管理

（第2版）

主　编　马　骐　仲　欣

副主编　徐莉莉　臧　玮　王　琪

　　　　张　尧　安鑫怡

清华大学出版社

北京交通大学出版社

·北京·

内 容 简 介

本书共 11 章，内容包括会展概述、会展策划管理、会展营销管理、会展品牌战略管理、会展服务管理、会展招商策划与管理、会议策划与管理、节事活动策划与管理、会展危机管理、会展策划文案、奢侈品展会策划与管理。

本书既可以作为会展相关专业的教材，也可以作为了解会展策划与管理的一本入门参考书。

本书封面贴有清华大学出版社防伪标签，无标签者不得销售。

版权所有，侵权必究。侵权举报电话：010-62782989　13501256678　13801310933

图书在版编目（CIP）数据

会展策划与管理/马骐，仲欣主编. —2版 . —北京：北京交通大学出版社：清华大学出版社，2018.6（2025.2重印）

（高等学校经济与工商管理系列教材）

ISBN 978-7-5121-3524-6

Ⅰ.① 会… Ⅱ.① 马… ②仲… Ⅲ.① 展览会-策划-高等学校-教材 ② 展览会-管理-高等学校-教材 Ⅳ.① G245

中国版本图书馆 CIP 数据核字（2018）第 062786 号

会展策划与管理

HUIZHAN CEHUA YU GUANLI

责任编辑：黎　丹

出版发行：清 华 大 学 出 版 社　　邮编：100084　　电话：010-62776969　　http://www.tup.com.cn
　　　　　北京交通大学出版社　　邮编：100044　　电话：010-51686414　　http://www.bjtup.com.cn

印 刷 者：艺堂印刷（天津）有限公司

经　　销：全国新华书店

开　　本：185 mm×260 mm　　印张：13.75　　字数：343 千字

版　　次：2018 年 6 月第 2 版　　2025 年 2 月第 7 次印刷

书　　号：ISBN 978-7-5121-3524-6/G·1772

印　　数：18 001～19 000 册　　定价：36.00 元

本书如有质量问题，请向北京交通大学出版社质监组反映。对您的意见和批评，我们表示欢迎和感谢。

投诉电话：010-51686043，51686008；传真：010-62225406；E-mail：press@bjtu.edu.cn。

编写委员会

主　编

马　骐　仲　欣

副主编

徐莉莉　臧　玮　王　琪　张　尧　安鑫怡

参　编

申　强　王军强　喻曼景　谢亚可　申　磊　郝利群
范夕霞　刘　洋　夏　龙　岳　辉　赵　爽　石　磊

前　言

会展业是现代分工的产物，体现了市场经济的精髓。随着经济改革的深入和对外开放的不断扩展，特别是 2001 年我国加入了世界贸易组织之后，我国会展业开始有了巨大的发展。北京、上海、广州已经成为中国会展业发展的三个中心，与此同时形成了"环渤海""长三角"和"珠三角"三个会展产业带。会展业已成为国民经济中不可或缺的产业形式。

本书的主要创新之处是将会展策划与管理按照展前、展中、展后进行划分，更为直观地研究了会展策划与管理的各个方面，其主要包括营销、品牌、服务、招商、会议策划、节事活动策划等方面，同时也深入剖析了会展活动过程中面临的一系列问题。奢侈品作为商品的一个门类因其特殊性受到广泛的关注，本书就奢侈品展会的形成、特点及分类等方面做了初步探讨和研究。

本书吸收了会展行业、会展教育界、会展研究机构等方面的很多新的见解和实际案例，更为直观地给学生以指导，较符合案例教学的基本特点。

本书的结构是：第 1 章"会展概述"；第 2 章"会展策划管理"；第 3 章"会展营销管理"；第 4 章"会展品牌战略管理"；第 5 章"会展服务管理"；第 6 章"会展招商策划与管理"；第 7 章"会议策划与管理"；第 8 章"节事活动策划与管理"；第 9 章"会展危机管理"；第 10 章"会展策划文案"；第 11 章"奢侈品展会策划与管理"。

本书由马骐老师拟定提纲，并组织人员编写。全书共 11 章，具体分工如下：第 1 章、第 2 章、第 5 章由马骐、仲欣、徐莉莉、刘洋编写，第 3 章、第 4 章由岳辉、范夕霞、郝利群、王琪编写，第 6 章、第 7 章由臧玮编写，第 8 章、第 10 章、第 11 章由申磊、张尧、安鑫怡、申强、夏龙、王军强编写，第 9 章由喻曼景、谢亚可编写。最后由马骐、仲欣老师统稿、定稿。成书宁、齐欣在案例收集方面提供了很多素材，在这里表示感谢。在本书编写过程中，参考、引用了很多国内外学者的研究成果和资料，在此表示诚挚的谢意。

因时间仓促及水平有限，本书难免存在不足之处，望广大读者、学者给予批评与指正，我们在此致以诚挚的谢意！

相关教学课件可以从出版社网站（http://www.bjtup.com.cn）下载，也可以发邮件至 cbsld@jg.bjtu.edu.cn 索取。

编者

2018 年 5 月

目　录

第1章

会展概述

1.1　什么是会展

《简明不列颠百科全书》对"展览会"的解释是：为鼓舞公众兴趣、促进生产、发展贸易，或者为了说明一种或多种生产活动的进展和成就，将艺术品、科学成果或者工业制品进行有组织的展览。

在欧洲，会展被称为 C&E（convention and exhibition）或者 M&E（meeting and exhibition）。会展的内容包括会议和展览，可以说是一种狭义的会展概念，是从更纯粹的和更专业的视角来界定会展的。

美国著名的会展理论家桑德拉·莫罗在《会展艺术》中这样解释会展：会展是在专门修建的场所里进行的，一般由政府部门组织或者企业团体在政府的帮助下组织，其目的是商贸促销。和展览相同，会展将对象锁定为来自当地、外地乃至国际市场上的贸易商、零售商和批发商。会展上，通常不进行直接的商品买卖，商品参展的目的是促进将来的销售。显然桑德拉·莫罗所说的"会展"主要指展览。

与桑德拉·莫罗不同的是，美国著名营销专家小伦纳德·霍伊尔在《会展与节事营销》一书中将会展的内涵扩展到各种会议、展览和特殊节事活动。

在美国，会展通常被称为 MICE（meeting，incentive，convention，event），包括各种类型的专业会议、博览交易会、奖励旅游和节事活动。

《辞海》对"展览会"的解释是：用固定或者巡回的方式，公开展出工农业产品、手工业制品、艺术作品、图书、图片及各种重要的实物、标本、模型等，供群众参观、欣赏的一种临时性组织。

在中文里，展览会的名称有博览会、展览、展销会、博览展销会、看样订货会、展览交流会、交易会、贸易洽谈会、展示会、展评会、样品陈列、庙会、集市、墟、场等。

虽然展览会的名称繁多，但其基本词是有限的，比如英文里的 fair，exhibition，exposition，show，中文里的集市、庙会、展览会、博览会。其他名称都是由这些基本词派生出来的，下面说明展览会基本词的含义。

1. FAIR

在英文中，fair 是传统形式的展览会，也就是集市与庙会。fair 的特点是"泛"，有商人也有消费者，有农产品也有工业品。集市和庙会发展到近代，分出了具有贸易性质的、专业的展览，被称作"exhibition"（展览会）。而继承了"泛"特点的、规模庞大的、内容繁杂的综合性质的展览仍被称为 fair，但是在传入中国时则被译成了"博览会"。因此，对待外国的"博览会"，要认真予以区别：是现代化的大型综合展览会，还是传统的乡村集市。

2. EXHIBITION

在英文中，exhibition 是在集市和庙会的基础上发展起来的现代展览形式，也是被最广泛使用的展览名称，通常作为各种形式的展览会的总称。

3. EXPOSITION

exposition 起源于法国，是法文的展览会。在近代史上，法国政府举办了第一个以展示、宣传国家工业实力为目的的展览会。由于这种展览会不做贸易，主要是为了宣传，因此 exposition 便有了"宣传性质的展览会"的含义。后来其他国家也纷纷举办宣传性质的展览会，但由于法语的影响力，以及世界两大展览会组织——国际展览联盟和国际展览局的总部均在法国，因此不只在法语国家，在北美等英语地区，exposition 也被广泛地使用。

4. SHOW

在英文中，show 的原意是展示，但是在美国、加拿大等国家，show 已替代 exhibition。在这些国家，贸易展览会大多称为 show，而宣传展览会则称为 exhibition。

5. 集市

集市是指在固定的地点，定期或临时集中做买卖的市场。集市是由农民（包括渔民、牧民等）及其他小生产者为交换产品而自然形成的市场。集市有多种称法，比如集、墟、场等。在我国古代，集市常被称作草市。在我国北方，集市一般称作集。在两广、福建等地，集市被称作墟；在川、黔等地，集市被称作场；在江西，集市被称作圩。集市可以认为是展览会的传统形式。在我国，集市在周朝就有记载。目前在我国农村，集市仍然普遍存在。集市是农村商品交换的主要方式之一，在农村经济生活中起着重要的作用。在集市上，买卖的主要商品是农副产品、土特产品、日用品等。

6. 庙会

庙会常常在祭祀日或规定的时间举办。庙会也是传统的展览形式。因为村落不大可能有较大规模的寺庙，所以庙会主要出现在城镇。在中国，庙会在唐代已很流行。庙会的内容比集市要丰富，除商品交流外，还有宗教、文化、娱乐活动。庙会也称作庙市、香会。广义的庙会还包括灯会、灯市、花会等。目前，庙会在我国仍然普遍存在，是城镇物资交流、文化娱乐的场所，也是促进地方旅游及经济发展的一种方式。

7. 展览会

从字面上理解，展览会也就是陈列、观看的聚会。展览会是在集市、庙会形式上发展起来的层次更高的展览形式。在内容上，展览会不再局限于集市的贸易或庙会的贸易和娱乐，而是扩大到科学技术、文化艺术等人类活动的各个领域。在形式上，展览会具有正规的展览场地、现代的管理组织等特点。在现代展览业中，展览会是使用最多、含义最广的展览名称，从广义上讲，它可以包括所有形式的展览会；从狭义上讲，展览会是指具有贸易和宣传性质的展览，包括交易会、贸易洽谈会、展销会、看样订货会、成就展览等。展览会的内容一般限一个或几个相邻的行业，主要目的是宣传、进出口、批发等。

8. 博览会

中文的博览会是指规模庞大、内容广泛、展出者和参观者众多的展览会。一般认为博览会是高档次的，是对社会、文化及经济的发展能产生影响并起促进作用的展览会。但是在实际生活中，博览会有被滥用的现象。展览会和博览会在汉语中是现代名词，《辞源》和一些古汉语词典中均无记载。

1.2 会展的功能

广义的会展在几千年前的人类社会生活中就出现了。古代的集市、庙会等都是现代会展的雏形，在这里商贩和农户聚集在一起进行物物交换。随着社会政治和经济的发展，会展的内容、形式、功能及办展方式都有了很大的变化，会展在社会经济发展、生活中起到越来越重要的作用。

1. 带动相关产业发展

会展带动的相关产业有旅游、餐饮、交通、娱乐、住宿、通信、广告、物流、建材装修等。会展除了带来直接的经济效益外，更重要的是快速带动相关产业的发展，帮助更多的人员就业。

据测算，会展的相关产业效益为1∶10或1∶9，即如果场馆参观收入为1，相关产业如旅游、餐饮、交通、纪念品销售等即为10。目前，我国由于会展的配套服务及配套设施等还不够完善，加之会展营销理念落后，会展经济带动率远远低于经济发达国家。据估计，德国的柏林、汉诺威可达1∶9，巴西的里约热内卢及意大利的威尼斯和米兰可达1∶8，我国的上海可达1∶6，北京可达1∶5，广州可达1∶6.5，天津可达1∶6等。

在带动相关产业方面，我国有很多会展在其中起到了非常积极的作用。素有"中国家具业晴雨表"之称的中国广州国际家具博览会每年3月份在广州琶洲展馆举行。2015年第25届博览会分两期举办：第一期从3月18日至21日举行，以民用家具、家居饰品、户外家具、家用纺织品、工艺陶瓷等"大家居"为主题；第二期从3月27日至30日举行，以办公家具和木工机械、家具配料为主题。总参展面积达50万平方米，共有近2 700家参展商齐聚盛会，有超过10万名专业观众参观采购。

案例 1.1

珠江三角洲产业布局一体化规划（2009—2020 年）

2009 年 8 月，广东省人民政府出台了《珠江三角洲产业布局一体化规划（2009—2020 年)》（以下简称《规划》），家具行业作为传统优势产业赫然在列。《规划》要求，对于珠三角家具家居产业，坚持名牌带动、以质取胜，加强技术改造，加快信息技术和先进适用技术的推广应用，打造一批知名品牌龙头企业，提高产品技术含量、附加值和国际竞争力；以高档化、品牌化、国际化为导向，开发高科技、高附加值的高档面料、新型功能纤维、产业用纺织品和家纺产品；强化产品设计和市场推广，鼓励品牌创建，发展个性化、时尚化、艺术化及功能型服装产品；开发绿色环保家具、高档时尚家具、办公家具、特殊功能家具及多功能、高附加值的家居新产品、家纺饰品、工艺装饰品等。针对家具家居产业的总体布局，《规划》指出，以佛山、东莞、深圳三大家具制造基地为重点，以中山、江门的办公家具、红木家具和古典家具为支撑，加快发展家具总部经济，推动产业向价值链高端延伸，把珠三角打造成具有国际影响力的家具研发基地和全球采购中心。

案例来源：《珠江三角洲产业布局一体化规划（2009—2020 年)》的通知

"世界家具看中国，中国家具看广东"，广东已基本上处于以会展推动产业、以产业增强会展影响的良性循环中。同时，产业的发展也推动着教育的发展，以顺德职业技术学院为例，该校依托广东省庞大的家具产业背景，为家具设计行业输送了大批的人才。该校现建有设施齐全、设备先进的板式家具车间、实木家具车间，国内先进水准的喷漆车间、计算机辅助实训室、工业设计模型手板实训室、摄影实训室、计算机喷绘实训室、丝网印刷等 9 个校内实训室。

2. 提升区域整体形象

随着市场国际化的发展，世界各国和地区争办国际国内会展活动已成为当今社会文明程度的一个重要标志。实践证明，一次国际会展不仅可以带来可观的经济效益，还可带来巨大的社会效益，能极大地提高城市的整体形象，提高主办城市的知名度和美誉度。例如上海自成功举办世界财富论坛和 APEC 会议后，大大提高了上海国际大都市的知名度。这两个会议以后，三分之二以上的国际银行都毅然把在中国及亚洲总部管理处迁往上海，从而顺利完成了其目标市场的战略转移。

目前，我国各地"以会兴市"的积极性高涨，普遍认为兴办会展是促进城市经济发展的首选之路。北京、上海、广州不断扩建会展中心，深圳、大连、厦门、武汉、昆明办展积极性也很高。仅昆明的世界园艺博览会，就成功地把昆明的花卉产业推广到了国内外。已有 100 多年历史的广交会已经成为广州乃至广东省的一张名片，在广东省经济发展过程中起到了举足轻重的作用。

案例 1.2

2010 年上海世博会

截至 10 月 31 日 21 时的初步统计，上海世博会累计参观者达 7 308.4 万人次，创世博会历史新高。据抽样调查显示，境外参观者约占入园参观者总人次的 5.8%；境内参观者中，上海本地参观者约占入园参观者总人次的 27.3%，来自江苏省和浙江省的参观者分别占参观者总人次的 13.2% 和 12.2%，来自国内其他省区市的参观者约占 41.5%。园区单日最大客流出现在 10 月 16 日，为 103.28 万人。

2010 年上海世博会是一个具有极强代表性的展会，主旨在于增强国际影响力，同时也取得了很好的经济效益。在门票收入方面，超过 70 亿元；在园区餐饮方面，原先预期 60% 的参观者会在园内用餐，收入约为 18 亿元，但实际上，5～8 月份，有 75% 左右的参观者在园内用餐，餐饮营业额累计达 16.09 亿元，以此推算，园区餐饮总收入至少可达 24 亿元——这还不包括餐饮区 10 万平方米的租金收入；世博园区将有 40% 的土地推向市场，预计市场值将超过 2 000 亿元。其他诸如航空业、旅游业、酒店业等方面的收入也有很大的增长幅度，而且影响的范围不仅限于上海，对整个长江三角洲及周边都有很好的带动作用。

BBC 专门引用了联合国秘书长潘基文在 31 日上海世博会高峰论坛上说的两句话："上海世博会很快将要闭幕了，但它永远都不会被遗忘"，"让我们在生活和工作中，保持着上海世博会带来的美好希冀"。

案例来源：世博网，中国 2010 上海世博会官方网站

3. 整合营销

会展活动作为一个平台，为企业展示展品、收集信息、洽谈贸易、交流技术、拓展市场提供了有利渠道。

整合营销是一种对各种营销工具和手段进行系统化结合，根据环境进行即时性的动态修正，以使交换双方在交互中实现价值增值的营销理念与方法。整合营销就是为了建立、维护和传播品牌，以及加强客户关系，而对品牌进行计划、实施和监督的一系列营销工作。整合营销就是把各个独立的营销工作综合成一个整体，以产生协同效应。这些独立的营销工作包括广告、直接营销、销售促进、人员推销、包装、事件、赞助和客户服务等。

在会展活动中，生产商、批发商、分销商、终端消费者进行交流、贸易等市场行为，在某种程度上，会展活动就是一个信息市场，企业可以利用各种信息渠道宣传自己的产品，推介自己的品牌、形象。企业与顾客可以直接沟通，得到及时反馈；企业可以收集有关竞争者、新老顾客的信息；企业能了解本行业最新产品动态和行业发展趋势，作为企业下一步决策的依据。

4. 集聚

集聚效应是指各种产业和经济活动在空间上集中产生的经济效果及吸引经济活动向一定地区靠近的向心力，是导致城市形成和不断扩大的基本因素。集聚效应是一种常见的经济现象，如产业的集聚效应。最典型的例子当数美国硅谷，聚集了几十家全球 IT 巨头和数不清

的中小型高科技公司。国内的例子也不少见，在浙江，诸如小家电、制鞋、制衣、制扣、打火机等行业都各自聚集在特定的地区，形成了一种地区集中化的制造业布局。类似的效应也出现在其他领域，北京、上海这样的大城市就具有多种集聚效应，包括经济、文化、人才、交通乃至政治等。

无论是国外还是国内，会展业都出现了集聚发展的趋势。目前，我国已经形成环渤海、长江三角洲、珠江三角洲、东北和中西部五大会展经济产业带，大部分专业展览场馆分布在北京、上海、广州、大连、深圳、厦门等经济发达地区。从会展收入看，广东、北京和上海占据了垄断地位，占全国会展收入的八成以上。与制造业的情况一样，会展业的这种集聚效应会带来会展业内部专业化分工和公共协同效应，有利于提高行业生产率和竞争力，发挥资源共享效应，节约会展企业的营销成本。行业聚集带来的激烈竞争还能增强会展企业的创新活力，加快会展专业人才的培养和成长，从而提高会展业的产业竞争力。

1.3　国外会展业发展现状

1. 德国

德国拥有世界上最发达的会展业，汉诺威、法兰克福、杜塞尔多夫、柏林、慕尼黑、科隆等诸多知名的会展城市而享誉世界。目前，德国每年举办的大型国际展览约 150 个，展出总面积超过 650 万平方米，国际参展商近 40%；世界上最重要的展览会有三分之二在德国举办，世界十大展览公司，德国占据 5 席。表 1-1 列示了 2017 年德国五大展览公司业绩情况。由表 1-1 可以看出，德国展览业发展的地域性也非常明显，展览公司多以地名来命名，体现了德国会展业发展的特点。德国的展馆全部由各州和地方政府兴建，展览公司由政府控股，实行企业化管理。例如德国汉诺威展览公司由下萨州政府和汉诺威市政府分别控股。德国汉诺威展览公司既是汉诺威展览中心的拥有者，又是 CeBIT 和汉诺威工业博览会等大型展览会的举办者。

表 1-1　2017 德国五大展览公司业绩

排名	展览公司名称	营业额/亿欧元	排名	展览公司名称	营业额/亿欧元
1	汉诺威展览公司	4.24	4	杜塞尔多夫展览公司	2.22
2	法兰克福展览有限公司	2.56	5	科隆展览公司	2.15
3	慕尼黑贸易展览中心	2.29			

德国会展业之所以如此发达并稳居全球会展业前列，有政治、经济、文化、历史等多方面的原因。例如杜塞尔多夫、埃森、科隆地处德国"工业心脏"——鲁尔工业区，雄厚的经济实力为这些城市的展览业发展奠定了基础。同时德国会展业还有一个鲜明的特点，就是许多专业性展览会都是依托城市产业发展起来的，如工业重镇汉诺威的工业博览会，杜塞尔多夫的国际印刷、包装展，旅游城市纽伦堡的玩具展等。这些专业性展览会使这些会展城市在世界会展舞台上各领风骚。还有非常重要的一点就是，德国展览机构在全世界的办事机构达300 多个，已形成了全球化的展览营销网络。

2. 美国

美国发达的会展业得益于其独特的市场化运作模式。目前，美国已经形成了自己独特的办展模式，即展览中心公有、行业协会协助、专业管理公司经营、立足于美国国内的市场化运作模式。

在美国著名的会展城市，如拉斯维加斯、芝加哥、纽约、奥兰多、达拉斯和亚特兰大，大部分展览中心是公有的，具体有 3 种管理方式：政府管理，即地方政府成立会议观光局（CVB）负责管理公有展览中心；委员会管理，即地方政府成立单独的非谋利管理委员会管理公有展览中心；私人管理，就是将公有展览中心的管理业务外包给私人展览公司。在运营过程中，各种类型的展览中心都会有专业的管理公司在各种权威行业协会协助下公平参与市场竞争，重视提高服务质量，进行自由的市场化运作。

美国国内有巨大的市场容量，这种市场化的运作模式是以长、短期展览相结合保证展览企业的续航能力，以规模较大的展览中心完善配套服务设施，以立足本地、立足美国、立足专业产品的市场理念和谨慎的经营合作态度谋求发展。

3. 新加坡

作为亚洲国家，新加坡在会展业的发展位列亚洲之首。新加坡会展业起步于 20 世纪 70 年代中期。新加坡旅游业非常发达，每年接待国际游客的数量都在本国人口总数的 2 倍以上，2014 年入境游客达到 1510 万人，为历史最高纪录。新加坡政府对会展业的发展十分重视。在新加坡，由新加坡会议展览局和新加坡贸易发展局专门负责推广会展业，宣传新加坡的会展活动，吸引各国厂商到新加坡参展。同时，新加坡具备良好的会展举办条件：发达的交通（目前，新加坡有 64 家国际航空公司的航线，可直飞 50 个国家的 154 个城市）、通信等基础设施，较高水准的服务业、较高的国际开放度及较高的英语普及率等。国际协会联盟（UIA）2014 年国际会议调查资料表明，在国际会议城市排名中，新加坡保持住了其连续 13 年作为亚洲最顶级的会展城市的排名，并在世界排名第七。

4. 韩国

韩国在会展业发展方面所做的努力与国家高层的支持是分不开的。早在 1996 年，韩国政府就颁布了会议促销法，以吸引外国人到韩国开会。

由于韩国政府的大力支持和有力促销，韩国的会展业取得了明显的成绩。韩国在 2014 年世界主要举办国际会议城市中被国际大会及会议协会（ICCA）排在前 20 位，其首都首尔在世界主要举办国际会议城市中更是被国际大会及会议协会排在第三位。同时国际大会及会议协会的数据也说明韩国在举办商务会议方面有着巨大的发展潜力。首尔已成为亚洲最受欢迎的会展城市之一。

5. 俄罗斯

俄罗斯是欧洲最大国，在过去的十几年中经济取得了长足的发展。俄罗斯举办工业展览会的历史与俄罗斯工业发展紧密相关。第一届工业展览会于 1829 年在圣彼得堡召开，第一届莫斯科工业品展览会于 1831 年由莫斯科独立企业家组织承办。1836 年，俄罗斯通过了组织区域展览会的国家决议。

俄罗斯的会展企业 2010 年收入约为 1 亿欧元。2014 年，俄罗斯投入 14 亿欧元打造了堪称"史上最贵冬奥会"的索契冬奥会。在 2014 年索契冬奥会和 2018 年世界杯等国际赛事的带动下，俄罗斯终将走出经济阴霾，迎来会展业的春天。

1.4　我国会展业发展概述

1. 概况

我国会展业起步较晚。自 20 世纪 80 年代以来，我国会展业经历了从无到有、从小到大的过程，行业经济效益逐年攀升，年均增长达到 20% 以上，场馆建设日益完善。全国以北京、上海、广州为一级会展中心城市，初步形成了三大会展经济产业带，即包括北京、天津、烟台、廊坊等地的环渤海会展经济带；以上海为龙头、以沿江沿海为两翼的长江三角洲会展经济带；以广交会和高交会为龙头的珠江三角洲会展经济带。会展业已成为国民经济强有力的助推器。

尤其是在 2001 年 12 月 10 日我国正式加入世贸组织后，我国经济在整体上面临更大程度的开放，我国经济面临着前所未有的机遇和挑战。加入 WTO 后，我国在更广泛的领域和更高的层次上参与国际经济分工、参与国际竞争与合作，这为我国更加充分地利用国际市场和资源、发挥劳动力资源优势、分享现代文明的各种成果、加快与国际经济接轨创造了有利条件。而会展业作为一个新的产业，因其特有的属性在经济快速发展的过程中也快速发展着。但与此同时，加入 WTO 也意味着世界经济波动对我国经济发展的影响和冲击越来越直接，从而使我国经济发展面临巨大的压力和挑战。

我国会展经济的兴起和发展与经济全球化有着密切的联系。20 世纪 90 年代，全球经济掀起了新的经济全球化浪潮，而我国的会展经济正是进入 90 年代后迅速发展起来的。

2. 2015 年我国会展业发展情况

（1）展馆数量

2015 年我国会展行业的国际化进程进一步加快。在出国展览稳步发展的同时，国内会展市场进一步开放。英国励展博览集团进军郑州，德国斯图加特展览公司在南京设立合资公司，英国 ITE 公司以数亿元的资金收购上海展会。此外，我国办展机构在国际会展业的影响力也进一步增强。截至 2013 年年底，国际展览业协会（UFI）的中国会员达到 84 个，主要分布在北京、广东、上海三地，其中北京 26 个，广东 23 个，上海 22 个，三省市的会员数约占总会员数的 96.4%。UFI 认证展会共 69 个，其中境内认证展览 66 个，境外认证展览 3 个，主要分布在广东省、上海市、北京市，其中广东省 21 个，上海市 20 个，北京市 17 个。图 1－1 是 2015 年我国展览馆数量分布情况。

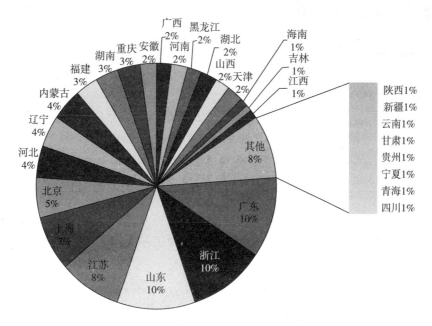

图1-1 2015年我国展览馆数量分布情况

（2）地区分布

从图1-2可以看出，会展场馆主要分布在华东地区、华南和华中地区、华北地区三大区域。其中华东地区占39%、华南和华中地区占27%、华北地区占17%，这三个地区占了全国约80%的会展场馆。

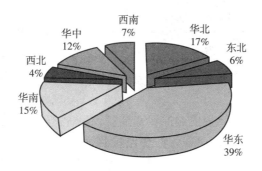

图1-2 2015年展会数量地区分布

（3）展馆特征

我国展馆的特征是：以上海、广州和北京为核心的三大区域拥有我国大部分的展馆；展馆软硬件条件整体水平不高；展馆硬件条件地区性差异较大；大型展馆数量不能满足需求；新建展馆数量仍呈增长趋势。

（4）展会特征

全国办展数量趋于稳定，一些城市中小展会减少或停办；北京、上海、广东三地仍然是展会数量、质量、规模的主战场；出口交易会和出国参展受国际金融危机影响较大；与"外贸下滑、内需增长"的经济态势相对应，终端消费类展览会增长明显；会展业持续活跃，品牌化态势逐步形成；国际合作有序进行，合作层次和范围有所拓宽。

2015 年，全国有 31 个城市实现了展览会数量增长，约占可比全国展览城市总数量的三分之二。在 2015 年展览会数量 50 个以上的 14 个城市中，有 11 个城市实现展览会数量增长，合计增加展览会 108 个，占全国展览会总数量增加值的 80%。数据表明，全国展览会市场总体呈现增长趋势，展览会在重点城市增长明显。

从展览会总面积上看，2015 年全国共有 9 个城市举办展览会总面积超过 200 万平方米，比 2014 年增加了 4 个城市，其中广州市展览会总面积首次超过 1 000 万平方米，武汉、郑州、济南、天津 4 个城市展览会总面积首次超过 200 万平方米，显示出我国重点展城市快速上升的趋势。2015 年上海市展览会总面积约为 1 398 万平方米，约占全国展览会总面积的 18%，居于全国首位；广州市展览会总面积约为 1 041 万平方米，约占全国展览会总面积的 14%，居于全国第二位；北京市展览会总面积约为 753 万平方米，约占全国展览会总面积的 10%，居于全国第三位，深圳市展览会总面积约为 352 万平方米，约占全国展览会总面积的 5%，居于全国第四位，如图 1-3 所示。

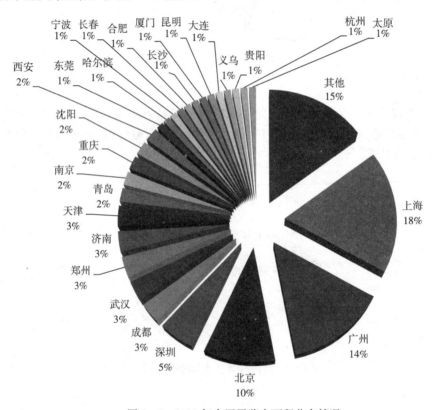

图 1-3　2015 年全国展览会面积分布情况

在国内组展单位中，青岛海名国际会展有限公司 2015 年共举办 45 个展览会，名列第一位；振威展览集团 2015 年共举办 36 个展览会，名列第二位；中展集团 2015 年举办 16 个展览会，名列第三位。从办展面积角度看，中国对外贸易中心举办两届共六期广交会，办展总面积约 168 万平方米，排名第一；中国对外贸易广州展览总公司办展总面积约 164 万平方米，排名第二；振威展览集团办展总面积约 108 万平方米，排名第三。表 1-2 为 2015 年举办 3 个以上展览会且办展面积达到 30 万平方米以上的国内企业。

表 1-2 2015 年主要国内企业型组展单位一览表

序号	组展单位	展览会数量	展览会面积/m²
1	中国对外贸易中心	7	1 684 900
2	中国对外贸易广州展览总公司	11	1 640 000
3	振威展览集团	36	1 086 670
4	青岛海名国际会展有限公司	45	813 450
5	中展集团	16	690 670
6	尚格国际展览有限公司	12	673 972
7	厦门会展金泓信展览有限公司	5	354 000
8	金诺展览有限公司	10	353 060
9	上海新格雷展览服务有限公司	6	336 010
10	武汉新城国际博览中心	5	335 000
11	深圳市华巨臣实业有限公司	14	330 000
12	北京博万国际会展有限责任公司	9	317 000
13	齐鲁晚报天一国际会展有限公司	11	305 200
14	成都世纪城新国际会展中心有限公司	3	302 000

从展览会总面积看，2015 年全国共有 1 142 个组展单位办展总面积在 3 万平方米以下，比 2014 年增加 167 个，增幅约为 17%；409 个组展单位办展总面积在 3 万～5 万平方米之间，比 2014 年增加 69 个，增幅约为 20%；376 个组展单位办展总面积在 5 万～10 万平方米之间，比 2014 年增加 80 个，增幅约为 27%；285 个组展单位办展总面积在 10 万平方米以上，比 2014 年增加 42 个，增幅约为 17%，如图 1-4 所示。数据表明，组展单位办展能力普遍不高，多在 3 万平方米以下。

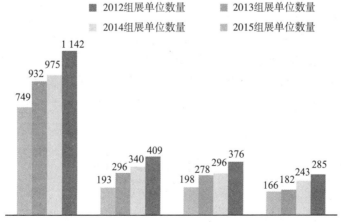

图 1-4 2012—2015 年全国组展单位办展面积分布情况

案例 1.3

2015 年我国会展业发展情况

表 1－3 是我国 2015 年十大会展场馆情况。

表 1－3 2015 年十大会展场馆调研数据（以年度展出总面积排序）

单位：m²

序号	展馆名称	年度展出总面积	展览总数	室内展厅面积	室外展场面积
1	中国进出口商品交易会展馆	6 606 000	99	338 000	436 000
2	国家会议中心	6 410 000	80	40 000	0
3	上海新国际博览中心	6 390 000	104	200 000	100 000
4	深圳会展中心	2 720 000	92	105 000	15 000
5	中国国际展览中心（新馆）	2 240 000	33	106 800	47 000
6	成都世纪城新国际会展中心	1 912 000	113	110 000	30 000
7	上海世博展览馆	1 829 800	78	70 000	20 000
8	厦门国际会议展览中心	1 480 000	144	88 000	50 000
9	天津滨海国际会展中心	1 419 100	32	40 000	20 000
10	青岛国际会展中心	1 410 000	122	60 000	50 000

资料来源：中国会展

本 章 小 结

> 会展业作为近年来快速发展的服务性行业，因其独特的带动功能越来越多地受到政府、社会、企业、行业等方面的强烈关注。本章主要介绍了会展的相关概念及会展的功能，并从世界会展业发展现状引申出我国会展业的发展历程和现状。

课 后 习 题

1. 简述会展的相关功能。
2. 我国会展业的发展有什么区域特征？
3. 试分析我国三个会展带形成的缘由。

第 2 章

会展策划管理

2.1 会展策划概述

策划一词最早出现在《后汉书·隗器传》"是以功名终申,策画复得"之中。其中"画"与"划"相通互代,"策画"即"策划",意思是计划、打算。"策"最主要的意思是指计谋,如决策、献策、下策、束手无策;"划"是指设计,工作计划、筹划、谋划,意思为处置、安排。

《辞海》中"策"的动词之意为计划、谋略;"策划"是指谋划与运筹。

日本策划家和田创认为:策划是通过实践活动获取更佳效果的智慧,它是一种智慧创造行为。美国哈佛企业管理丛书认为:策划是一种程序,"在本质上是一种运用脑力的理性行为"。更多的人说策划是一种对未来采取的行为做决定的准备过程,是一种构思或理性思维程序。

策划的基本含义是:为未来事项"筹谋献策",即思维主体运用知识和能力进行思考运筹的过程,也是根据现实的各种情况及所掌握的信息,围绕一个中心(也就是一个特定的目标)来全面地构思、设计,选择合理可行的行动方法,从而形成正确决策及高效工作的过程。

会展策划就是会展企业根据收集和掌握的信息,对会展项目的立项、方案实施、品牌树立和推广、会展相关活动的开展、会展营销及会展管理进行总体部署和具有前瞻性规划的活动。会展策划对会展活动的全过程进行全方位的设计并找出最佳解决方案,以实现企业开展会展活动的目标。

2.2 会展立项策划

"不谋全局者，不足以谋一域。"会展项目开展之前的策划是会展项目成功与否的关键。如何进行有效的策划是策划的关键，如何衡量能力和项目之间的平衡是会展立项策划的基础。

2.2.1 用 SWOT 模型进行可行性分析

会展项目可行性分析是指在会展投资决策之前，对拟建项目进行全面的技术经济分析论证，并对其做出可行或者不可行明确评价的一种科学方法。

SWOT 模型分析法又称为态势分析法，是由旧金山大学的管理学教授海因茨·韦里克于 20 世纪 80 年代提出来的一种分析方法，主要用来确定企业本身的竞争优势、竞争劣势、机会和威胁，从而将公司的展览与公司内部资源、外部环境有机结合。因此，清楚地确定公司的资源优势和缺陷，了解公司所面临的机会和挑战，对于制定公司未来的发展战略有着至关重要的意义。

在此可以引入 SWOT 模型进行形象阐述。从表 2-1 可以看出，优势—机会（SO）战略是会展企业最愿意看到的场景，但是 SO 场景不可能时时出现，在实际操作过程中可能更多的是要面对内部的劣势和外部的威胁，利用优势、抓住机会、避开劣势、应对威胁是 SWOT 模型的核心所在。

表 2-1 会展立项 SWOT 模型分析

	优势（strengths）① 区位优势② 基础设施优势③ 项目稀缺性④ 旅游资源优势⑤ 目标客户群优势⑥ 人力资源优势⑦ 组织体系优势⑧ 无形资产优势（品牌信用等）⋮	劣势（weaknesses）① 区位劣势② 基础设施劣势③ 项目稀缺性④ 旅游资源劣势⑤ 目标客户群劣势⑥ 人力资源劣势⑦ 组织体系劣势⑧ 无形资产劣势（品牌信用等）⋮
机会（opportunities）① 主题相关产业较发达② 政策导向较明显③ 有行业协会或政府支持⋮	优势—机会（SO）战略利用优势、抓住机会，是 SWOT 中最优组合	弱点—机会（WO）战略避开劣势、抓住机会
威胁（threats）① 展会同质化倾向② 主题产业走向没落③ 竞争对手的侵扰④ 不利于会展活动的政治、经济等相关因素⋮	优势—威胁（ST）战略利用优势回避或减轻威胁	弱点—威胁（WT）战略避开劣势、应对威胁

（内部能力／外部因素）

运用 SWOT 模型时应遵循以下基本规则。

① 必须对优势和劣势有客观的认识。

② 必须区分公司的现状和前景。

③ 必须考虑全面。

④ 必须与竞争对手作比较（不论是优于自己的对手还是劣于自己的对手）。

⑤ 保持简洁化，避免过度的复杂和分析。

当然，SWOT 模型有其适用的广泛性，但是也有着其自身的一些缺陷。SWOT 模型是一个相对静态的分析问题的模型，优势、劣势、机会、风险都是当时需要面对的，随着事物的发展、企业的发展，这四个方面都是处在一个动态的、变化的过程中，利用 SWOT 模型进行会展策划分析时必须考虑到其他一些因素，如 SWOT 模型没有考虑到企业改变现状的主动性。根据企业发展规律来讲，在面对劣势、威胁的时候企业是可以通过寻找新的资源来创造企业所需要的优势，使企业找到新的定位，从而实现过去无法实现的战略目标。

案例 2.1

中国电信的 SWOT 分析

在已经过去的一年里，中国电信的新闻热点、焦点不断：电信资费的调整、中国电信南北大分拆及中国电信将面临入世挑战等。在新的一年里，中国电信又将上演一场"与狼共舞"的惊险剧目。面对激烈的市场竞争，对中国电信进行 SWOT 分析，能让大家对中国电信未来的发展有一个清醒、客观的认识。

1. 中国电信的优势（strength）和劣势（weakness）分析

自 20 世纪 80 年代中期起，中国电信经历了近 20 年的高速发展，已经形成了规模效益。尽管此间经历了邮电分营、政企分开、移动寻呼剥离、分拆重组等一系列改革，但在中国的电信业市场上，中国电信仍具有较强的竞争和发展优势，主要表现在客户资源、网络基础设施、人才储备、服务质量等方面。

（1）中国电信市场引入竞争机制后，中国电信与中国移动、中国联通、中国网通等运营商展开了激烈竞争。中国电信南北分拆后，在保留原有大部分固定电话网和数据通信业务的同时，继承了绝大部分的客户资源，保持了良好的客户关系，在市场上占领了绝对的优势。1.79 亿个的固定电话用户，1 500 多万个的数据通信用户，为中国电信发展业务、增加收入奠定了良好的基础。

（2）中国电信基础网络设施比较完善。改革开放 20 多年来，中国电信已建成了覆盖全国，以光缆为主、以卫星和微波为辅的高速率、大容量、具有一定规模、技术先进的基础传输网、接入网、交换网、数据通信网和智能网等。中国电信的网络优势已经成为当前企业发展的核心能力，同时具备了向相关产业延伸的基础和实力。

（3）中国电信在发展过程中培养和储备了一大批了解本地市场、熟悉通信设备的电信管理和技术的能力较高、结构合理的管理和专业人才。同时中国电信还积累了大量丰富的运营管理经验，拥有长期积累的网络管理经验、良好的运营技能和较为完善的服务系统。

（4）中国电信日趋完善的服务质量。中国电信成立了集团客户服务中心，为跨省市的集团客户解决进网需求；中国电信还建立了一点受理、一站购齐的服务体系，最大限度地方便用户；中国电信推出了首问负责制，解决了企业在向用户提供服务过程中相互扯皮、相互推诿的问题。另外，中国电信还设立了服务热线（10000）、投诉热线（180）等，建立了与用户之间的沟通服务，提供互动式服务。

虽然中国电信具有一定的发展优势，但我们应该辩证地看待这些优势。辩证法告诉我们，优势和劣势都是相对的，即在一定的条件下，优势很可能转变成劣势。中国电信虽然拥有丰富的客户资源、完善的网络设施及大量的储备人才，但缺乏现代企业发展所必需的战略观念、创新观念、人力资源开发管理、人文环境建设，以及与此相适应的市场制度环境。业内人士认为，中国电信拥有资源优势，但却缺乏资源运作优势。一旦不慎，优势很可能就转变成劣势。目前，中国电信的劣势主要表现在以下几方面。

（1）企业战略管理与发展的矛盾。一方面，企业决策层只重视当前战术和策略，忽视长远战略，湮没在日常经营性事务中，不能统观大局；另一方面，企业缺乏应对复杂多变环境的企业运作战略策划人才。这个问题是当前实现企业持续发展、保持长久竞争优势的核心问题。

（2）企业内部创新与发展的矛盾。面向计划经济的职能化业务流程、管理模式、组织模式已经呈现出与快速发展的不适应，并逐步成为制约电信企业参与全球化竞争的主要因素。ERP、管理和组织模式的改革创新及企业特色人文环境的建设是实施企业发展战略的焦点问题。

（3）中国电信现有的基础设施不能为用户提供特色服务。中国电信虽然拥有比较完善的网络基础设施，但这大都不是根据市场的实际需要建设的，而是为了满足普遍服务的需要。

（4）拆分让中国电信由主体电信企业降级到一个区域性的电信企业。中国电信的主要阵地将固守在南方市场，而北方市场将由中国网通占领。即使受拆分影响，但中国电信的实力仍然最强，只是苦于无全国网络，无法开展全国性的业务。

2. 中国电信的机会（opportunity）和威胁（threat）分析

我国国民经济的快速发展，为我国的信息化建设和通信发展提供了前所未有的发展机遇，同时也为中国电信提供了巨大的机会，主要表现如下。

（1）国民经济的持续快速发展，形成了潜力巨大的市场需求，为中国电信提供了更大的发展空间。入世后各地极大地改善了投资环境，法律透明度提高和国民待遇的实现将吸引大量外来资本，本地企业实力将得到提高和增强，企业电信消费水平随之提高。劳动力市场结构的调整和转移必然带来社会人员的大量流动，同时拉动巨大的通信需求，话务市场将进一步激活。

（2）电信业法律法规不断健全完善。电信业将进入依法管理的新阶段，为中国电信的发展创造了公平、有序的竞争环境。随着电信业法制的健全，政府的经济职能将发生根本转变，政府会把企业的投资决策权和生产经营权交给企业，让企业经受市场经济的考验。这意味着政府将给中国电信进一步松绑，给予应有的自主权，这有利于中国电信按市场经济规律运作。

（3）中国政府大力推进国民经济和社会信息化的战略决策，为中国电信的发展创造了历史性的机会。"三大上网工程"（政府上网、企业上网、家庭上网）造就了我国消费能力强劲的信息产业市场，为我国信息产业市场创造良好环境的同时，使我国成为全球最大的信息产业市场之一。

（4）中国加入 WTO 后电信市场逐步对外开放，将加快企业的国际化进程，有利于企业的经营管理、运作机制、人才培养与国际接轨。同时也可促进中国电信借鉴国外公司的管理经验，积极地推进思维、技术、体制创新，提高产品档次，降低成本，完善服务质量，改进营销策略，增强核心竞争力。

（5）电信市场潜力巨大。首先，我国经济发展不平衡，地区之间、消费层次之间的差异决定了电信需求的多层次和多样化，而通信技术的飞速发展，促进电信企业的网络升级换代和业务的推陈出新，在固定电话网与计算机通信的融合点上开发新业务潜力巨大，激发出新的消费需求。因而，从总体上看，我国电信市场孕育着巨大的需求潜力。其次，从固定电话看，中国电信平均主线普及率只有 13.8%，远低于发达国家平均水平。主线收入、盈利水平和市场规模也与发达国家平均水平相差甚远，发展的空间和潜力仍旧巨大。最后，从中国电信的其他业务看，互联网和固网智能网业务的市场规模和盈利能力将随着企业外部环境层次的提高而不断扩大。

（6）移动牌照的发放。信息产业部部长吴基传曾经在公开场合说过，中国将拥有四个综合电信运营商，它们能够经营固定、移动、数据和其他各种基础电信业务，这意味着将再发两张移动牌照。目前，移动通信领域是潜力最大也是竞争最激烈的通信领域，将成为各电信企业的必争之地。一旦中国电信拿到了移动牌照，那么移动领域将是中国电信的又一主营业务。

正所谓机会与威胁同在，任何事件的影响都是相对的，中国电信在迎接巨大机会的同时也将面临巨大的威胁，具体表现在以下几个方面。

（1）电信市场竞争格局由局部转向全面、由简单转向多元。首先，在竞争趋势方面，国内市场竞争将由价格竞争向核心能力创新竞争过渡。在过渡期间，市场份额的抢夺将成为市场跟随者的发展重点。其次，入世后的国际资本竞争压力也将逐步增大。国外电信运营商将通过兼并、联合和收购等方式实现全球服务化的速度不断加快。中国电信市场的 ICP、数据库、传真、视频会议等增值业务首当其冲地受到较大冲击，对电信企业的稳定增长产生影响。

（2）中国电信人才流失较为严重。国内外许多公司采用高薪、高福利等政策吸引中国电信人才，造成中国电信人才严重流失。这一现象至今仍未得到解决。人才的流动是竞争的必然结果，是关系到中国电信生存发展的关键问题。因此，如何体现人才价值、发挥人才潜能，是中国电信必须正视的一个问题。

（3）非对称管制对中国电信的影响。中国电信在经营许可、互联互通、电信资费、电信普遍服务等方面受到相对严格的行业管制。在目前的中国电信市场上，管制的不平等已经制约了中国电信的发展，在日趋激烈的电信市场竞争形势下，不尽快进行改革，中国电信只有一死。

（案例来源：中国电信官网）

2.2.2　会展项目可行性研究的内容

1.　市场环境分析

市场环境分析是会展立项可行性分析的第一步,它是根据会展立项策划提出的会展举办方案,在已经掌握的各种信息的基础上,进一步分析和论证举办会展的各种市场条件是否具备,是否有举办该会展所需要的各种政策基础和社会基础。市场环境分析不仅要研究各种现有的市场条件,还要对其未来的变化和发展趋势做出预测,使立项可行性分析得出的结论更加科学合理。它包括以下几个方面。

①　宏观市场环境。包括人口环境、经济环境、技术环境、政治法律环境、社会文化环境等。

②　微观市场环境。包括办展机构内部环境、目标客户、竞争者、营销中介、服务商和社会公众等。

2.　会展项目生命力分析

市场环境分析是从计划举办的会展项目的外部因素出发来分析举办该展会的条件是否具备,会展项目生命力分析则是从计划举办的会展项目本身出发,分析该展会是否有发展前途。分析会展项目的生命力,不是只分析会展举办一届或两届的生命力,而是要分析该会展的长期生命力,即要分析如果本会展举办超过五届以上,本会展是否还有发展前途的问题,它包括以下几个方面。

①　项目发展空间。即分析举办该会展项目所依托的产业空间、市场空间、地域空间、政策空间等是否具备。

②　项目竞争力。包括会展定位的号召力、办展机构的品牌影响力、参展商和观众的构成、会展价格、会展服务等。

③　办展机构的优、劣势分析。

3.　会展执行方案分析

会展执行方案分析是从计划举办的会展项目本身出发,分析该会展项目计划准备实施的各种执行方案是否完备,是否能够保证该会展计划目标的实现。会展执行方案分析的对象是该会展的各种执行方案,分析的重点是各种执行方案是否合理、完备和可行。对计划举办会展活动的基本框架进行分析,一般包括以下几个方面。

①　会展名称和会展的展品范围、会展定位之间是否有冲突。

②　办展时间、办展频率是否符合展品范围所在产业的特征。

③　会展举办地点是否适合举办该展品范围所在产业的特征。

④　在会展展品范围所在产业里能否举办如此规模和定位的会展。

⑤　会展的办展机构在计划的办展时间内能否举办如此规模和定位的会展。

⑥　会展定位与会展规模之间是否有冲突。

⑦　招商和宣传推广计划评价。

⑧　招商计划评估。

⑨ 招展计划评估。

⑩ 宣传推广计划评估。

4. 会展项目财务分析

会展项目财务分析是从办展机构财务的角度出发，分析、测算举办该会展是否经济可行，并为即将举办的会展指定资金使用计划。它包括以下内容。

① 预测、估算和分析会展项目的基础数据。

② 编制和分析财务报表。

③ 进行财务评价。

④ 进行不确定性分析。

⑤ 得出财务评价结论。

5. 风险预测

从会展可行性分析角度看，风险就是办展机构在举办会展的过程中，由于一些难以预料和无法控制因素的作用，使办展机构举办会展的计划和举办会展实际收益与预期发生背离，从而使办展机构举办的会展计划落空；或者是即使会展如期举办，但办展机构有蒙受一定经济损失的可能性。风险包括市场风险、经营风险、财务风险和合作风险等。

2.2.3 会展项目可行性研究的步骤

1. 调查研究与收集资料

会展企业在清楚了解会展意图的基础上，查阅会展项目举办地区的经济、社会和自然环境等情况的资料，拟订调查研究提纲和计划，由项目负责人组织有关专业人员赴现场进行实地调查和专题抽样调查，收集整理所得的技术经济资料。

2. 方案设计与选优

根据项目建议书，结合市场和资源的调查，在收集、整理了一定的设计基础资料和技术经济基本数据的基础上，提出若干可供选择的方案，进行比较和评价，从中选择或推荐最佳方案。

3. 经济分析和评价

按照项目经济评价方法要求，对推荐的方案进行详细的财务分析和国民经济分析，计算相应的评价指标。在经济分析和评价中，还需要进行不确定性分析。

4. 编写项目可行性研究报告

在对会展项目方案进行技术经济论证和评价后，会展项目负责人组织项目可行性研究工作组成员，编写详尽的项目可行性研究报告，在报告中可推荐一个或几个可行方案，也可提出项目不可行的结论意见或项目改进的建议。

5. 调整资金筹措计划

会展项目资金筹措的可能性，在可行性研究之前就应有一个初步的估计，这也是进行财务分析、经济分析的基本条件。如果资金来源得不到保证，可行性研究也就没有存在的意义。在这个步骤中，应对项目资金来源的不同方案进行比较分析，并对拟运行项目的实施计划做出决定。此外，由于项目实施情况的变化，也可能导致资金使用情况的改变。因此，编制相应的资金筹措计划是很有必要的。

2.2.4　会展项目可行性研究报告的撰写规范

可行性研究报告或可行性分析报告是从事一种经济活动（投资）之前，从经济、技术、生产、供需直到社会各种环境、法律等方面进行具体调查、研究、分析，确定有利的因素和不利的因素，确定项目是否可行，并估计成功率大小、经济效益和社会效果程度。可行性研究报告是决策者和主管机关审批的上报文件。

2.3　会展相关活动策划

2.3.1　会展相关活动的意义

策划一个成功的相关活动，可以起到丰富会展内涵、活跃会展气氛、吸引更多潜在参展企业与观众的作用。

会展相关活动共有七大功能：
① 丰富展会的信息功能；
② 扩展展会的展示功能；
③ 强化展会的发布功能；
④ 延伸展会的贸易功能；
⑤ 吸引更多的潜在参展企业和潜在观众；
⑥ 提升展会档次，扩大展会影响；
⑦ 活跃展会现场气氛。

2.3.2　会展相关活动的原则

美国学者 Harold Dwight Lasswell 于 1948 年在《传播在社会中的结构与功能》中首次提出了构成传播过程的五种基本要素，并按照一定结构顺序将它们排列，形成了后来人们称为"5W 模式"或"拉斯维尔程式"的过程模式。这五个 W 分别是英语中五个疑问代词的第一个字母，即 who（谁）；says what（说了什么）；in which channel（通过什么渠道）；to whom（向谁说）；with what effect（有什么效果）。会展相关活动实质上涉及了传播学的范畴，同样可以用"5W 模式"来衡量其效果。

在会展活动的过程中开展其他相关活动，目的是提高受众对展商的认识，提高品牌感召力或是为了进一步促进销售。各种各样的活动对于展会来讲只是一个传播工具，主办方要通过活动这个媒介来传播自己的态度、理念和产品，这个工具运用是否得当，将直接影响展会的成功。开展会展相关活动应当遵循以下几项基本原则。

1. 要有助于吸引目标客户群（who & to whom）

对于会展活动，企业及相关方不是漫无目的地让大众都来关注自己，活动主要针对认同本企业产品价值理念、愿意参与活动的受众，称之为目标客户群。制定活动方案时必须考虑到活动能否吸引到目标客户群。围绕目标客户群展开的活动才是有意义的活动，脱离了目标主体的活动则是失败的活动。

2. 要尽量切合展会主题（do what & in which channel）

第二个原则是要切合展会主题，不切合展会主题的活动通常不被认可。既然是参加展会，那么切合主题的活动才是适合展会的。活动切合了主题，就要考虑做什么、通过什么渠道去做才能达到会展活动的目标。展会活动期间进行的诸如新品发布会等活动都是切合主题的活动，都是提倡的。

3. 要有助于提高展会效果（with what effect）

活动的最终原则是通过活动来提高展会的效果，而不是就活动而活动，纯粹的会展娱乐活动并不常见。

遵循"5W原则"可以使会展相关活动的举办事半功倍。所以在活动内容、形式和持续时间等方面都要做足功课、下足功夫，尽量提高活动的品质，控制好整个活动的流程，否则就会对展会和品牌起到负面作用。

2.3.3 会展相关活动的分类

会展相关活动按照活动形式大致可分为4类，分别是会议类、庆典类、展示类和综合类。

① 会议类。会议类是以专业研讨会、论坛、技术交流会等活动形式出现的。参加者多为著名的学者、专家、企业、行业协会及政府官员，他们交流行业内部的最新消息，传播新技术，倡导新思维和新理念。

② 庆典类。庆典类在会展中也十分常见，一般在会展活动的开幕式及闭幕式中出现，也有策展者把表演放在会展活动期间来提高会展的被关注度，或者企业推出新品展示的表演活动。

③ 展示类。新品发布会就是一种典型的会展展示类活动，许多企业会利用会展期间的媒体关注度来发布新产品，既节约了公关成本，又把产品信息呈献给了更多的目标客户群。

④ 综合类。未划入其他类的活动均可以归入综合类活动的范畴。

> **案例 2.2**
>
> ## 2010 年上海世博会主题活动一览
>
> ### 1. 内容需求
>
> 组织丰富多彩的上海世博会文化演艺活动，目的在于促进各国文化交流，展示中华优秀文化，推动文化发展。以上海世博会所需要的节目的 20 个关键词作为引领，为组织者遴选节目、参展者申报节目提供依据。这 20 个关键词是：主题、首演、名人名团、本土特色、时尚、奖项、街头巡演、艺术节庆、世界非物质文化遗产、合作、创新、启迪、开闭园活动、同城效应、创意、传递、互动、合理、艺术展览和科技含量。浦东片园区

和浦西片园区的活动内容有不同定位。浦东片园区因拥有中国馆、主题馆、五大洲国家展馆、世博中心和演艺中心等场馆，活动内容要求"经典"；浦西片园区因拥有企业馆、城市最佳实践区、博览广场、大型船坞、综艺大厅等场馆，活动内容总体定位在"未来创意"。

2. 活动场地

已确定的场地分为室内和室外两种。室内场地有：世博中心大会堂、世博中心贵宾厅、特钢舞台大演出区、特钢舞台小演出区、演艺中心。室外场地有：亚洲广场、非洲广场、欧洲广场、美洲广场、大洋洲广场、庆典广场、博览广场、船台广场、2座大型船坞、游乐场、全球城9个组级广场、3个巡游道路和黄浦江水上区域。这些场地每天可容纳的观众数为20万～22万人。

3. 活动数量

按每天每个场地举办3场活动计算，整个世博会期间园区内的活动场次将超过2万场，平均每天活动场次将超过100场。按每个节目在每个场地平均演出5天计算，世博会期间园区内所需要的节目数不超过1 000个。到目前为止，已有入园意向的节目数为680个左右，场次为19 300场。其中，组织者组织的节目数为200个左右，场次为6 600场；参展者组织场次为12 700场。截至2010年2月底，已有116个国家、国际组织、城市和企业明确表达了在上海世博会期间组织文化演艺活动的意向，申报节目数为360个。上海各文艺院团也准备了大批世博演出剧目。

4. 活动分类

根据活动组织的不同主体，可分为组织者组织的活动和参展者组织的活动两部分。

组织者组织的活动又分为仪式、巡游、舞台和主题四类，下辖开幕庆典活动、开园仪式活动、中国国家馆日活动、开闭园活动、闭幕盛典活动、欢乐盛装大巡游、原创剧目、"三民"活动、节庆活动、"年轻的世博"系列活动和社区市民活动等11条线（表2-2）。

参展者组织的活动又分为馆日活动、荣誉日活动、特别活动、省区市活动周活动和日常活动两类，下辖国家馆日活动、国际组织荣誉日活动、城市特别活动、企业特别活动、省区市活动周活动、世博主题月和日常活动等7条线。

第一条线：开幕庆典

内容：在2010年4月30日世博开幕前夜举办的庆祝活动。

第二条线：开园仪式

内容：在2010年5月1日上午举办的世博园区开园仪式。

第三条线：开幕庆典

内容：在2010年10月1日由中国举办的国家馆日活动。

第四条线：开闭园活动

内容：为配合每天园区开闭园而组织的活动。每晚闭园活动含灯光、巡游、大型装置表演，周末或其他特定日期还有焰火表演。

第五条线：闭幕盛典

内容：在2010年10月31日晚举行的世博闭幕庆祝活动。

第六条线：欢乐盛装大巡游

内容：每天在世博园内按照既定时间和线路举行的行进式表演，由组织者和部分参展者分别举办。

第七条线：原创剧目

内容：呼应上海世博会主题打造的舞台首演剧目。

第八条线："三民活动"

内容：以"弘扬民族文化、演绎民俗风情、展示民间艺术"为宗旨，通过舞台表演、广场活动、巡游、设计征集等多种活动形式，展示世界和中国的非物质文化遗产。

第九条线：节庆活动

内容：引进国内外知名文化艺术节在世博园区内设专场演出。

第十条线："年轻的世博"系列活动

内容：吸引全球年轻人通过上海世博会平台和谐相聚，交流共享，表达未来梦想。主要活动有：青年交流、青年创业及少年儿童世博创想。

第十一条线：社区市民活动

内容：展示上海社区文化、市民风采的活动。

第十二条线：国家馆日活动

内容：根据世博会管理，由参展国家选择某日作为国馆日，在园区内举办展示本国特色的活动。

第十三条线：国际组织荣誉日活动

内容：根据世博会惯例，由参展国际组织选择某日作为该组织的荣誉日，在园区内举办富有特色的活动。

第十四条线：城市特别活动

内容：由参展城市在园区内举办的各类活动。

第十五条线：企业特别活动

内容：由参展企业在园区内举办的各类活动。

第十六条线：省区市活动周

内容：参展的国内34个省区市按照国务院行政序列，依次在园区内举办为期5天的活动。

第十七条线：世博主题月

内容：拟按欧洲、非洲、美洲、大洋洲、亚洲和中国次序，分别设计不同活动主题，便于组织者以节目编排为手段，引导观众，包装节目，推广活动。

第十八条线：开幕庆典

内容：由国家、国际组织、城市、企业和国内省市区在馆日/荣誉日/特别活动/活动周之外，在园区内举办的各类活动。

表 2-2 2010 年上海世博会文化演艺活动方案 18 条线一览

组织者组织的活动											参展者组织的活动						
仪式					巡游	舞台	主题				馆日活动/荣誉日活动/特别活动/省区市活动周活动					日常活动	
1	2	3	4	5	6	7	8	9	10	11	12	13	14	15	16	17	18
开幕庆典	开园仪式	中国国家馆日活动	开闭园活动	闭幕盛典	欢乐盛装大巡游	舞台剧目	"三民"活动	节庆活动	"年轻"的世博	社区市民活动	国家馆日活动	国际组织荣誉日活动	城市特别活动	企业特别活动	省区市活动周	世博主题月	日常活动

案例来源:上海世博会官方网站

本 章 小 结

　　会展策划是会展企业根据收集和掌握的信息,对会展项目的立项、方案实施、品牌树立和推广、会展相关活动的开展、会展营销及会展管理进行总体部署和具有前瞻性规划的活动。"凡事预则立,不预则废。"会展策划是会展活动开始之前的最重要的准备工作。本章阐述了会展项目策划可行性分析的内容及分析研究的步骤,介绍了如何进行会展前期的可行性分析,以及会展过程中相关活动策划的意义、原则与分类。

课 后 习 题

1. 会展项目可行性研究的内容有哪些?
2. 会展项目可行性研究分为哪几步?
3. 会展相关活动的意义、原则及分类是什么?
4. 简述 SWOT 模型在会展策划中的运用,试分析该模型在会展策划中的优、缺点。

第 3 章

会展营销管理

3.1 会展营销主体

会展营销的主体十分复杂，大到一个国家或城市，小到每个会展企业甚至是一次具体的会议或展览会。每个主体的营销目的不一样，营销内容的侧重点也存在明显差异。一次展览会可能要涉及众多的组织和企业，大型的国际性展览会可能由当地政府主办，由一家或者几家展览公司承办，其中个别较复杂的活动则由具体的项目组去承办。换句话说，一个展会由几方共同操作，且各自承担的工作在深度与广度上有所不同，但进程必须保持一致，合作也必须紧密有效。

依照一般的营销理论，会展营销应该是会展企业，也就是说会展主办方、会展承办方和会展服务提供商开展的营销。如今，会展营销的主体包括政府、会展企业、参展商甚至还有媒体，但这也是一种不全面的观点。

会展业是服务行业，属于第三产业，这是众所周知的观点。因此，会展营销主体不仅包括政府、会展企业、参展商和媒体，而且包括交通、通信、银行、餐饮、酒店、旅游、广告、策划甚至是会计师事务所和律师事务所等中介机构的服务，任何一方服务不到位都将影响参展商和观众的参展满意度与忠诚度。只有各方都认识到作为会展营销主体，应该为参展商和观众提供全方位的服务，那么会展营销的主体就非常明确了。

3.1.1 会展活动市场主体

要想更好地理解会展营销主体，那么就要了解会展市场主体。会展市场主体是指会议与展览运作过程中的主要参与者。会展市场主体主要有三方面：会展组织者、参展商和观展者。通常在会展的实际运作过程中，依据法律地位与职责的不同，会展的组织者又分为主办者和承办者。

主办者就是具有规定的资格并策划发起展会的各种机构。承办者是指受主办者的委托，主要负责会展的具体运作及运作过程中具体事务的机构。

参展商是受会展组织者邀请，通过签订参展协议书等方式，于特定时间在展出场所展示产品或者服务的主体。

观展者是通过购买门票或提前注册入场参观、与参展商进行洽谈的自然人、企业及其他相关的市场主体。

3.1.2　会展活动主办者

会展活动主办者主要包括政府部门，行业协会，公司、企业等。

1. 政府部门

政府部门主办展览会，主要是平衡各方需求和多方面利益。这些往往代表着高层次或者国家的利益。因此，在主办展览会时，他们考虑的问题会更多、更长远。如今世界各国争相举办世界博览会就是缘于此因。历届世博会的主办者都是国家，是最典型的政府作为会展活动主办者的案例之一。

2. 行业协会

行业协会是指介于政府、企业之间，商品生产企业与经营者之间，并为其服务、咨询、沟通、监督、公正、自律、协调的社会中介组织。行业协会是一种民间性组织，它不属于政府的管理机构系列，它是政府与企业的桥梁和纽带。行业协会属于我国《民法》规定的社团法人，是我国民间组织社会团体的一种，即国际上统称的非政府机构，又称NGO，属于非营利性机构。

在实际的社会生活中，行业协会代表的是这个行业的利益，因此这些机构组织的展览更多的是在企业的基础上，为企业服务。

行业协会主办的展览，主要有综合展览和专业展览两种。综合展览一般规模比较大，既展出工业品，也展出一般消费品。专业展览是指某一方面产品的展览会。这种展览最大的特点就是介绍新产品。行业协会办展一般不以营利为主要目的。综合展览能全面地反映某地区的经济或工业的发展状况及实力，具有良好的展示效应，但其经济效益不如专业展览。

3. 公司、企业

公司、企业主办展会主要是推销其产品或服务，以促进销售或者提升公司服务及形象等。

会展承办者一般为企业法人。目前我国会展主办者对承办者的选择开始采用招标的形式。这样的好处是有利于推进我国会展业的市场化进程，更好地进行优胜劣汰，有利于规范我国会展市场，加快我国会展业的发展步伐。

参展商主要是企业，它们在展会中展示其新技术、新产品，提高知名度。在企业的营销方式中，参加展览会是一种很有效的途径，也是投入产出比较明显的途径。但是，参加展会对于企业来讲也是非常辛苦和烦琐的一件事情，企业需要在前期、中期、后期投入大量人力、物力和财力。

会展活动的观众分为专业观众和业余观众两种。观众的身份不一样，参展的心理也不相同。专业观众参加展会的目的直接与其业务相关，如采购员、市场部经理或者想投资的个体等。一般观众则不以达成交易为目的，而是更多地出于爱好和兴趣。与人们生活息息相关的主题展会能吸引更多的一般观众，如每两年一届的北京国际汽车展览会，在观众总数中一般观众占有更大的比例。

3.1.3 会展营销管理

1. 会展营销管理的任务

从会展营销管理的定义看，可以从分析、计划、执行和控制 4 个方面来论述会展营销的任务。

（1）分析方面

① 会展营销环境分析。

② 会展消费者购买及消费行为分析。

③ 会展市场分析。

④ 会展产品和服务分析。

⑤ 会展竞争分析。

（2）计划方面

① 会展营销形势的概括、总结。

② 会展经营的机会、威胁、优势、劣势的确定和评价。

③ 会展营销目标、策划的确定。

④ 会展长期营销计划和短期营销计划的制订。

⑤ 进行准确的销售预测。

（3）执行方面

① 会展营销观念在全体员工中的灌输。

② 营销导向的会展组织机构的建立。

③ 选择合适的营销人员。

④ 对营销人员的培训。

⑤ 会展企业各种促销活动的开展。

⑥ 会展企业营销部内部及营销部与其他各部门之间的广泛交流和密切配合。

⑦ 会展营销信息系统的建立。

⑧ 会展新产品开发、价格制定及销售渠道的建立。

（4）控制方面

① 会展营销数据的分析、归纳和总结。

② 用既定的绩效标准来衡量和评价会展营销活动的实际结果。

③ 分析各种促销活动的有效性。

④ 评估营销人员的工作成绩。

⑤ 采取必要的纠正措施。

2. 会展营销管理的特点

① 会展营销管理的目的是使期望中的交易达成。

② 会展营销管理是一种包括分析、计划、执行和控制的综合性活动。

③ 会展营销管理的实施可增加企业和顾客双方的利益。

④ 会展营销管理注重产品、价格、促销、渠道、人、有形展示和过程的相互协调和适应，以实现有效的营销。

3. 会展营销管理的表现

会展营销管理不同于会展企业的其他内部管理活动，如项目管理、财务管理、人事管理等，具体表现在如下几个方面。

① 会展营销管理所牵涉的对象不是处于会展企业内的，而是处于会展企业外的不特定对象。对于顾客消费的了解，不像其他管理信息那样易于获得，而必须投入大量的人、财、物才能获得。因此，会展营销的效果也需仔细评估。

② 会展营销管理的中心是交易过程。这是会展企业与外界环境最重要的相互作用，其影响会及时显现且非常重大，但时间性的要求则不如其他管理活动那样明显。

③ 由于会展营销管理与外在环境的密切性，任何调整不仅涉及会展企业内部的行动，而且还要求外在环境的配合。

3.2 会展营销关系

一般来讲，一次大型的会展活动（尤其是国际性的会展活动，如世博会等）涉及多个利益主体，每一个利益主体就是一种营销主体。可以根据会展活动的运行规律，将会展活动中的营销关系进行归纳，具体如表 3-1 所示。

表 3-1 会展活动中的营销关系

营销主体	营销对象	营销的主要内容	营销目的
会展城市	会议或展览会的组织者	优越的办会或办展环境	吸引更多、更高档次的会议或展览在本城市举办
会议策划服务公司	会议主办单位（者）	大力宣传自己非凡的会议策划和组织能力	争取更多的会议业务
展览公司	政府、参展商、专业观众	强调展览会对当地经济的促进作用，突出展览会能给参展商或专业观众带来独特利益	争取政府的积极支持；吸引更多的参展商和专业观众，塑造展会品牌
会议中心	会议公司、专业会议组织者	完善的会议设施和优良的配套服务	吸引更多、更高档次的会议在本中心举办
展览场馆	展览会的主办者	功能完善的城管、先进的管理和优质的服务	吸引更多的展览会特别是国际性的品牌展会

续表

营销主体	营销对象	营销的主要内容	营销目的
与会者	会议主办者、其他与会者	组织和个人思想、技术等	让公众理解自己或所在组织的思想；增加相互学习、交流的机会
参展商	专业观众	新产品、新技术、新服务等	吸引更多的专业观众，加强交流、学习的机会
相关媒体	会展企业、参展商	媒体在会展活动中的桥梁作用	提高媒体知名度

会展营销通常被认为只是会展企业的事情，而事实上会展营销主体的多元化决定了会展营销的多元化。从参展企业的角度来看，会展营销是指参展企业通过有目的、有策略地参加若干个专业展览会来提升品牌形象，扩大品牌知名度和建立健全营销网络的一种市场营销模式。而从会展主办者的角度来看，会展营销则是指会展企业为了吸引更多的参展商，提高会展品牌的价值和影响力，通过价格、服务、形象设计、宣传等多种手段所采取的一系列市场推广活动。

3.3　会展营销手段

会展公司在经营会展项目的时候，营销是个普遍关注的问题。如果组展企业对某个展览会的销售额不满意，一般会首先想到以下几项措施。

① 加大广告宣传力度，使更多的参展商对展览会产生兴趣，以扩大潜在市场的规模。

② 通过严格控制成本和开展规模经营，降低展会的报价，以增加有效市场购买者的数量。

③ 对展览会进行适当调整，以降低对潜在的购买者的资格要求。

④ 制订更有竞争力的营销组合方案，力图在目标会展市场中占有更大的份额。

以上几条措施是符合常规的一般营销手段，能在一段时期内起到作用，但从会展业发展的长期战略来看，似乎有些不妥。

首先，广告并不是越多越好，必须要考虑成本因素。因此，广告发布的渠道要根据不同行业的特殊情况区别对待，有的可以吸引学术界的关注，有的可以依靠强大的行业协会推荐，有的则要依靠政府的支持。

其次，展览会价格不宜轻易改动。严格控制成本和选择适当的经营模式是每个公司在每个时期都应注意的事情，但为了吸引更多的潜在客户而利用各种可能的方式降低展览会报价不可取。价格是在做好市场预测之后就已经决定了的，绝不能因为没有完成销售额而降低价格，这样会使主办者丧失信誉。合理的成本节约是有限度的，一贯地追求低成本必将引起行业内价格战的恶性循环。

再次，降低参展商资格的方法在任何时候都不可取。虽然这种方法暂时会吸引一些原不符合参展资格的客户，但会降低展会的水准，失掉的是更多的客户、展会的信誉甚至是公司的品牌。

最后，制订更有竞争力的营销组合方案是最好的方式，而且每个企业各有优势，利用优势横向或纵向强强联合，降低成本，改善服务，提高市场份额，应是会展营销最有效的方式。

根据以上情况，会展营销可采用以下方式。

3.3.1 会员制

展会结束后，由于激烈的市场竞争可能会导致参展商的流失，会展公司和参展商很容易就此失去联系，而会员制恰好提供了一个会展企业与参展商继续保持联系的机会，为下一次展会建立客户基础。会员制的引入犹如传统行业战略合作伙伴关系的确立，这种关系能够保证相对稳定的客户群体。

会员制营销的重点是利益分配的问题。一般来说，业务往来次数越多，价格越低。但是，要想吸引更多的会员，仅靠和别的公司相差不大的折扣是远远不够的，需要不断地在应对策略上推陈出新。如果企业规模相对较大，可以利用自身的优势进行立体营销，会员的返还利益不仅可以限于展览，还包括会议、宣传、市场调研、技术交流等。主办方应尽量利用自身成本较低的优势活动或优势资源为会员创造高于成本的价值。例如，A 媒体与某知名 B 温泉度假村因广告合约进行了度假村代金券与广告费用的置换，A 媒体又将代金券赠送给其会员客户（C 公司）作为公共关系的一部分，其实是利用了己方成本低廉的优势，换回了更高附加价值的产品，实现了产品置换，达到了收益扩大化的目标。

会展业会员制也同其他行业会员制一样，存在一定的风险，如品牌管理、成本负担、推广周期等。

3.3.2 用"会前会"和"会后会"促进展会营销

通常的"会前会"是指会前筹备会，即主办方将参展商集合起来，统一安排工作进程并当场解答参展商的各种问题。这里"会前会"是指专门针对即将筹备或已经开始筹备的展览而策划的技术研讨会。这种研讨会技术性强，主题与展会密切相关，为展会服务。

"会后会"是指各种展会的后续服务。目前在国内，这项服务似乎仍被忽略。但是，对那些举办定期展会的主办方，会后服务显得更重要。"会后会"不一定真的要开会，要视情况而定。会后主办方可以通过多种方式追踪参展商对展会各项服务的满意程度，并根据参展商的反馈进行改进。"会前会"和"会后会"都是公共关系的一部分，"会前会"通常会以会展筹备会、开幕庆典的形式存在，目的是宣传展会，扩大展会影响，提高展会的签住率；"会后会"的形式主要包括会展活动结束后的庆功会、酒会等活动，活动只是载体，目的是进一步沟通展会成果和进行一些公关活动。

因此，对会展营销而言，低成本和服务创新是重点，灵活应变的组合策略是关键。

3.3.3 会展营销创新

营销创新就是根据营销环境的改变，或者根据预见的将会发生的变化，结合企业自身的资源条件和经营特色，寻求营销要素某一方面或某一系列的变革或突破，且这些变革和突破是竞争者从未使用过的或在特定市场中是崭新的。能否最终实现营销目标是衡量会展营销创新成功与否的标准。会展营销创新主要表现在四个方面：理念创新、主体创新、手段创新和内容创新。这四个方面是相辅相成的，其中理念创新是基础，手段创新是关键。

1. 营销理念创新

没有创新理念的指导，营销活动就可能仍然追求传统的模式，而不能适应新的环境。展览企业只有把营销创新提上日程，才能使企业在变化的市场环境中成长，从而获得更大的成功。

（1）从服务参展商到服务观众

展览会存在的意义是为参展商和专业观众创造一个良好的交流平台，因此能否同时为参展商和观众提供优质服务是决定展会能否成功的关键。然而长期以来，展览公司都只把服务好参展商看作头等大事，而对观众的重视度就没有那么高。但事实上，参展商参展的目的就是展示自身的产品给观众，并在展览会上找到合适的买家，但如果专业观众因对会展活动服务质量不满意而影响到参展的质量，就可能会没有专业观众或专业观众很少，从而导致会展活动失败。

（2）从国内营销到全球营销

目前，国内的许多展览会存在这样一种情况：海外参展商不少，甚至不乏行业内的国际巨头参展，但绝大部分的观众仍然来自本地和国内。国内展览公司在营销过程中，往往把招揽国内观众作为首要观众目标，此想法已成为比较固定的思维模式，从而忽略了国际专业买家的巨大空间。这也是我国展会多但水平不高的根本原因。因此，国内展览企业必须树立全球营销的理念，把自己成熟的会展品牌拿到世界上专业观众更多的地方举办，以开拓新的市场。但要做到这一点并不容易，这与行业的发展阶段、人才的储备情况息息相关。

（3）从大众营销到品牌营销

长期以来，国内大多数展览公司追求的是单纯的人气，而忽视了会展品牌所蕴涵的巨大宣传效应。这种理念在营销活动中的表现就是广告宣传没有明确的营销对象，不管专业买家有多少、质量如何，来的人越多就越好，展览会现场越热闹就越好。这其实有悖于会展活动举办的初衷。因此在营销过程中，展览公司必须注重展览品牌的构建，以品牌为导向，招徕特定的参展商和专业买家。换句话说，展览公司的营销目标是招徕更多的参展商和专业观众，而不是简单地招徕更多的观众。

2. 营销主体创新

随着中国展览市场的逐步开发，国内展览企业面临着巨大的威胁。从营销主体的角度来看，创新主要体现在 3 个方面。

① 随着世界展览业竞争的日益加剧，各个国家和地区，特别是展览业落后的国家和地区将出现更多专门的展览营销组织或推广机构，这些机构可采取紧密型的董事形式或者采取松散型的联合形式。

② 大力宣传自身的办展环境，从而吸引更多的国际会议或展览会，城市性以至于全国性的展览整体营销活动将大量涌现。

③ 在营销观念上人们对展览主体的认识将更加深入，即除了传统意义的会议或展览会外，还包括展览城市、展览企业和专业媒体等。

3．营销手段创新

在各种营销要素中，最富有活力的莫过于营销手段了。它不仅具有很强的灵活性，而且对具体营销活动的成败起着决定性的作用。只有不断创新，采取一些新颖的营销方法，才能吸引那些早已对常见的营销手段司空见惯的观众。为此，会展营销主体可以从两个方面去努力。

① 要积极运用各种新技术和新的理论研究成果。

② 要有创造性地运用常见的营销手段。

4．营销内容创新

与灵活多样的营销手段相比，营销内容显得更为实在。实施营销内容创新，展览营销主体可考虑从以下三个方面入手。

（1）强调服务

对于会展活动而言，一个定位明确的主题固然是成功的关键，但其根本仍然是完善富有人性化的配套服务。服务是会展活动的主要竞争元素之一，它直接影响着参展商和专业观众对展会的印象，并决定了一个展览会是否能发展成为世界知名的会展活动品牌。

（2）主题创新

这一点是针对具体的会议或展览会而言的。从主题上看，中国展览业刚步入发展阶段，还存在许多有待改进的地方。只有策划和宣传的主题鲜明，并提供个性化的服务，才能吸引某一类观众的眼球，进而达到预期的营销目的。

（3）产品创新

产品是市场营销的核心要素。会展公司的产品是会展活动核心要素，而要想新办一个会展活动，就必须紧跟市场需求。因此，会展企业必须精心策划并适时推出新的产品和服务，这是营销成功的基本前提。事实证明，创新并关注市场需要的展会永远都是受欢迎的。世博会举办了100多年就是一个很好的例证。

3.4 会展营销阶段

3.4.1 会展开始前

若一旦决定参加某个会展活动，对于参展商而言则需要全力进行筹备。以下是需要考虑的几个方面。

1．展品选择

展品是参展商能直接给参观者留下印象的重要因素。据不完全统计，在参观者的记忆因素中，展品具有吸引力占的比例非常大，因此应给予特别的重视。要做到展品符合展出目的、展品体现展出者的高新技术、展品与其他同类产品相比有独到之处。做到了这三点，展品的选择就算是完成得比较好了。

2．展示方法

在大部分情况下，展品本身并不能说明全部性能，显示全部特性，需要借助其他材料或设备来加以说明。要考虑让参观者在现场积极参与，并准备一些小包装样品或小礼品免费派发。这些手段是为了吸引参观者的兴趣，增加参观者的关注欲望。

3. 展台设计

展台是吸引观众的第一要素。一个好的展台设计可以弥补自身品牌知名度不够的缺陷，第一时间抓住观众的注意力。展台设计应着重美观，充分反映参展商的形象，吸引参观者的注意力。

4. 人员配备

这是展览成功与否的关键所在。展台的人员配备可以从三个方面来考虑：展会性质、工作量的大小和工作人员的素质。

5. 客户邀请

可采取直接登门拜访、媒体做广告、现场宣传、派发资料等手段，邀请和吸引客户。

6. 广告赞助

广告赞助主要从吸引力、行动、元素等方面进行准备。让赞助商能够为展会提供有效的资金支持，展会必须要有很强的吸引力。有了吸引力我们的行动就要及时跟上，以保证广告赞助的有效性。广告赞助的宣传元素要以展会的内容为主。

案例 3.1

第31届广州家具展（CIFF2015）广告征订

会刊是展览会指定官方出版物，它发行量大、针对性强、内容翔实、信息齐全，是国内外买家有效的采购指南，并被大量买家收藏及作为采购指引字典，具有长期的广告效应。

会刊广告形式众多，参展商可根据自身推广重点进行不同投放，建议参展商在会刊中为自己的公司、品牌形象及主推产品做广泛、综合性的宣传。

会刊广告项目如表3-2所示。

表3-2 会刊广告项目

编号	广告项目	广告说明
A	刊登公司商标/标志	商标/标志：黑白，在会刊参展商名录资料对应的LOGO区域刊登，最大尺寸为17 mm×17 mm 收费标准：每个商标100美元（国外展商），每个商标600元人民币（国内展商）
B	书签/插页	以书签、插页、卡页形式夹在会刊中 最大尺寸：143 mm×208 mm（不能超过该范围） 收费标准：每个1 600美元（国外展商），每个10 000元人民币（国内展商）（以上费用仅为投放费用，印制费用视形状及数量另外报价）
C	版面广告	参阅有关收费标准

编号	广告项目	广告说明
D1	参展商名录 按展区展位号排序	免费刊登公司基本资料： 公司名称、展位号、公司地址、电话、传真、联系人、职务、电邮、网站（各一个，中、英文），以及公司性质、产品种类、主要市场、产品 刊登公司简介收费标准：每行150元人民币或20美元（每行可编排约50个英文字符或22个中文字符）
D2	品牌名录	在独立的品牌目录中，列示彩色的展商商标、展位号及其公司名（中英文） 收费标准：每个品牌位置200美元（国外展商），每个品牌位置1 200元人民币（国内展商）

截止日期：2015年8月15日

费用必须交付"中国对外贸易广州展览公司"并务必注明订单号。账户信息如下。

账户名称：中国对外贸易广州展览公司

人民币开户行：中国银行广州市城北支行

账号：880003271008091001

详情及订购请咨询：

中国对外贸易广州展览公司

联系人：王洁小姐

电话：86-20-26081899　传真：86-20-26081891-28　E-mail：wangj@fairwindow.com.cn

请有意向的展商客户填好联系资料：

公司名称			
联系人		电邮	
电话		传真	
确认			（签字盖章）

传真至：86-20-26081899-28

或直接联系：

中国对外贸易广州展览公司

联系人：王洁小姐

电话：86-20-26081899

E-mail：wangj@fairwindow.com.cn

案例来源：中国对外贸易广州展览公司出版资讯部，有删减。

3.4.2 会展进行中

会展活动进行过程中也可以根据实际情况进行一些营销活动。

在网络资源飞速发展的今天，利用互联网进行会展营销活动，不仅可以减少资金投入还可节省大量的劳动力支出，为企业降低运营成本。网上会展可以解决传统会展的时空限制问题，组展者、参展商、观众之间的联络手段从传统的高收费的电话、传真、信件中解放出来，使得业务费用降低；网络应用使得展览项目宣传更为广泛，组展者、参展商和观众可获得比以往更为丰富、深入的信息资料，从而避免选择项目时的盲目性及由此带来的经济损失。

展馆内部采用局域网，统一接入互联网，运行统一的移动办公系统、项目管理、流程管理软件。采用客户机/服务器数据库管理方式，进行展商与观众的管理与营销。建立网站开展客户关系管理的销售自动化，实行网上报名、网上服务订单、网上支付、观众登记和报价等。建立网络展商应答中心，开展网上营销。建立网站为展商提供个性化服务，如展出信息自行维护、展览顾问系统等，并进行网上观众登记、展会现场观众登记统计分析、展馆信息资源统计整理、商务活动运作安排、数据仓储建立等管理。

会展组织企业首先利用网络技术实现办公和管理的信息化，实现企业办公和经营管理的各种信息、数据、指令的发布、传送、查询、控制、保存的网络化；其次会展的运作、营销和功能拓展、展馆信息、展会信息、参展商信息、采购商信息、招展过程和围绕展会各企业相互间的信息沟通都可以通过网络实现。高效、充实、开放的信息平台不仅有助于提高展览公司、展会的知名度，促进营销，还将为参加展会的企业创造新的价值。依托网络信息技术发展起来的展会，由于其招展便捷、高效、互动、覆盖面广，能够为参加展会的企业创造新的价值。

参展商可以自由选择租用组委会提供的电子名片读取设备，将设备连接到自己的计算机上就可以开始使用。买家只需要把存有自己资料的入场证在读取设备上划过，所有资料就会立刻被传输到参展商的计算机里。参展商还可以把双方谈话的要点记录在相应备注栏里，做到有条理地管理买家信息和资料。所谓电子名片，是指组委会为参展商和参观者特制的参展证。

网上会议服务范围：给任何地点、任何人作讲演；在线软件、产品演示说明；可以让会议中任何人观看、编辑发言人的各种电子文档；向所有与会者播放发言人计算机里的多种媒体文件；发言人带领其他与会者共同浏览网页；发言人计算机里的任何应用程序可共享，对方可以进行各种操作；使用桌面控制功能进行远程技术支持；视频功能使会议更人性化。以上所有功能都是实时、交互的，会议中的任何人都可以实现。

网络营销必须考虑企业的外部环境和内部情况。外部宏观环境包括网民人数、在线交易额、互联网技术状况、互联网法律的完善程度、政府对待互联网的态度等。企业内部情况包括产品、资金、人才等。产品是最重要的考虑因素。对于软件、书籍等可以通过数字形式传播的产品，企业应该努力用信息流来替代物流。对于服务类和个性化、贵重产品，不能或者不适合通过物流配送体系来完成的产品，可借助互联网进行营销传播，用传统营销的分销渠道和零售终端最终达成交易。

在会展活动进行中还可以采用专题活动营销来配合会展营销整体活动的进行，可以辅助举办一些和主题相关的活动，譬如新品发布会等，对参展商的参展主题可以起到烘托的作用。好的会展专题活动可以有效地促进销售。

3.4.3　会展结束后

展会结束后，按常理会有很多潜在客户，但要想抓住这些客户，必须要有回访。回访是一个很有效的跟进系统。只有当一个良好的跟进系统建立起来之后，会展过程中的客户资质认定和客户收集工作才会变得更加有意义和有效率。

1. 客户的跟进

展会后首先要进行客户资料的整理，包括参展企业的满意度调查表和展会上观众名片的整理。

1）对于参展商要做的工作

展会闭幕，应向提供帮助的单位和人员致谢，主要是参展企业。

在展会上已经和一些重要的展商进行面对面的交流和沟通，一些展位面积较小的展商也通过表格的形式做了展商满意度调查。通过客户的反馈找到本次展会的优势和不足，进行总结。展会后进行电话及邮件的跟进。

参展商的满意度调查表中，最主要的几项是对展会的满意度调查及下届展会是否会继续参展。对于满意度不高的客户要进行重点回访，问明原因，要深入了解展商不满意的关键点。当然原因可能多种多样，有可能是位置原因或者是周围环境因素，客户经理要进行深入了解并且尽量协调和沟通，以便于以后工作的开展。对于下届不打算参展的企业要进一步沟通，了解情况并尽量挽回。

对于展商新产品的了解必不可少。新产品的功能和特征有时候会是一个行业内新型产品诞生的开端，决定着一个行业的发展趋势。了解行业趋势及参展的企业动态尤为重要，行业动态可以在团队中进行整合并分享，这对下届展会的招展工作也起到了一定的推动作用。

在展会现场，一些老客户（常年参展的展商）已经将下一届展会参展需要的面积报给展会主办方，针对这部分客户要进行电话回访，并且在下一届的展位图确定下来以后进行展位的划分和确定，以及合同的签订。

2）对于现场观众要做的工作

展会现场会收集到很多观众信息，观众群体主要分为：专业观众、买家、媒体及会展公司同行等。首先要按照观众属性进行观众信息的分类，分类过程中要去除同行业的观众信息，以免在以后的观众邀请时做无用功。其次要建立并更新数据库，将新的观众信息（主要指买家）与原有观众的数据库整合，并将数据筛选。当然观众信息中也不乏参展企业的员工信息，这部分信息可以归结在展商的数据库中进行数据更新，避免以后参展公司的展会联系人更换而无法联系到参展公司。

数据库的建立可以按照观众地域进行划分，这样便于数据库的整理。观众数据中要特别注意潜在客户信息的筛选，对于来自可以作为参展企业的公司的观众，可以作为潜在客户，在下一届展会招展时作为展商邀请参展，同时也为展会的规模扩大奠定基础。

2. 后期宣传工作

展会的成功离不开到位的宣传，而后期宣传不仅可以提高展会的影响力和知名度，还可以为下一届展会宣传进行铺垫。

1）对于媒体要做的工作

媒体能够扩大会展活动知名度，对展会宣传起到最直接的作用。可将媒体分为平面媒体和数字媒体两部分。平面媒体主要是指一些杂志社，对于这些媒体来说，要做的工作主要是按照合同检查杂志中关于展会在展后的报道，以及广告刊登的情况，及时与媒体沟通。

对于数字媒体，如电视台、网站及其他视频媒体，要对视频的剪辑、合成等进行检查和沟通。对于网站这类媒体，还要沟通视频插入的位置，以及各种链接是否合理，是否能达到预期的效果，要随时与媒体沟通网站报道的点击量和关注度。主办单位要为媒体提供展会的新闻稿，加深观众对展会的印象。

举行记者招待会或新闻发布会，将有关情况提供给新闻界，进一步扩大展会影响。本届展会结束后，要与媒体签订下届展会的合作协议，其中包括置换广告等内容。

2）网站的更新

对于展会官方网站的更新也是必不可少的。官方网站的更新要随展会的进行同步开展，在展会开幕当天，网站就要进行不断的更新，包括实时报道开幕情况、展会现场情况等，要进行第一时间的报道，以图文并茂的形式进行官方网站的更新。其次，在展会结束后，官方网站的更新也要持续下去。展会结束后，官方网站要有展后报告。报告的内容和形式多种多样，可以是展商的采访，包括参展的感受、收获，以及展商对展会正面的建议和意见。

3. 财务方面

展会是否赢利是衡量展会成功与否的重要标准。展会后要对展会的财务方面进行整理，对展会上现金产生的情况要及时邮寄发票。财务部门要进行财务核算，计算出展会的收支是否平衡、赢利状况如何。

4. 下届展会的筹备

展会结束后，工作团队就应逐渐进入到下届展会的筹备工作中。

案例 3.2

2016 年 9 月 11 日 14：30，第二十二届中国国际家具展及首次亮相的摩登上海时尚家居展在上海浦东新国际博览中心、上海世博展览馆两地同时完美谢幕。展会观众人数再创新高，根据闭幕之后的最新统计，家具展及摩登上海时尚家居展四天共接待了来自全球 158 个国家和地区的买家及观众 119 975 人次，较去年增加了 17.75%。值得一提的是，首次在上海世博展览馆亮相的摩登上海时尚家居展观众人次达 24 376 人次，其规模、观众数量及展示内容，都是行业内一次史无前例的尝试和突破，向观众们展示了当前最具特色的生活方式，得到了业界的肯定。

展出日期：2016 年 9 月 8—11 日

展览场馆：上海新国际博览中心，上海世博展览馆

展览面积：约 350 000 平方米

主办单位：中国家具协会，上海博华国际展览有限公司

展商数量：共计 3 500 家（含设计周参与商户）

观众人次：119 975 人次

1. 观众人数再创新高

第二十二届中国国际家具展及首届摩登上海时尚家居展四天共接待了来自全球 158 个国家和地区的买家及观众 119 975 人次，较去年增加了 17.75 ％。

观众分析如下。

决策层，55.05％；

销售部，11.86％；

市场部，5.24％。

职位

采购部，12.67％；

设计部，10.98％；

工程部，2.60％；

其他，1.60％。

公司属性

批发/零售/分销商，32.94％；

进出口商，22.10％；

制造商，14.45％；

代理商，7.30％；

家具商场，4.90％；

酒店/宾馆/会所，2.40％；

房地产商，1.90％；

金融银行，0.31％；

餐饮/酒吧/高档娱乐场所，0.58％；

设计装潢公司，7.82％；

集团采购商，2.57％；

其他，2.72％。

（1）境内观众

伴随着内外销并举的成功转型，今年展会的内销客户无论在数量上还是质量上都有了很大的增长和提升，共有来自 31 个省（自治区、直辖市）的国内买家前来参观。

访问人次最高的前 10 个省市分别为：上海、浙江、江苏、广东、北京、山东、福建、安徽、四川和辽宁。

（2）境外观众

今年境外观众的人次首次有较大幅度的下降，为 15 077 人次，较去年减少了 21.58％，这主要是受到了 G20 的影响，海外观众入境签证较难办理，另外，也与中国家具行业上半年出口处于下行通道（上半年家具出口同比下降 10.73％）是相对应的。虽然如此，境外买家的质量依然受到了境内外参展商的一致认可。境外买家来自全球 158 个国家和地区，其中 3.09％来自非洲，12.08％来自北美洲，4.86％来自拉丁美洲，48.85％来自亚洲，3.15％来自中东地区，8.77％来自大洋洲，19.2％来自欧洲。

访问人次最高的前 30 个国家和地区分别为：韩国、美国、澳大利亚、日本、中国台湾、印度、马来西亚、中国香港、英国、加拿大、泰国、新加坡、法国、菲律宾、新西兰、西班牙、德国、意大利、印度尼西亚、墨西哥、俄罗斯、南非、荷兰、越南、波兰、比利时、沙特阿拉伯、乌克兰、阿根廷和巴西。

2. 展会亮点

（1）家居饰品

行业一线大品牌最整齐的一次亮相，整体家居企业百花齐放，风格迥异，很有看点。单品类企业从产品设计到展品陈列的水准都有了很大的提升，更注重空间感的表达。

（2）中国国际设计师作品展示交易会

2016 中国国际设计师作品展示交易会迎来了第五个年头。总面积达到 8 000 平方米的 E8A、E8B 两馆满满当当，有条不紊地布满了 167 个展位，其中包括独立设计品牌、独立设计师、产品设计工作室等，展品类别跨度之大、品类之多前所未有。

（3）中国好沙发，中国好面料

"中国好沙发·中国好面料"活动已成功举办 3 届。今年的活动进行了全面升级，以"展示＋评选"的方式，激发全产业链的凝聚力和创新力。来自沙发企业、设计师品牌、面料企业和软体机械配件等 52 家企业的 93 张沙发参与了评选和展示。由流通渠道、院校和第三方品牌的领导、专家组成评委会，连同大众评委，多角度、多侧面地对参评沙发进行了打分及投票，最终评出"十大好沙发""十大好面料""最佳创意奖""性价比王""最受欢迎奖"。

（4）中国国际家具配件及材料精品展览会

中国国际家具配件及材料精品展览会旨在为全球家具智能制造提供优良的原材料，拥有高端展中展的独特定位。展区汇聚行业中的龙头品牌和高端展品，吸引了众多海内外顶尖展商的青睐，并有美国、加拿大、芬兰、韩国、法国、瑞典等多国国家展团助阵，今年更有 28 家美国当地的木材公司组团参展，相比去年美国展团面积扩大了 15％。

（5）生活概念馆

这是一次完美的设计师集结，10 位国内顶级设计师用作品讲述了各自对生活、对家的理解，因此今年的主题叫做"HOME PLUS 设计师之家"。在 10 个空间里，用或张扬或温柔的色彩展示未来的家居趋势，使之成为本届展会期间备受瞩目的亮点之一。

（6）新中式

摩登上海时尚家居展的新中式展区可谓是中国家居设计行业最全、水准最高的一次新中式风格集体亮相。这是意义非凡的一次展览，完美阐释了当代中式生活空间，营造了属于中国人自己的以智慧、闲适、领悟和觉醒为主要特征的人生态度和生活方式。

（7）上海家居设计周

上海家居设计周是在现有的中国国际家具展上创建的一年一度的项目，每年9月与家具展同期举办。今年9月8—14日以全新形象绽放的设计周聚焦了新生活方式，以浦东为主要区域，辐射上海全城，包含展览、会议论坛、展店联动、设计之旅、工作坊等，设计类活动达100多场，联动店铺品牌达1 300多个，以及与红星美凯龙浦东沪南店、金桥店、浦江店联合推出的"红星美凯龙秋季新品展"等活动，吸引了近3万名设计师来到现场。

3. 奖项

（1）十年展商荣誉奖

展会的成功离不开一批忠实的展商客户群的鼎力支持，以及展商对展品品质的精益求精。主办方自2010年起开始为参展10年以上的企业颁发"十年展商荣誉奖"。今年又有34家企业加入了"十年展商"的大家庭，成为中国国际家具展的忠实合作伙伴。至此，已有286家企业获此殊荣。

（2）中国家具设计金点奖

"中国家具设计金点奖"已经成功举办三届，三年来获得了众多品牌及设计师的关注。今年共收到109家企业的354件作品报名参赛。最终，组委会评选出年度大奖1个，最佳设计师1个，金点传承奖3个及8个金点单项奖。金点奖秉承初始信念，推崇原创设计，注重"原创时代"精神，更加关注运用传统元素和传统工艺设计，向外界传达展会主办方提倡和扶持中国原创设计的坚定立场。

（3）中国家具产品创新奖

"中国家具产品创新奖"大赛至今已举办了18届。伴随着中国国际家具展的不断成长和壮大，该大赛在业内引起了广泛的关注和重视，每年的家具展都遴选出众多优秀的参展作品，鼓励中国家具设计师的成长。本届创新奖共收到来自98家参展企业的258件报名作品。经过大赛评审委员会的预评、初评、复评、终评的层层选拔，最终共有41家企业获得创新奖八大类别的金、银、铜奖。

（4）"中国家具业提升之路"高峰论坛

中国家具业经过30年的高速增长后，正面临着转型升级重要时期。如何重振中国的家具业，提升和转型是重点工作。在第二十二届中国国际家具展及首届摩登上海时尚家居展开幕当天，中国家具协会和上海博华国际展览有限公司联合召开了2016年中国家具协会常务理事扩大会暨"中国家具业提升之路"高峰论坛。

（5）第二届中国家具标准化国际论坛

由中国家具协会、全国家具标准化技术委员会主办，上海市质量监督检验技术研究院、上海博华国际展览有限公司承办的"第二届中国家具标准化国际论坛"在上海新国际博览中心成功召开。会议解读了上海市的相关标准化政策及未来的标准化服务目标、我国家具标准化现状及团体标准如何促进家具企业转型发展，结合上海市质检院多年家具标准化工作实践，就我国家具标准如何争取国际话语权分享了相关成功经验。来自中国家具协会、全国家具标准化技术委员会、全国各检测机构、高校、各家具企业及国际标准化组织的代表参加了此次论坛。

（6）水性化环保家具涂料与涂装研讨会

为减少VOCs排放，进而减少臭氧污染，上海博华国际展览有限公司和水性平台三度联手，在9月9日展会第二天下午，组织举办了"水性化环保家具涂料与涂装研讨会"，进一步推进水性木器漆的应用，帮助家具企业顺利开展"油改水"的转型升级。会议得到了众多家具企业的积极参与，现场座无虚席。

（7）中国家居设计大会

今年第二届中国家居设计大会在上海世博展览馆召开，大会以"金点开讲"为主题，邀请到陈宝光、韩家英、车建芳、戴昆、Peter Zec、Henry Zhu等10多位重磅嘉宾，与大家一起探讨行业内外深度诠释的设计内涵，中国文化、中国精神、中国态度下的生活方式与人文理念。与会观众近550人，其中近300人从事的行业与设计相关，是参与设计大会观众数量最多的一次。

（8）第三届中国家居互联网进化论坛

2016年9月9日，由上海博华国际展览有限公司携手家居电商资深观察者唐人及网易家居联合主办的2016第三届中国家居互联网进化论坛在上海世博展览馆地下一层中庭顺利召开，现场共吸引了近300名观众前来听会。本次论坛邀请到了中装协厨卫委秘书长胡亚南、索菲亚CMO王飚、奥普CEO吴兴杰、志邦董事长孙志勇等十多位行业大咖，共同探讨移动互联网时代的全渠道营销及经营战略，就该如何利用互联网让其成为营销工具提出了精彩观点，为台下观众及媒体带来了一场精彩的行业深度探讨峰会。

4. 活动

（1）设计论坛

DOD设计论坛作为"我的态度"设计联展的一部分，以"设计"为主题而展开，聚焦设计，并拓展设计。今年的5场设计分享会由4家业内专业媒体和1家行业龙头企业合力组织而成。新浪家居、极有家、搜房家居、设计癖及法国力克纷纷邀请了设计大咖和行业精英，结合当下热门话题，关注这个跨界时代的设计行业的融合与未来。

（2）设计师之夜

9月9日晚，2016年的设计师之夜以"摩登上海　梦想开端"为主题在上海世博展览馆下沉式广场精彩上演。晚会上最紧张和激动人心的环节是中国国际家具展两项最具分量的大奖——金点奖和创新奖的揭晓及颁奖仪式。整场晚会采用全新光影科技，让现场呈现出炫目缤纷的舞台效果，并力邀亚洲知名舞团参与表演。这是一个属于家具人的盛世之夜。

（3）中华手作年

由中国建筑与室内设计师网联合主办的中华手作年活动，本次展期高调亮相上海世博展览馆1号馆。这是一场体现中国当代生活美学与造物智慧的展示。由数十位手作大师带来手工皮具、立体折纸、植物染色体验、传统弓箭、木作器皿、茶具墨砚、原创家具、金丝楠器具、手作陶瓷、年代唱机等多项中华传统手工艺展示。知名设计师王平仲携其知名的"夹缝中的椅"亮相手作年。同时，展会四天开放多场手作体验课程，吸引了各年龄阶段各国籍的中华传统手工艺爱好者前来现场体验。

（4）2016新浪潮商业大赏

设计周今年与"设计地图100"联合重磅推出了一场关于新商业的变革"运动"——2016新浪潮商业大赏，史无前例地集结沪上12余家最具代表性的新商业概念店铺，以快闪店（Pop-up store）的形式，吸引了诸多爱好逛店的朋友前来体验。同时，新浪潮商业大赏还邀请了一批城市商业"新生命"的老板、主理人开启的"演讲马拉松"模式，亲诉如何开拓商业新路子开好一家店。此外，"米其林三星"权威奖项的"TOP100 collection@上海创意空间"也在展会期间颁布奖项。

（5）创客未来

国内创客之父李大维、创业导师颜其锋等创新先锋人物领衔创客展，以"互联网＋数字生产"连接设计、制造与智能为主题汇聚有关家居最新的创新技术。720平方米的创客未来展区为大家首次揭幕了一个全新的连接设计、制造与智能的数字家居平台。整个展区由创客大爆炸设计师吴怡嘉按照Wikihouse的风格和理念设计搭建，由沙集模式区、智能物联区、开源设计区、数字制造区四部分组成。现场还举办了两场创客论坛活动："空间的智汇"与"机器人选美大赛"，吸引了不少创客爱好者前来围观。

案例来源：上海博华国际展览有限公司

本 章 小 结

会展营销主体包括会展活动市场主体和会展活动主办者。本章将会展营销分为展前、展中和展后三部分，根据其不同的特点进行适度的营销分析，将不同的营销理念和营销手段渗透到会展活动的这三个阶段中。

课 后 习 题

1. 会展营销创新分为哪几种？
2. 本章介绍了哪几个会展营销阶段？各个阶段的主要营销方式有哪些？

第4章

会展品牌战略管理

4.1 展览会发展品牌管理

4.1.1 品牌

品牌的英文单词 Brand，源于古挪威文 Brandr，意思是"烧灼"。人们用这种方式来标记家畜等需要与其他人相区别的私有财产。到了中世纪的欧洲，手工匠人用这种打烙印的方法在自己的手工艺品上烙下标记，以便顾客识别产品的产地和生产者。这就产生了最初的商标，并以此为消费者提供担保，同时向生产者提供法律保护。16 世纪早期，蒸馏威士忌酒的生产商将威士忌装入烙有生产者名字的木桶中，以防不法商人偷梁换柱。到了 1835 年，苏格兰的酿酒者使用了"Old Smuggler"这一品牌，以维护采用特殊蒸馏程序酿制的酒的质量声誉。

在《牛津大辞典》里，品牌被解释为"用来证明所有权，作为质量的标志或其他用途"，即用以区别和证明品质。随着时间的推移，商业竞争格局及零售业形态不断变迁，品牌承载的含义也越来越丰富，甚至形成了专门的研究领域——品牌学。

现代营销学之父菲利普·科特勒博士在《营销管理》一书中为品牌定义："品牌是一种名称、术语、标记、符号或图案，或是它们的相互组合，用以识别某个消费者或某群消费者的产品或服务，使之与竞争对手的产品或服务相区别。"美国市场营销协会将品牌定义为："用以识别一个或一群产品或劳务的名称、术语、象征、记号或设计及其组合，用以和其他竞争者的产品或劳务相区别。"

国内的学者中，比较有代表性的如年小山认为："所谓品牌，也就是商品的牌子，它是销售者给自己的产品规定的商业名称，通常由文字、标记、符号、图案和颜色等要素组成或是这些要素的组合构成，用作一个销售者或者销售集团的标志，以便于同竞争者的产品相区别。品牌是一个集合概念，包括名称、标志、商标，所有商标都是品牌或品牌的一部分。"

现在普遍认同的定义是基于品牌关系理论的定义。著名品牌专家大卫·艾格从品牌资产管理的角度提出了基于品牌关系的品牌定义："品牌就是产品、符号、人、企业与消费者之间的联结和沟通，品牌是一个全方位的架构，涉及消费者与品牌沟通的方方面面。"这一定义从消费者和品牌之间的沟通来强调消费者在其中的决定性作用，没有消费者的认可就没有品牌可言，品牌资产的价值就体现在品牌关系理论中。因此，这一定义逐渐被品牌理论界广泛认可。

案例 4.1

表 4-1 是 2014 年世界品牌价值排行榜的前十位情况。

表 4-1   2014 年世界品牌价值排行榜前十位

单位：亿美元

2014 排名	2013 排名	品牌	产业	品牌价值	增减
1	1	Apple（苹果）	科技	1 188.63	+21%
2	2	Google	科技	1 074.39	+15%
3	3	Coca-Cola（可口可乐）	饮料	815.63	+3%
4	4	IBM	商业服务	712.44	−8%
5	5	Microsoft（微软）	科技	611.54	+3%
6	6	GE（通用电气）	多元	454.80	−3%
7	8	Samsung（三星）	科技	454.62	+15%
8	10	Toyota（丰田）	汽车	423.92	+20%
9	7	McDonald's（麦当劳）	餐饮	422.54	+1%
10	11	Mercedes-Benz（梅赛德斯-奔驰）	汽车	343.38	+8%

案例来源：Interbrand 公司官方网站。

在 2014 年 10 月 9 日由 Interbrand 公司发布的"最佳全球品牌"排行榜中，苹果和谷歌连续第二年位居榜单第一位和第二位。苹果品牌价值约为 1 189 亿美元，增长了 21%。谷歌品牌价值约为 1 074.4 亿美元，增长了 15%。这也是两大全球巨头的品牌价值第一次超过 1 000 亿美元。

品牌价值评估的目的是传达这样一个信息：品牌是一种重要的商业资产，并且在有些情况下，是唯一的有价值的企业资产。品牌价值评估的目的是体现品牌传播和市场营销的重要性。

4.1.2　会展品牌

会展品牌是能使一个会展与其他会展相区别的某种特定的标志，是具有一定规模、能代表整个行业内的发展动态，能反映这个行业的发展趋势，能对该行业有指导意义并具有较强影响力且在该类会展范畴中有着强大核心竞争力的会展活动。拥有品牌展会是一个会展企业赖以生存和发展的根本。

好的会展品牌象征着优质的市场环境、优质的产业背景、优质的参展商、优质的产品、优质的服务、优质的展会环境、优质的配套设施等方面，也代表着参展后能够为企业带来更多的利润和良好的声誉。就像是能够参加德国科隆家具展的厂商的产品一定是设计一流、做工考究的，这早已成为一个品质的象征。

4.2　会展品牌的构成

4.2.1　会展品牌的内涵

品牌文化具有狭义和广义之分，狭义的定义是指为品牌赋予的文化内容，广义的定义是指由企业构建的被目标消费者认可的一系列品牌理念文化、行为文化和物质文化，是结晶在品牌中的经营观、价值观、审美因素等观念形态及经营行为的总和。它能给消费者带来满足，具有超越商品本身使用价值的效用。

会展品牌是能使一个会展与其他会展相区别的某种特定的标志，是具有一定规模，能代表这个行业内的发展动态，能反映这个行业的发展趋势，能对该行业有指导意义并具有较强影响力的会展。

4.2.2　会展品牌个性

虽然很早就有学者运用人格的定义对品牌个性进行定义，但学术界对品牌个性概念界定还存在一些分歧。其中最主要的分歧表现为品牌个性与品牌形象的关系，这种分歧导致对品牌个性的定义分为两大派系。

1. 品牌形象论

20 世纪 80 年代以前，大部分学者认为品牌个性就是品牌形象，并将品牌形象定义为"购买者人格的象征"（Birdwell），甚至有一部分学者直接将品牌个性与品牌形象统称为"品牌性格"（Bellenger）。品牌形象论过分强调了品牌个性与品牌形象的一致性，而没有加以区别，它主要存在于品牌个性理论研究的初期，并已经逐渐被学者们所否定。

2. 品牌形象维度论

目前，大部分学者比较赞同"品牌个性是品牌形象（品牌表现、品牌个性、公司形象）

的一个重要构成维度，而非唯一构成维度"的观点（Keller，1993；Hayes，2000）。在大部分品牌个性研究中，学者们更多地偏重于基于消费者视角的品牌个性定义，即品牌个性是消费者所感知的品牌所体现出来的一系列个性特征。

Keller（2003）把公司品牌个性定义为公司所有员工作为整体所具有的人格特征或特质，它所涉及的内容比产品品牌个性的内容更广，并指出公司品牌个性包括创意（creative）、协作（collaborative）、热烈（passionate）、体恤（compassionate）、敏捷（agile）、纪律（disciplined）六个维度，具体如表4-2所示。

表4-2　按照Keller所提出来的六个维度来分析会展品牌个性

会展品牌形象维度	会展品牌形象表征
创意（creative）	会展活动题材的独创性 备展过程中解决问题的创造力
合作（collaborative）	会展公司与展馆的合作 会展公司与参展商的合作 会展公司与分包商的合作 会展公司与其他相关部门的合作
热烈（passionate）	员工对待参展商是否有激情 员工对待观众是否有激情 员工对待工作是否有激情
体恤（compassionate）	会展活动全过程服务的细致程度（参展商、观众的感知）
敏捷（agile）	应对危机状况时的反应
纪律（disciplined）	规章制度是否完备 制度落实是否到位 是否有随意性较强的环节

4.2.3　会展品牌的价值

品牌价值是品牌管理要素中最核心的部分，也是品牌区别于同类竞争品牌的重要标志。迈克尔·波特在其品牌竞争优势中曾提道："品牌的资产主要体现在品牌的核心价值上，或者说品牌核心价值是品牌精髓所在。"

会展主题是会展品牌价值的核心，品牌推广的意识也是品牌价值提升的重要因素，强强联手是快速提高会展品牌价值的一个有效途径。

1. 平台的大小决定了会展品牌的大小

会展平台的大小决定会展品牌的起点，高层次的会展平台对于有效调动各方资源、增强信息传播的权威性和公信力等方面都有显著的作用。

2. 时间也是会展品牌的基石

任何事物的发展都需要经历一个过程，伟大的品牌需要时间的积淀作为基础。科隆经过200多年的发展成为当今世界的会展之都，会展活动的品牌影响力、会展环境的品牌影响力都是无与伦比的；奥运会经过百年的洗礼也有了其不可替代的位置；广交会经历了100多届的风风雨雨成就了今天的"广交会"品牌。

3. 善用媒体资源是提升会展品牌的推进器

当今世界，大众传播决定着品牌传播的速度，也就决定着品牌价值提升的速度。一方面是媒体资源的选用，大型的媒体平台是成就大品牌的必经之路，会展活动全过程中都必须有媒体资源的运用；另一方面是宣传方式的选用，传统的宣传方式已经不能满足自身的需求，类似于"病毒营销"、体验营销等营销方式应该通过整合营销体现出来。

4.3　会展品牌定位分析

品牌定位是指企业在市场定位和产品定位的基础上，对特定的品牌在文化取向及个性差异上的商业性决策，它是建立一个与目标市场有关的品牌形象的过程和结果。会展品牌定位分析需要从以下几个方面来进行。

1. 需求环境分析

在进行会展品牌定位分析时，首先需要进行需求环境分析，需要进行会展参展者的需求分析和展会活动参观者的需求分析，以上分析缺一不可。对于参展商来讲，需求主要集中在获取订单、展示形象、交流技术、调查行情等方面；对于参观者而言，需求主要集中在了解行情、满足感官享受、调研新技术、寻找商业机会等方面，只有当这两者的需求达到同一水平时，会展的举办才会有意义。

2. 外部环境分析

会展活动的外部形势在不断变化，会展品牌的建立要在形势和需求的不断变化中建立优势、发挥优势，从而铸就会展品牌的优势。品牌定位分析中的外部环境主要包括会展活动的政治环境、经济环境、社会文化环境、技术环境等。

3. 自身情况分析

在会展活动举办的过程中，客观地审视自身的优势资源是非常有必要的。努力挖掘和正确评估自己所具有的竞争优势是品牌建立的前提。在分析过程中，区域的客观情况很重要，选择具有优势资源的合作者也很关键。自身情况分析主要包括主办地资源（产业优势、旅游优势、人文优势、区位优势）分析和组织者资源（主办者优势、承办者优势、协办者优势）分析等。

4. 竞争环境分析

对于已开始运作管理的会展活动，要分析其目前的竞争者、潜在的想进入会展市场的进入者等。通过分析竞争环境，找到替代会展项目或通过细分市场达到提升核心竞争力的目的。

4.4 会展品牌识别系统

会展品牌的识别系统包括：MI（理念识别）、BI（行为识别）、VI（视觉识别）。

4.4.1 MI

MI（mind identity）即理念识别，它是确立企业独具特色的经营理念，是企业生产经营过程中设计、科研、生产、营销、服务、管理等经营理念的识别系统，是企业对当前和未来一个时期的经营目标、经营思想、营销方式和营销形态所作的总体规划和界定。主要包括：企业精神、企业价值观、企业信条、经营宗旨、经营方针、市场定位、产业构成、组织体制、社会责任和发展规划等。MI属于企业文化建设的范畴。

案例 4.2

新恒基集团 MI 要素

1. 企业理念——人和

在我们的理念中，人，即指企业内部的员工，也指企业外部的、与企业存在各种关系的人；和，为人文生态之和。所谓"人和"，即指以人为本，努力追求各个方面的和谐：

企业发展与社会进步的和谐；

企业内部环境与外部环境的和谐；

公司与客户关系的和谐；

子公司与母公司的和谐；

制度与文化的和谐；

上级与下级的和谐；

同事与同事的和谐；

贡献与业绩的和谐；

业绩与回报的和谐；

....

2. 企业精神——创新

用新锐的思维创造优势、用智慧的行为追求领先：

2010年，新恒基集团旗下旅游产业佳报频传：4月，新恒基集团与江西省樟树市政府签订了占地6 000亩的"樟树市养生天堂旅游综合项目开发投资合同"，投资开发以盐温泉为核心的中国第一养生旅游天堂；6月，新恒基集团与江西省分宜县政府签订了"分宜县旅游项目合作开发合同"，合力打造中国"洞都"；8月，中国丹霞申遗成功，泰宁攀折世界遗产顶级桂冠；同年，中国云顶旅游区进入试营业筹备阶段。

2012 年 12 月，全球唯一蛋形创意主题酒店"易达·中国云顶 QQ 山寨酒店"对外试营业，2013 年伴随福永高速、向莆高铁的相继开通，"易达·中国云顶"举行了盛大的正式开业庆典，真是"藏在深山人未识，撩开面纱惊八闽"，迅速引爆周边旅游市场，引领福建清新游潮流，成为福州旅游甚至福建旅游新的目的地和知名品牌。

2014 年 1 月 1 日，"易达·中国古海"正式对外营业，为江西旅游在红色（红色旅游）、绿色（山水旅游）之外增加了一抹靓丽的蓝色，必将成为江西旅游的新航标。

而今，我们正朝着"文化经济产业的 NO.1"方向努力。

3. 企业价值观

唯有以"多赢"为目标，才可实现真正的"人和"；唯有实现了真正的"人和"，才可取得"多赢"。因此，无论是我们的企业还是员工，在经营或工作过程中，都应始终秉承"人和创造多赢"的价值观念，在和谐的环境中共同发展、协同并进。

4. 企业使命

推动文化经济产业发展，促进社会和谐环境建设。

5. 企业愿景

打造文化经济产业的 NO.1。

6. 近阶段发展目标

构建有品牌力的"传媒子集团"与"旅游子集团"。

7. 企业形象定位

对员工而言——一个充满人文关怀与创新活力的事业大舞台；

对企业而言——一个讲求诚信、追求多赢的文化经济产业佼佼者。

8. 组织形态

学习型＋创新型＋人文型。

9. 传播口号

人和为本，创新为力。

案例来源：新恒基集团官方网站。

4.4.2　BI

BI（behavior identify）被称为行为识别，它直接反映企业理念的个性和特殊性，是企业实践经营理念与创造企业文化的准则，是对企业运作方式所作的统一规划而形成的动态识别系统。BI 包括对内的组织管理和教育，对外的公共关系、促销活动、资助社会性的文化活动等。通过一系列的实践活动将企业理念的精神实质扩展到企业的每一个角落，从而汇集起员工的巨大精神力量。

BI 包括以下内容。

对内：组织制度、管理规范、行为规范、干部教育、职工教育、工作环境、生产设备、福利制度等。

对外：市场调查，公共关系，营销活动，流通对策，产品研发，公益性、文化性活动等。
品牌形象维度论中所描述的 6 个维度的外在形象表征就是行为识别的具体体现。

案例 4.3

新恒基集团 BI 要素

1. 行为宗旨

企业——人性化管理，创新化经营。

员工——和悦式合作，新锐式思维。

2. 行为观念

全局观：任何行动决策，都应以是否有利于或者更有利于整体利益的实现为权衡标准。当文化与制度发生矛盾或多个行动目标难以兼顾时，也以此为准绳，避免单一、狭隘地处理问题。

发展观：经营管理要有动态的思想、发展的思想、辩证的思想，要敏锐洞察环境变化并积极应对，切忌机械与保守。个人发展也要与时俱进。

多赢观：任何企业或个人行为，都应力求以多方满意为目标，秉持"多赢方有己赢，多赢必能己赢"的观念开展决策和行动，杜绝追求一己私利等行为。

3. 行动目标（图 4-1）

图 4-1　新恒基集团的行为目标

4. 行为准则

- 遵纪守法；
- 讲求诚信；
- 讲求和谐；
- 讲求合力；
- 追求专业；
- 追求创新；
- 追求多赢；
- 执行到位；
- 关注细节。

5. 禁行规范

- 不违纪乱法；

- 不假公济私；
- 不损坏公司声誉；
- 不为个人利益而损坏集体利益；
- 不做有违"诚信"之人（如浮夸、弄虚作假、欺上瞒下、不守诺言等）；
- 不做有违"和谐"之事（不盲目攀比、不斤斤计较、不刚愎自用、不官僚主义、不搞办公室政治、不拉帮结派、不追求一己私利、不恶语中伤他人、不传播流言飞语……）。

案例来源：新恒基集团官方网站。

4.4.3　VI

VI（visual identity）即视觉识别，是企业形象设计的重要组成部分。现代化、工业化、自动化的发展，加速了优化组合的进程，其规模不断扩大，组织机构日趋繁杂，产品快速更新，市场竞争也变得更加激烈。另外，各种媒体的急速膨胀，受众面对大量繁杂的信息变得无所适从。企业比以往任何时候都需要统一的、集中的设计传播，个性和身份的识别因此显得尤为重要。在会展品牌系统中，由于VI具有直观性、感染力和传播力，最容易被公众接受，因此具有重要的意义。

运用VI进行策划设计必须把握同一性、差异性、文化性和有效性等基本原则。

1. 同一性

为了使企业形象对外传播具有一致性与一贯性，应该运用统一设计和统一传播，用完美的视觉一体化设计，将信息与认识个性化、明晰化、有序化，把各种形式传播媒体上的形象统一，创造能储存与传播统一的企业理念与视觉形象，这样才能集中和强化企业形象，使信息传播更为迅速有效，进而给社会大众留下强烈的印象与影响力。

2. 差异性

企业形象应该得到社会大众的认同，因此必须是个性化的、与众不同的，所以差异性原则十分重要。一味的模仿只能失去自己真正的核心影响力，沦为"山寨"。借知名品牌上位是一种短视的做法，短期内也许能够取得一定的效果，但对于企业长久、良性的发展有着绝对的制约作用。企业是否能进入世界强企的行列、是否能够基业长青，除了需要有质量过硬的产品之外，必须要有过硬的企业文化，VI就是企业文化的一种外在表征。

3. 文化性

企业形象的塑造与传播应该以民族文化为基础，美、日等众多企业的崛起和成功，民族文化是其根本的驱动力。驰名于世的"麦当劳"、"肯德基"独具特色的企业形象，就是展现出了美国生活方式的快餐文化。除了文化传承的特性以外，还可以将发展历程的传承涵盖在内。

4．有效性

有效性是指企业经策划与设计的 VI 计划能得以有效地推行运用，VI 不仅仅是个装饰物，它还是一个企业的象征，因此其可操作性是一个十分重要的问题。

企业 VI 计划要具备有效性，能够有效地发挥树立良好企业形象的作用，首先在其策划设计时必须根据企业自身的情况、企业市场营销的定位，然后以此定位进行发展规划。在这点上协助企业导入 VI 计划的机构或个人负有重要的职责，一切必须从实际出发，不能迎合企业领导一些不切合实际的心态。

要保证 VI 计划的有效性，一个十分重要的因素是企业主管要有良好的现代经营意识，对企业形象战略也有一定的了解，并能尊重专业 VI 设计机构或专家的意见和建议。而后期的 VI 战略推广更要投入巨大的费用，如果企业领导在导入 VI 计划的必要性上没有十分清晰的认识，不能坚持推行，那前期的策划设计方案就会失去其有效性，变得毫无价值。

4.5　国际标准与会展品牌

权威的会展认证对会展业的长期健康发展是有益的。通过会展认证后，对展会的招商招展有很大帮助，尤其是邀请国外参展商时，对方一般会选择经过国际权威机构认证的展会。中国会展业与国际接轨是必然的，接轨的一个有利途径就是用国际标准来提升本身的品牌价值。

4.5.1　UFI 认证

1．UFI 认证概述

国际展览联盟（原为法文 Union des Foires Internationales，后改为英文 Union of International Fairs，UFI），于 1925 年在意大利米兰成立，并将总部设在法国巴黎。在最初成立的时候，参加国际展览联盟的只是欧洲的 20 个展览公司，而且也不是这些公司的所有展览项目都能自然而然地成为国际展览联盟成员。所以，参加 UFI 实际上是两种"概念"：一是成员单位（展览公司）；二是成员项目（即由国际展览联盟所认证的展览会）。

2003 年 10 月 20 日，在第 70 届会员大会上，该组织决定更名为全球展览业协会（The Global Association of the Exhibition Industry），仍简称 UFI。全球展览业协会是迄今为止世界展览业最重要的国际性组织。

UFI 最初由欧洲的 20 家展览公司组成。最初只有举办展览会的展览公司才能成为其正式会员。从 1994 年起，展馆、展会及会展相关机构（如贸易协会，展览服务、管理、统计、研究机构，专业报刊等）也可被接收为会员。不过至今为止全球展览业协会 80％ 的活动还是集中在展览会举办行业。全球展览业协会总部位于巴黎，其法人代表为主席，日常事务由秘书长负责处理，日常运行主要靠会员缴纳的会费。

截止到 2004 年 8 月，全球展览业协会拥有 256 个正式会员，它们分别来自 72 个国家的 155 个城市，获得全球展览业协会认可的国际性展览会或贸易博览会共有 629 个。此外，全球展览业协会还拥有 40 个协作会员，以各国的全国性会展行业协会为主，如德国的 AUMA 和 FKM、美国的 IAEM、我国的展览馆协会等。

全球展览业协会会员每年举办 4 000 多个国际、国内及地区性展览会或贸易博览会，总展出面积超过 5 000 万平方米，参加这些展会的参展商超过 100 万个，观众人数超过 1.5 亿人次。当前全球展览业协会成员所拥有的展览中心可供出租的展览面积达 1 200 万平方米。

尽管有越来越多的非欧洲国家和地区展览的公司及机构申请加入全球展览业协会，但来自欧洲的会员仍占总会员数的 70%，已获全球展览业协会认可的展会也有 80% 是在欧洲境内举办的。

对国际性展会进行权威认证是全球展览业协会的核心任务。经 UFI 认可的展会是高品质贸易展览会的标志。展览会举办公司只有在其举办的展会中至少有一个被全球展览业协会认可后才有可能被接受为正式会员。一个展会要想获得认证，其服务、质量、知名度皆要达到一定的标准。全球展览业协会对申请加入的展览会的规模、办展历史、国外参展商比例、国外观众的比例等都有极严格的要求。全球展览业协会规定的注册标准为：作为国际性展会至少已连续举办 3 次以上，至少有 2 万平方米的展出面积，20% 的国外参展商，4% 的海外观众。

2. UFI 认证的条件

准备申请成为 UFI 会员的机构或者展会主办者必须尽早向 UFI 提出申请，UFI 首先备案。如果将申请 UFI 纳入当年工作日程，那么理论上应该于前一年的年底前向 UFI 秘书处提交所有正式申请文件。申请被受理后，UFI 下设的指导委员会将委派一名或者多名代表前往展会实地考察，核查所提交材料的情况，然后出具审核报告，其中所有费用由申请人承担。审核报告由指导委员会先行审核，审核通过后向 UFI 大会提交认可提议。UFI 每年会举办一次全体会员大会，其中的一项议程就是审核由指导委员会提交的认可提议，如果会员出席或代表出席人以多数票通过审核，则认可提议，并授予其 UFI 展会认证。UFI 认证的具体条件如下。

① 首先必须获得展览会所在国家有关部门的认可，认可其为国际展会。

② 直接或间接的外国参展商数量不少于总数量的 20%。

③ 直接或间接的外国参展商的展出净面积不小于总展出净面积的 20%。

④ 外国观众数量不少于总观众数量的 4%。

⑤ 展会主办者必须可以提供专业的软硬件服务，展览场地必须是适当的永久性设施。

⑥ 所有相关申请表格、广告材料及目录必须使用尽可能多的外文，包括英语、法语、德语等。

⑦ 在展会举行期间不允许进行任何非商业性活动。

⑧ 参展商必须是生产商、独家代理商或者批发商，其他类的商人不允许参展。

⑨ 严格禁止现场销售展品或者现场买卖。

⑩ 展会定期举办，展期不超过两周，申请认可时展会最少定期举办过三届。

4.5.2　BPA 概述

1. BPA 的起源及优势

BPA（The Business of Performing Audits，国际媒体认证机构）于 1931 年成立，是非营利性的第三方认证组织，由媒体所有者、广告客户和广告代理商共同管理。BPA 总部坐落于美国康涅狄格州的谢尔顿市（Shelton），在媒体认证领域内拥有世界上最多的会员。BPA 的会员遍及全球 25 个国家，为 2 800 多家媒体成员和申请者服务，包括 1 700 多家商业出版物、300 多家消费类出版物、150 家报纸、550 多家网站、50 个展会，以及其他广告商支持的媒体，另有 2 700 多家广告客户及代理商会员。

BPA 凭借严谨性、客观性、准确性、透明性及时效性，提供消费类及专业类媒体认证，为广告购买商和媒体经营者提供了保证。凭借丰富的经验和洞察力，BPA 帮助广告主客户、广告代理机构及媒体经营者更加深刻地了解读者，进而提升竞争力。BPA 有以下优势。

（1）全球领导地位

BPA 是引领全球媒体认证的先锋。它也是世界上最大的独立的、非营利性的媒体认证组织，在全球采用统一标准。BPA 的会员遍布全球约 25 个国家和地区，在媒体认证领域内拥有世界上最多的会员。

（2）专业性

BPA 是全球广告主和媒体公司所熟悉并信赖的媒体认证组织。近 80 多年来，BPA 因其认证的客观性、严格性、可靠性和时效性而备受信赖。

在现今纷繁复杂、瞬息万变的媒体环境中，BPA 为媒体买卖双方提供高透明度的认证，这种全面公开化的信息给予了媒体买卖双方更多的信心保证。

（3）非营利性及代表第三方利益

BPA 是一个三位一体的非营利自行管理机构，其董事会主席由广告客户或广告代理机构代表出任，董事会成员包括 8 名广告主代表、9 名广告代理机构代表和 15 名出版商或网站代表。20 多位分别来自出版、媒体购买和互动媒体等领域的顾问委员为 BPA 提供支持。

2. BPA 会展数据审核流程

BPA 会展数据审核分三阶段完成：展前、展中、展后。作为全球领先的媒体认证机构，BPA 通过独立、全面的认证程序对展览数据进行审核，以保证充分的透明。

（1）展前审核流程

主办方需完成展前调查问卷以明确观众注册系统（包括预注册和现场注册）和现场门禁检录系统（如何证明观众确实进入展馆参加了该展览）。

主办方、观众注册公司（如外包）及 BPA 三方进行展前电话会议，这能够最大限度地在展前沟通 BPA 认证的相关知识，回答各方问题并为认证员的现场观测做好准备。

（2）展中审核流程

对所有第一次接受 BPA 认证的会展项目，BPA 都会派认证员亲临会展现场。这让 BPA 能够对在展前调查问卷和电话会议中讨论过的观众注册系统和检录系统进行现场观测。BPA 认证员会在展前完成其他一般观众都要完成的注册程序，从而对会展注册和出席确认系统进行评估。

BPA 认证员将检测进入注册区、展厅、特别活动区及会议区的全部入口的门禁安检情况，这对评估观众出席确认系统是否真正只允许有胸牌的观众进入会展各活动区有重要意义。

如果会展主办方申请对展览数据进行认证审核，BPA 认证员会随机选取展商样本，现场对出展情况和展位面积进行考察，并在展后审阅参展合同和付费凭证等文件。认证员会对现场审核的情况进行书面记录以备日后使用。

（3）展后审核流程

认证的大部分工作是在展后完成的。主办方需要将观众和展览（如果需要认证）数据库提交给 BPA 进行审核。

对数据记录的确认测试、对观众的回访及数据分析都是在展后完成的。主办方申请认证项目的认证结果将被汇总在认证报告上，报告上的数据全部来自观众注册数据库。通过展前、展中和展后问卷调查所汇总生成的调研数据也可以被包含在认证报告中，以提供更丰富的信息和更高的市场价值。

如果主办方需要，BPA 可以对与会展直接对应的网站进行流量认证，且无须额外费用。此外，BPA 展后会免费给主办方提供培训，帮助其销售团队更好地解读和使用 BPA 报告。

此外，BPA 还会现场核查参展商有没有实际参展、现场面积等信息，以及核查保安系统。如果保安核查工作做得不好，就不能有效地掌握专业观众的准确数量。在展后阶段，BPA 还要通过打电话、发邮件等方式核查数据库的真实性。

4.5.3　UFI 和 BPA 的关系

从公司业务性质来说，UFI 并不是一个审计机构，而 BPA 是一个审计机构，是主要针对会展杂志和网站的审计，现在也涉足展览。而且 BPA 也是 UFI 会员，因为 UFI 有很多种类的会员，有组织单位，有服务供应商。BPA 就是其中一个服务供应商，所提供的服务就是给展览主办单位和会员提供审计。

自 2010 年 7 月 1 日开始，要成为 UFI 的会员必须通过会展审计。如果是现有会员，就会从下一届开始做审计；如果是新加入的会员，就必须先通过审计。因为世界各地有很多能做会展审计的机构，这些审计机构必须要经过 UFI 认可，BPA 就是其中一个被 UFI 认可的审计机构。

4.5.4　我国会展市场认证现状

据不完全统计，自 1988 年北京国际印刷技术展览会通过 UFI 认证至今，我国已经有100 多个展览会通过 UFI 认证，数量位列世界第三位，在内地举办的认证展会数量达到了70 多个，位列世界第五，而中国 UFI 会员数量则高居榜首，仅内地就达 57 家。从这个意义上说，我国会展业已经获得了一定程度上的国际认可，可以称为世界展览大国。

据粗略统计，目前国内每年举办 4 000 多个展览会，但是这些展览会大小不一，质量参差不齐。哪些属于高质量的展览会，哪些是国际展览会，没有统一的标准。展览会观众数量、专业观众数量、国际观众和国内观众的比例等这些衡量展览会的重要指标不少是有些主办者自己在夸大其词，因此建立统一的标准对展览会进行审计、评估，对于了解展览行业的发展状况、发展趋势有很大益处，对于推动中国向展览强国迈进具有重要意义。

无论是在国内还是国外，没有加入 UFI，仍然特立独行的也是有的。譬如，北京和上海的两个汽车展览会，上海参加了 UFI，而北京始终不肯参加。但是，这两个展览会却都是国际汽车生产商认可的 A 级国际展览会。又譬如，英国的励展集团是世界上最大的展览公司，年展览营业额达 70 多亿欧元，但它也并未参加 UFI。德国的几大展览公司的许多博览会项目，在宣传上也只印自己公司的标志，并没有 UFI 的标记。这些并没有妨碍它们业务的扩大和利润的增长。随着总部设在美国的国际展览管理协会（IAEM）在中国的影响不断扩大，参加 IAEM 的展会项目和相关机构也会有所增加。

从政府角度出发，我国在会展市场认证方面先行的城市是深圳。深圳市政府于 2010 年 7 月以深府办〔2010〕52 号文件颁布了《深圳市会展业财政资助专项资金管理办法》，其中明确规定："对获全球展览业协会（UFI）等国际展览机构认证的品牌展会（展览机构），一次性给予 15 万元的资助。"深圳市科技工贸和信息化委员会（SZSITIC）也在《深圳市会展业财政资助专项资金管理办法》出台后，委任 BPA Worldwide 国际媒体认证机构为独家会展数据认证机构，为在深圳申请政府补贴的会展主办方提供认证服务。

我国会展业现状主要表现在：一是建设规模不断扩大，《2013—2017 年中国会展行业市场前瞻与投资战略规划分析报告》数据显示，截至 2011 年 12 月底，我国现有会展场馆 269 个，室内展览面积超过 715.14 万平方米，室外展览面积 403.75 万平方米，总展览面积 1 118.89万平方米。2011 年新建成会展场馆 17 个，室内总展览面积为 56.22 万平方米，总建筑面积 179.67 万平方米。已经超过了号称"世界会展之国"德国的展馆面积，拥有一批具有国际水平的现代化会展场馆。二是会展活动空前活跃，2015 年全国共举办 3 168 个展览会，其中经贸类展览有 2 612 个，比 2014 年增加了约 7.8%。据"2016 上海会站论坛——国际会展业 CEO 峰会"发布的数据，我国会展数量已约占全球四分之一。我国在世界会展商百强中占有 20 个席位，排名世界第二。成为世界展览中核心的中国会展业在向国内西部和二三线城市推进的同时，正大步迈开"走出去"步伐。

三是会展形式丰富多彩。经过多年发展，一些由政府主导的综合会展向专业会展转变，有的随着市场化、专业化、国际化水平的提高而成为著名会展，已培育出一批具有特色的、高水平的、较大影响力的会展知名品牌，诸如广交会、高交会、上交会等综合会展。专业化会展比重增加，几乎涉及经济的各个部门和主要行业，如北京的机床展、纺机展、冶金铸造展和印刷展等已跻身国际同行展的前四名，珠海国际航空展成为亚洲第二大航展，而号称"中国第一展"并享誉全球贸易展的"广交会"是我国历史最长、规模最大、层次最高、影响最广、商品种类最全、到会客商最多、成交效果最好的综合性国际贸易会展。四是组展主体呈现多元化。目前主要有五大主体：一是政府机构，包括政府部门、事业单位，承担政府主导的各种重大经贸洽谈展会和综合性展会，政府主导型的展会仍是一大亮点，由国家部委和省市政府共同举办的大型展会活动，其中不少展会有高层领导人出席、讲话、剪彩、题词；二是行业协会，各种有影响的专业性会展大部分由行业协会主导或主办；三是国有企业，少数国有企业组织经营性会展等业务；四是民营企业，个别民营企业介入会展业，或主营或兼营，经营范围中有会展业务的民营企业仅北京、上海、广东这三地就超过千家；五是外资企业，境外的会展公司与国内有关单位结成合作伙伴，开展海外和国内招展，据不完全统计，目前国内举办的国际专业展约 40％有境外公司参与。五是会展群聚效应突出。改革开放 30 多年来，中国会展业在各城市发展迅速，形成了"环渤海、长三角、珠三角、东北、中西部"五个会展经济产业带。环渤海会展经济带——以北京为中心，以天津等城市为重点，其会展业发展早、规模大、数量多，专业化、国际化程度高，门类齐全，知名品牌展会集中，辐射广。长三角会展经济带——以上海为中心，以南京、杭州等城市为依托的会展产业带已经形成。该产业带起点高、政府支持力度大、规划布局合理、贸易色彩浓厚，受区位优势、产业结构影响大，发展潜力巨大。珠三角会展经济带——以广州为中心，以广交会为助推器，形成了国际化和现代化程度高、会展产业结构特色突出、会展地域及产业分布密集的会展经济带。东北会展经济带——以大连为中心，以沈阳、长春等城市为重点的会展经济带，依托东北工业基地的产业优势及东北亚的区位优势，形成了长春的汽博会、沈阳的制博会、大连的服装展等品牌展会。中西部会展经济带——以成都为中心，以贵阳、郑州、重庆等城市为重点的会展经济带，通过不断发展，现已形成了成都的西部国际博览会、重庆的高交会、郑州的全国商品交易会等品牌展会。

案例 4.4

近日，在哥伦比亚波哥大召开的全球展览业协会（UFI）年会上，唐山陶瓷博览会顺利通过了 UFI 认证，成为河北省首个也是唯一一个通过 UFI 认证的专业品牌展会。UFI 认证是目前全球展览业最权威、最有影响力的国际展会认证。

为提高唐山陶瓷博览会的国际影响力，打造全国一流品牌展会，唐山市贸促会于 2012 年提出了唱响陶瓷博览会国际品牌理念，开始陶瓷博览会 UFI 认证的申请工作。第十六届陶瓷博览会和第十七届陶瓷博览会举办期间，UFI 均指定专业评估机构针对陶瓷博览会的展会规模、历史成效、国外参展商比例、国外观众比例、展会服务质量、展会配套设施、展会知名度等近 30 项软硬件指标进行了实地考核。本次顺利通过 UFI 认证，标志着唐山陶瓷博览会在国际展商数量、国际观众数量及展会服务等方面均达到了一个新的高度，这也将促进陶瓷博览会国际化及专业化水平进一步提升。

案例来源：河北日报数字报

本 章 小 结

品牌对于一个企业发展来讲是至关重要的，好的品牌象征着企业的实力、企业的良好信誉，同时也象征着产品的良好品质。会展是纯粹服务性的商品，会展品牌有其区别于其他商品的特征，在建立会展品牌的过程中需要进行产品需求分析、外部环境分析、自身情况分析及竞争环境分析。类似于其他商品，会展也需要进行品牌的 CI（企业形象识别系统）构建，其中包括 MI（理念识别系统）、BI（行为识别系统）及 VI（视觉识别系统）。除了常规的会展品牌构建方式外，借用成熟资源也可以提高品牌影响力和知名度。本书提供了目前较受关注的两个国际认证，分别是 UFI（全球展览业协会）和 BPA（国际媒体认证机构），简述了这两个认证各自的优势和异同。

课 后 习 题

1. 根据表 4-1 分析世界企业品牌建设的趋势。
2. 品牌定位过程需要进行哪几方面的分析？
3. 自行查找资料分析 UFI 和 BPA 各自的劣势。

第5章

会展服务管理

5.1　会展服务概述

在会展业较发达地区，除了硬件设施、配套设施完备、会展流程规范化以外，会展服务质量的优劣已成为衡量会展成功与否的一个重要标志。会展业属于服务业范畴，服务越来越多地引起行业的重视和关注。没有一流的服务就不可能办好一流的会展。

会展服务的要素主要包括参展商、会展组织者、会展场馆、观众等，会展服务也是围绕着这几个方面进行的。展会收益大多来源于参展商和观众，其中包括参展商的展位租金和各种广告费用、观众门票收入及会展期间的各种收益等，会展组织方通过提供一系列服务而取得各种收益。

案例 5.1

会展服务现状

由于外资展览公司的进入，中国会展市场的发展更加快速。同时，外资展览公司也带来了成熟的展览会服务体系，并拉开了与国内会议、展览会主办方之间的距离，甚至是组织能力的层次。以德国展览公司为例，它们将服务视为整个展览项目的灵魂。从展前、展中到展后，贯穿始终的是一整套完善的服务体系。简单地说，就是展览会的主办方要为参展商负责。比如展会前的咨询，充分利用网络，设置展览会的有关信息、在线预登记等；展会期间，更是将其基本目的设定为"使展馆内的生活成为可能"；展后的数据分析，仍然是为参展商提供维护服务。

相对外资展览公司完善的服务体系，目前我国展览会服务现状却令人堪忧。在这里，首先要特别强调的是政府主导型展会服务机制的严重缺失。由于绝大多数政府主办的展览项目都缺少一个专门的运作部门，大部分是临时抽调的人员，服务意识淡漠。与专业展览公司运作不同，政府主办的展览会，展前服务几乎由行政招商所代替。而展中服务则是：只要是知名的参展企业，政府就无条件满足需求，因此导致现场十分混乱。而展后服务几乎没有。通过各地的媒体就会发现，由政府主办的展览项目，所有的展览会分析数据无外乎是展会交易金额、对接项目金额等，而这些所谓的数据分析对参展企业来说毫无意义。行业机构举办的展览会服务意识源于具备行业信息的先天优势，但在整个展览会服务过程中，服务仍尚未形成体系，其中主要的原因是人力、物力、财力的缺乏。

应该说，中外双方的合作是提升和促进我国展会服务体系的有效途径。但几年来，双方的强强联合也并不轻松。在外资展览公司与行业机构这一类合作中，外资公司看好的就是行业机构得天独厚的行业资源。事实上，在有些合作的展览项目中，行业机构并没有提供专业而且权威的行业资源，甚至连最基本的行业数据都不完善。最不理想的合作结果是：双方的合作并没有形成建立健全的参展商、采购商的数据库，而是合作双方各自都将自己招商招展的部分建立了不完整的数据统计。虽然都不满意这种现状，由于诸多因素，合作仍然维持着。

这里主要关注的是民营展览公司和私营展览公司提供的展会服务。这也是目前我国展会服务中具有意识但缺少能力的薄弱群体。由于资金紧张、人力不足，在整个展览会的服务过程中处于渴望向国际标准接轨的现状，在操作过程中，往往是顾此失彼。在展前服务环节，多数能够使用网络，进行广告的宣传，也能进行网上预先登记，但其中最重要的资讯则明显匮乏。最明显的是在同一类展览会中，关于行业的数据几乎千篇一律。在展中服务环节，足可以看见民营展览公司和私营展览公司展会服务的捉襟见肘，常常是场面过于混乱。展后服务，与政府和行业机构一样，尚未建立有效的服务网络。总体来说，由于近年来与外资展览公司的合作逐步增多，上述的各主办方都具有展会服务的意识，但由于现阶段各种机制的不健全，导致其服务水平相对落后，而这一薄弱环节正是外资展览公司的强项。在展览业蛋糕被瓜分的现阶段，更大程度地提升展会服务意识显得尤为重要。

案例来源：中国会展网。

5.2 会展现场服务管理

5.2.1 参展商服务

1. 商务服务

在会展进行过程中，商务服务内容基本上以商务服务中心的形式存在，商务服务的宗旨就是为参展商、参会者提供全方位的合理、便利、人性化的服务。

汉诺威信息技术展成为品牌展的关键在于它的高质量组织与服务，尤其是在商务服务方面，它不仅为参会者提供交通服务、餐饮服务及在线预订服务，同时展会还特设参展服务中心（参展服务站），在展会举办前和举办期间为参展商提供综合服务，帮助其解决有关安全保卫、停车、会议室、办公区、技术和通信服务等方面的问题。综合起来，在会展现场为参展商提供商务服务主要包括以下几个方面。

（1）物流服务

会展物流是指为会议、展览、展销、体育及其他各类会展活动提供的物流服务。关于会展物流的概念比较流行的定义是："会展物流是为满足参展商展品展览的特殊需要，将展品等特殊商品及时准确地从参展商所在国（地）转移到参展目的地，展览结束后再将展品从展览地运回的过程，包括展览前后的仓储、包装、国内运输、进出口报关和清关、国际运输、展览中的装卸、搬运，以及在此过程中所需要的信息流动。"

另一种有代表性的观点认为："会展物流是指展销产品从参展商经由会展中转流向购买者的物理运动过程，它是展销活动供、需双方以外的第三方组织者所提供的一种具有后勤保障功能的服务，由会展组织者在综合会展现场多个供需对应体的信息要求后，统一指挥、统一安排、统一协调的会展物资流通体系。"

从中国会展物流发展现状来看，与国外同行业相比还存在很大差距。例如，传统会展物流运作模式仍被广泛采用，凸显出中国现代物流业的不足之处，成为制约会展业进一步发展的"瓶颈"。这一方面说明中国会展组织者管理水平较低，或者受限于会展物流的业务规模和市场份额；另一方面说明中国众多的物流供应商提供的会展物流服务只能达到会展运输商（exhibition transpotation server，ETS）的水平，而不具备会展物流服务商（exhibition logistics server，ELS）的功能。这与我国物流行业的发展现状基本一致。目前我国从事会展物流的企业主要是 UPS、DHL 等外资公司和中远、中展运等国内实力较强的物流公司。国内物流公司一般只能为这些企业提供分包服务。

会展物流作为现代物流行业的一个重要分支，比一般运输、配送具有更高的专业性和服务性，属于高端物流。高端物流代表高质量的专业服务，服务对象一般是高端产品。高端物流服务管理体系与运作模式具有高附加值、高利润、高效率、高技术标准、高风险等特征。

（2）办公用品租赁和销售

多数情况下，展会所需的资料都是提前准备好的，但在实际进行过程中难免会出现物品短缺的情况，这就需要商务中心提供一些常用的办公用品，其中主要包括名片印制、宣传用品制作、办公用品销售（其中包括纸、笔、档案盒、文件夹、电池等）。

租赁的内容主要包括打印机、复印机，以及筹备会议临时需要的投影仪、笔记本、同声传译设备等。目前我国办公用品设备租赁服务行业的发展已形成一定规模，市场上有很多专业的办公用品租赁企业，展会服务提供商可以将这一部分服务内容采取分包合作的方式进行筹备，这样既降低了办展成本又完善了服务内容。表 5 - 1 是某国际会展中心的服务项目及价格。

表 5-1 某国际会展中心的服务项目及价格

项目		规格	价格	备注
打印	A4	英文	10 元/页	
		中文	15 元/页	
	A3	带盘打印	6 元/页	
			8 元/页	
复印		16 开	0.5 元/页	
		A4	0.5 元/页	
		A3	1 元/页	
		证件	0.5 元/页	
传真		收传真	5 元/页	
		发市内传真	6 元/页	
		发国内传真	6 元/页＋长途话费	
		发国际传真	8 元/页＋长途话费	
上网查询			20 元/时（次）	提供上网计算机
票务服务	飞机票		代理费 20 元	特殊情况，另洽
	火车票	硬座	代理费 20 元	
		卧铺	代理费 20 元	
名片制作			20 元/盒	加一种颜色 8 元
导游服务			50 元/时	
代送饮用水			市价＋15％服务费	
卡币代售			市价	

（3）翻译服务

在参展前，尤其是国际性展会，参展人员通常情况下都具备本国语言和至少一门联合国工作语言，或者专门配备翻译人员。但在参展过程中可能因准备不足或其他原因遇到因语言沟通障碍带来的不便，需要通过主办方提供特种语言的翻译服务来确保参展的质量。翻译服务主要有以下几种：各种陪同、会谈、会议、展会口译交流、同声传译服务；速录服务（会议、访谈等现场文字内容机打录入和后期文字处理）；语言文字的记录、翻译、排版、编辑、整理、撰写等其他翻译增值服务。

一般来说，展会召开地点主要集中在经济较发达地区，这些区域内的翻译服务行业也比较发达，翻译服务也可以采取外包的形式。但是由于会展的专业性对翻译服务的要求要高于普通翻译，还有可能涉及小语种的问题，所以会展组织方和参展方应做好更充分的准备。

（4）通信服务

展会过程中的通信服务主要集中在电话服务、网络服务、传真服务、视频会议服务等方面。

① 电话服务。包括长途电话服务和本地通话服务。国际性展会还需要酌情开通国际长

途业务。随着通信手段的多元化，这项服务内容也在逐渐弱化。

②网络服务。随着信息化的不断发展，网络已经成为商务活动中重要的、不可或缺的通信手段，除参展商自带的 GPRS 上网设备外，展会服务提供方需要提供稳定的场馆网络服务，以便参展商的信息传递。条件允许的，应当提供无线网络，便于移动终端的使用。

③传真服务。相比较网络的便捷性，传真也有其自身的优势，对于展会期间一些合同、信件等的传递，传真有着不可替代的作用。

④视频会议服务。视频会议又称会议电视、视讯会议等，它可以在两点和多点间实时传送活动图像、语音及应用数据（电子白板、图形）等形式的信息。在展会期间，有些参展商可能会遇到一些问题，需要通过一种快速、便捷、准确的方式去沟通和传达信息。视频会议因其可视化的特点也有着广泛的使用群体，特别是针对一些战略抉择或者需要召开多人会议的时候，其他的通信方式都不能满足需求，视频会议就成为最适合的通信方式。视频会议因其部署方便、成本低、使用方便等特点，越来越为人们所关注和运用。

案例 5.2

北京展览馆通信服务价目

表 5-2 是北京展览馆通信服务价目情况。

表 5-2　北京展览馆通信服务价目情况

项目	申请时限	价格/元	押金/元	备注		
分机市内电话	提前 6 天	500	—			
分机国内电话	提前 6 天	600	1 000			
市内直线电话	提前 6 天	600	—	电话押金 300 元		
国内直线电话	提前 6 天	700	1 000			
国际直线电话	提前 6 天	800	2 000			
ISDN	提前 6 天	1 500	—	仅限市内电话功能，不提供 Internet 服务		
ADSL	提前 6 天	4 000		1 Mbps		
宽带网络接口	提前 6 天	2 800	—	256 Kbps	含 2 个公网 IP 地址	
	提前 6 天	5 000	—	512 Kbps	含 4 个公网 IP 地址	
	提前 6 天	7 000	—	1 Mbps	含 8 个公网 IP 地址	
	提前 6 天	12 000	—	2 Mbps	含 16 个公网 IP 地址	
	提前 6 天	18 000	—	4 Mbps	含 16 个公网 IP 地址	
	提前 15 天	28 000	—	10 Mbps	含 32 个公网 IP 地址	
	提前 15 天	42 000	—	20 Mbps	含 32 个公网 IP 地址	
	提前 15 天	65 000	—	40 Mbps	含 64 个公网 IP 地址	
备注：宽带接入端口请自带交换机，如需增加公网 IP 地址 100 元/个						
线路占用费	提前 6 天	2000 元/条		不负责施工，调试		
设备型号	端口速率	价格/元	押金/元	备注		

续表

项目	申请时限	价格/元	押金/元	备注		
8 口 HUB	10 Mbps	50	100			
16 口 HUB	10 Mbps	100	200			
8 口交换机	10/100 Mbps	100	200	展会结束后凭押金收据退还设备后开据发票。		
16 口交换机	10/100 Mbps	200	400			
宽带路由器	10/100 Mbps	150	200			

注：① 以上价格以展期为单位，每展期为 7 天，不足 7 天的按 7 天计算，超过 7 天按两展期计算。
② 如需租用，请按规定时限提前向业务部门申请并交费。
③ 国内、国际长途通话费用从押金中扣除，多退少补。
④ 在展会开幕前 48 小时内申请安装的，均加收 30% 的加急费。如现场条件不允许，我方有权拒绝安装。
⑤ 展期期间，电话承租人有责任看护好电视机，如有丢失、损坏，照价赔偿。

案例来源：http://www.bjexpo.com

（5）申办主题活动协调服务

在会展过程中，有些参展商需要在会展现场或周边举办一些主题活动来烘托氛围、宣传产品等，会展组织者需按照相关活动申办的规则，在活动举办期间做好协调、服务等工作。

（6）交通服务

在会展过程中，对参展商而言交通服务主要是针对本公司贵宾所需的一些交通工具的支持和服务，以及展馆、酒店等路线的导引工作。同时主办方需要为参展商提供航空、铁路、轮渡等交通信息的服务。

案例 5.3

2008 年北京奥运会交通服务

以 2008 北京奥运会为例，北京奥运会汽车合作伙伴大众汽车集团（中国）携手上海大众和一汽大众在北京奥林匹克公园交通场站共同宣布，5 000 辆奥运会官方用车全面完成向北京奥组委的交接，这些车辆将用于各国运动员和贵宾在赛事期间的接送和接待工作。

这些由北京市交管部门特批的"P"字头车整装待发，将在赛事期间接送各国运动员和贵宾。国际奥委会主席罗格的用车为大众 Multivan 商务车，车内桌子、冰箱、传真机、电话等一应俱全，甚至有能接收直播赛事信号的电视机。

北京奥运会官方车队将分为 T1、T2、T3 三个车队，各自的用车及服务对象均不同。大众汽车集团（中国）奥林匹克市场部总监潘庆介绍，T1、T2、T3 是按历届奥运会规格而定，大众按照奥组委对使用者的描述分级别配备车型。T1 为一个人单独配备司机，T2 为两个人合用的车辆，而 T3 为多人合乘型，相当于即时服务概念，可以预订。

案例来源：中国奥委会官方网站

2. 参展商食宿服务

（1）住宿服务

通常情况下在参展前住宿服务按照参展商的具体要求已确定下来，或由会展主办方统一进行安排，尤其是大型展会召开前，住宿必须提前确定。参展方通常更倾向于交通便利、环境良好的住宿环境，对于类似于"广交会"这样的大型展会，展馆周边的酒店基本上在展会召开数月前已预订一空。如果参展商人数有变动，组织者则有义务提供便捷的、符合参展商需求的酒店信息，有条件的则应当帮助协调参展人员住宿问题。

（2）餐饮服务

餐饮服务是会展接待中重要的组成部分，要做好这项工作，需要系统、深入地掌握餐饮服务的一些必备知识，同时还要掌握参展人员的饮食习惯与要求、菜肴与酒水服务知识，以提高餐饮接待服务的质量和效率。

案例 5.4

北京 2008 年奥运会媒体餐饮服务

【餐饮服务特色】

餐饮以新鲜、味美、多样、丰富为主要特征。菜单考虑不同国家和地区媒体人员口味的差异，同时也考虑体现中国和北京文化特色。

【媒体村】

早餐作为媒体村的主要需求，将以自助餐的形式提供多种热餐、冷餐和饮料。媒体村同时为住宿的媒体人员提供午餐、晚餐，还有包括热餐的宵夜。

另外，媒体村还在用餐区设置了咖啡厅。

【主新闻中心】

主新闻中心在赛事期间将会提供 24 小时的餐饮服务。残奥会期间餐饮服务标准与奥运会期间标准相似，只是规模略有缩小。

主新闻中心将提供多种类型的餐饮服务，包括正餐、自助餐及外卖快餐等。

【国际转播中心】

国际转播中心将提供多种类型的餐饮服务，包括正餐、自助餐及外卖快餐等。

【竞赛场馆】

比赛场馆的媒体休息区根据体育比赛的赛程提供食品和饮料。

在媒体休息区除提供付费服务外，还将提供免费的点心和饮料。

【相关资料】

2007 年 5 月，北京奥组委与美国爱玛客服务股份有限公司、北京首都旅游集团有限责任公司签约，正式签署《运动员村、媒体村、主新闻中心、国际转播中心餐饮服务合同》，两家公司将共同为运动员村、媒体村、主新闻中心和国际转播中心提供餐饮服务。

爱玛客服务股份有限公司始创于 1936 年，爱玛客（中国）始于 1998 年，其前身是美国 ServiceMaster 的特许经营商光华服务产业（中国）有限公司。

爱玛客（中国）已经在北京、天津、上海、苏州、宁波、徐州、广州、中山、惠州、福州、厦门、泉州、成都等20多个城市为近200家医院、工厂、学校、政府及商业写字楼提供包括环境保洁、病人运送、保安、设备运行与维护、洗衣及用品发放、绿地维护、配餐等在内的综合服务，聘用员工超过12 000人。

爱玛客（中国）的使命是为客户提供基于价值和成果的专业的综合服务解决方案，提升客户在非核心业务上的管理和服务品质，从而使客户能够专注于自己的核心业务，提升客户在中国市场的综合竞争力和持续发展能力。

案例来源：2008年北京奥运会官方网站

3. 参展商会展旅游服务

会展旅游是借助举办国际会议、研讨会、论坛等会务活动及各种展览会而开展的旅游形式。会展业与旅游业是两个独立的产业，但由于会展业强大的带动效应，使得会展活动对旅游业起到了积极的促进作用。我国很多省市都将以会展业带动旅游业的发展提到了旅游业发展的战略高度。例如，青海省政府在多年的尝试后，目前形成了以"环青海湖国际公路自行车比赛""世界杯攀岩赛""中国·青海抢渡黄河极限挑战赛"等体育节事活动带动青海旅游业发展的良好态势，从挖掘节事资源的角度出发深度挖掘"大美青海"的旅游风光资源，从而带动地方经济的发展。

国内外许多学者对会展旅游作出了界定，但目前仍然没有统一的概念。例如著名学者盖茨（Getz）认为，展览会、博览会、会议等商贸及会展事件是会展业的最主要组成部分。

林跃英（2002）从旅游供需的角度出发，认为"从旅游需求的角度来看，会展旅游是指特定群体到特定地方去参加各类会议、展览活动，并附带参观、游览及考察内容的一种旅游活动形式；从旅游供给来看，会展旅游是特定机构或企业以组织参与各类会议、展览等相关活动为目的而推出的一种专项旅游产品"。

王宝伦（2003）从狭义的角度定义会展旅游："为会议和展览活动的举办提供展会场所之外的且与旅游业相关的服务，并从中获取一定收益的经济活动。"

我们所讨论的会展旅游是指借助举办各种类型的会议、展览会、博览会、交易会、招商会、文化体育活动、科技交流活动等，吸引游客前来洽谈贸易、信息沟通和文化交流，同时带动交通、旅游、商贸等多项相关产业发展的一种旅游活动。

会展旅游从会展的构成角度来讲，可以分为以下几种。

（1）会议旅游

广义的会议旅游是指通过接待大型国际性会议来发展旅游业，由跨国界或跨地域的人员参加，以组织、参加会议为主要目的，并提供参观游览服务的一种旅游活动。狭义的会议旅游是包括一切以组织参加会议为主要目的，并提供参观游览服务的一种旅游活动。

按照世界权威的国际会议组织——国际大会及会议协会（ICCA）的统计，每年全世界举办的参加国超过4个、参会人数超过50人的各种会议有40万个以上，会议总开销超过2 800亿美元。国际会议市场的高额回报使会议旅游得以迅速发展，会议旅游也为旅游业的发展提供了新的契机。

（2）节事旅游

品牌节事已经和一个地方、城市的品牌紧密相连，如奥斯卡之于洛杉矶、啤酒节之于慕尼黑。节事旅游已经成为地区和城市发展中的一个重要组成部分，成为提升国家、地区和城市竞争力的重要手段。

节事旅游是指依托某一项或者某一系列节事旅游资源，通过开展丰富、开放性强、参与性强的各项活动，以吸引大量受众参与为基本原则，以活动带动一系列旅游消费为主要手段，进而带动地方经济增长为最终目的的所有活动的总和。

节事旅游大致可分为以下几类。

① 以自然景观展示为主题的节事活动。

② 以宗教仪式或庆典为主题的节事活动。

③ 以文化交流为主题的节事活动。

④ 以特色物产展销为主题的节事活动。

⑤ 以各种体育赛事为主题的节事活动。

5.2.2 观众服务

1. 餐饮服务

在会展过程中，观众的关注点主要集中在展览本身，通常情况下会自备简单的餐食或在会展园区吃快餐。会展观众餐饮服务的特点主要是快捷、价格公道、可进行简单的休整等。另外，还可以适当体现地方特色。以上海世博会为例，因其是一个全世界范围的博览会，餐饮的特点也照顾到各个方面，同时着重突出中国特色。

案例 5.5

上海世博园餐饮配置

上海世博园区公共区域商业配套共有约 10 万平方米。其中，公共餐饮 8.5 万平方米（浦东 6.5 万平方米，浦西 2 万平方米），共有约 128 家餐厅，提供餐位 3.2 万个以上，供餐能力可达到 40 万套，套餐平均价格在 30 元至 100 元。同时，公共零售有 1.5 万平方米，约 81 个特许品店，其中浦东 62 个，浦西 19 个，另外还有 9 个便利店，6 个糕点、面包零售店。

据介绍，世博园区的 A、B、C、D、E 五个片区和世博轴内都设有许多餐厅，提供包括中、西正餐，休闲餐和快餐等在内的各类饮食。在浦东世博园区世博轴西侧的餐饮中心是园区内最大的餐饮点。餐饮中心设有中国美食城、中国八大菜系、巷里风情、世界美食林等美食区域，是集各国特色餐饮于一身的就餐休闲之地。

为了集中展示中国饮食文化的魅力，上海世博会组织者特地在世博标志性建筑——中国馆旁边的超大美食广场内开设了中华美食街。代表全国各地经典美食的 33 家餐饮企业将在世博会期间为游客、参观者提供服务。

案例来源：2010 世博会官方网站

---

2. 交通服务

对于自驾车的观众而言，交通服务是指提供便利的停车场所，若停车场距离会展现场较远，可提供摆渡车的服务，以便于观众的参观；对于乘坐公共交通工具的观众，应当进行展馆位置、抵达方式、路线的宣传，积极协调有关部门，根据观众流量适时调整公共交通的运行密度，确保展馆周边交通的通畅。

尤其是面对一些基础设施不完善的新建场馆或者基础设施老化的老场馆时，观众的交通服务更需要早做预案，以应对各种问题。必要的时候，需要协同有关部门进行部分路段的交通管制。

案例 5.6

2016 北京国际车展

1. 地铁方面

车展期间 15 号线最小发车间隔为 5 分钟，较平日增加了 53 列；13 号线采取计划加车措施，较平日增加 21 列。4 月 30 日至 5 月 2 日，15 号线列车最小发车间隔 4 分 20 秒，较往常增加 148 列；13 号线较往常增加 76 列。车展期间，国展站增加、调整导向标识，在大客流出站期间，强化出站闸机、电梯的岗位人员力量，加强宣传引导，使乘客有序出站前往国展中心。在大客流进站期间，在车展售票区域，增加 5 处临时地铁售票处，提前发售车票。客流组织采取"西进东出"的站厅单功能使用方式，利用站外导流设施进行限流。

2. 地面公交方面

途经京顺路的 850、867、915、916、923、933、936、942、955、980 等 10 条常规公交线路，在车展期间将根据客流变化情况增加运力配备，在 4 月 30 日至 5 月 2 日客流高峰日增配机动运力。地面公交还会开通三条接驳地铁疏散专线，方便观众乘坐地铁。三条接驳地铁疏散专线采取直达方式运行，现金购票乘车，单程票价 10 元，公交一卡通及各类证件乘车无效。4 月 27 日—29 日、5 月 3 日每日配车 30 辆，4 月 30 日—5 月 2 日高峰日每日配车 150 辆，5 月 4 日每日配车 10 辆。每条疏散专线根据现场客流情况，按照乘客乘车需求即满即走，最大发车间隔不超过 30 分钟。三条接驳地铁疏散专线分别如下。

新国展—地铁和平西桥站疏散专线，单向开通，路由为天北路—火沙路—京承高速—北三环路—地铁 5 号线和平西桥站，中途设地铁芍药居站。在新国展东侧路 7 号门南侧设置上人车站。运行时间为：4 月 27 日至 5 月 4 日，每日 14：00—19：00。

新国展—地铁天通苑北站疏散专线，单向开通，路由为裕东路—E5 馆北路—安毓街—裕丰路—安华街—天北路—机场北线高速—定泗路—立汤路—地铁 5 号线天通苑北站。在地铁 15 号线新国展站前广场（月亮湾）设置上人车站。运行时间为：4 月 30 日至 5 月 2 日，每日 14：00—19：00。

新国展—地铁北土城站疏散专线。单向开通，路由为天北路—火沙路—京承高速—北土城东路—地铁 8 号线、10 号线北土城站。在新国展东侧路 6 号门和 7 号门之间设置上人车站。运行时间为：4 月 30 日至 5 月 2 日，每日 14：00—19：00。

此外，空港自驾车停车场至新国展双向开通空港自驾车停车场至新国展的 2 号接驳路线。路线为空港停车场外围路—裕丰路—新国展西侧路。车展媒体日（4 月 25 日、26 日）配车 10 辆，平日配车 20 辆，高峰日（4 月 30 日、5 月 1 日、5 月 2 日）配车 40 辆。运行时间为 4 月 25 日至 5 月 4 日，每日 9：00—16：00 由空港停车场发车，11：30—19：00 由新国展发车。

自驾车停车场至新国展摆渡线采取直达方式运行，中途不设站，乘客免票乘坐。

案例来源：2016 北京国际汽车展览会交通服务保障工作方案

3. 咨询接待服务

会展行业是服务行业，参展商是策展商服务的对象，参观者是参展商和会展服务提供商共同服务的对象。展会除了产品以外，服务也是展会需要提供的一项重要产品。为了更好地开展工作，不可避免地要进行消费者心理学的培训。消费心理学是心理学的一个重要分支，是一门新兴学科，它的目的是研究人们在日常购买行为中的心理活动规律及个性心理特征。消费心理学是消费经济学的组成部分。研究消费心理，对于消费者，可提高消费效益；对于经营者，可提高经营效益。对于会展而言，服务的优劣直接能够体现一个展会办展的层次和水平，能够体现展会的品牌价值，也能够体现地区整体的发展水平。在售卖"服务"这项产品的同时，能够传递给消费者不同的感受和体会。

1）咨询接待服务的作用

咨询接待服务是会展服务过程中的无形资产，是会展品牌构建的一个重要部分。好的咨询接待服务能够使消费者有良好的体验和愉悦的心情。在会展过程中，良好的会展咨询接待服务能够起到以下作用。

（1）化解危机

会展是一个庞杂的系统工程，进行过程中难免会遇到各种各样的问题。一部分问题是由会展准备不够充分带来的，在展会进行过程中如果不能有效解决，可能会出现一些危机情境。这个时候良好的咨询接待服务将会为会展组织者化解危机，将负面影响降至最低。

（2）锦上添花

会展是一个有着强大"吸金"能力的产业，会展产业也受到越来越多的关注，越来越多的企业参与其中，会展的同质化也逐渐明显起来。在展会开办的过程中，良好的咨询接待服务可以促进会展活动的顺利进行，也能够加深会展本身在观展者心中的印象，起到锦上添花的作用。

（3）构建品牌

"服务"是会展行业生存的一个必要条件。在会展过程中，针对观展群体的咨询接待服务能提升对会展产品的附加值，是构建品牌会展的一个重要组成部分。只有得到消费者的认同才能形成会展品牌的认可度和认知度。因此可以说咨询接待服务也是构建企业无形资产的重要内容。

对于参观者而言，会展本身传递的信息固然是最重要的因素之一，但是决定观众是否乐于参加下一届展会的核心还在于会展的咨询接待服务。

2）咨询接待服务应注意的事项

"眼睛可以容纳一个美丽的世界，而嘴巴则能描绘一个精彩的世界"。法国大作家雨果也认为"语言就是力量"。在会展咨询接待过程中，更多的是工作人员与参观者之间的交流和沟通，可以说接待工作就是会展成功与否的一张名片。

（1）待客三声

接待时要注意待客三声。待客三声是指哪三声呢？第一声，来有迎声；第二声，问有答声；第三声，去有送声。

第一声，来有迎声。它永远不可或缺。工作人员穿着制服，在现场负责公关接待，来了客人首先就要打招呼："先生您好，欢迎光临。"这是个常规。有时候，如果工作人员连这一声都没有，就会让观众感觉非常不好，这是最基本的礼貌常识。

第二声，问有答声。做接待工作的人员对观众所要了解的或者感兴趣的问题，一定要有问必答，不厌其烦。现场接待时，往往还要注意少说多听。没有必要主动跟客户攀谈。

第三声，去有送声。客人走的时候，要善始善终。既要注意第一印象的美好，也要注意"末轮效应"。末轮效应就是客人走的时候，你的表现也会给他留下非常深刻的印象。当客人离去时，一定要主动与之道别。去有送声是最基本的礼貌常识。

（2）规范五句

规范五句主要强调工作人员要使用基本的礼貌用语。

第一句话，问候语：您好。一定要养成习惯，对外人也好，对自己人也好，要先说"您好"或者"你好"，再说其他的话。如果是重大的商务会展，为了体现工作人员的教养，问候对方时最好采用时效性问候，也就是要加上具体时间，如下午好、晚上好、周末好。

第二句话，请求语：请字。当需要别人帮助、配合、理解、支持时，要说个请字。"请坐""请稍候""请用茶"，这话听着挺来劲。若其缺少一个"请"字就挺不对劲，"坐""喝茶"这就少了点意思。所以这个"请"字，一定要讲。

第三句话，感谢语：谢谢。别人帮助了你，理解了你，支持了你，要说谢谢。知恩图报，感恩之心常存是有教养的一种体现。

第四句话，抱歉语：对不起。怠慢了客人，伤害了客人，影响了客人或者不方便帮助对方的时候，有求不能做到必应的时候，要说抱歉或者对不起。所谓礼多人不怪，有时候要是做得不好了，再不注意这一点，就会失礼于人。

第五句话，道别语：再见。中国是文明古国、礼仪之邦，待客之道的最后一个环节就是客人走时的道别，要做到恭敬不失体面。

（3）服务人员的"礼貌三到"

第一到，眼到。近距离接触时，看对方的双眼。站立式服务时，看对方的上半身。主要看头部，通常不看中间和下边，尤其要注意避免上下打量。

第二到，口到。说话的时候，要使用规范的语言，同时要求通俗易懂，因人而异。

第三到，意到。接待时表情神态要注意，既专注又友善。

5.3 参展商设计施工服务管理

展台、展位或展厅是会展组织者分配给参展者自行支配的展示空间，它为展品的展出、企业形象宣传、演示活动、信息的传播和交流及经贸洽谈等提供了一个环境和场所。每一次会展活动，组织方都会对参展商的展台设计和施工有一定的要求，以确保会展活动的安全性及整个会展活动的相对统一性。例如展馆往往对双层展台有高度限制，然而限高不是禁止超高，如果办理有关手续并达到技术标准，有可能获准搭建超高展位。

通常备展期间参展商设计施工服务需要经过以下几个环节。

1. 图纸审核

通常每个参展商都必须在规定时间前随同搭建商申请表提交一份最终的展位设计图给展会组织者以供当地消防部门及展馆进行审核。而室外展台和双层展台的搭建通常需要国际一级注册工程师审核通过，其中必须包括顶棚强度、楼梯强度、栏杆支柱强度、逃生路线、上层的消防安全等。

2. 办理搭建手续

为了备展期间展馆的安全及有序，必须有效地控制进出展馆的人数，搭建商必须在规定时间内办理搭建手续，包括人员和车辆的出入证件等。

3. 熟悉时间安排及有关规定

会展活动的时间观念较强，在会展密集期必须保证按时进行展会的筹备及最后的撤展，熟悉场馆的开闭馆时间及交工日期等。此外，还需要了解搭建期间的装饰装修材料的运输路线及电梯使用情况、施工队伍行为规范要求等。

4. 开始搭建

一切准备完毕后，就可进场进行展台搭建工作，期间办展方和场馆方还有可能进行不定期的督导和抽查，以防参展商的搭建超过申请范围，同时也消除各种隐患。

备展期间办展方和参展商是服务和被服务的关系，同时也是管理和被管理的关系，在整个过程中有为参展商提供合同范围内服务项目的义务，也有按照合同行使管理职能的权利。

> **案例 5.7**
>
> ### 北京展览馆展位施工管理规定
>
> 为了加强对展览会施工搭建的管理，确保在北京展览馆举办的各类展览会或其他大型活动［以下统称（展览会）］安全顺利地进行，施工单位进馆施工应严格遵守《北京市展览、展销活动消防安全管理暂行规定》《北京市大型群众性活动安全管理条例》和展览会相关规章制度，服从主办单位及北京展览馆展览中心管理部门的管理和监督检查，确保展台及人身安全。特制定展览会施工管理规定如下。
>
> 一、施工资质要求
>
> 凡进入北京展览馆施工的施工单位须具备以下条件。

（一）营业执照上企业注册资金30万元以上（含30万元）。

（二）历年在北京展览馆施工搭建中，未出现任何施工安全事故及人员伤亡事故。（北京展览馆取消施工搭建资格的施工单位见北京展览馆网站）

（三）企业注册资金30万元以下的，施工押金增加一倍，并出具参展商（或委托施工搭建单位）的担保函及参展商单位加盖公章的企业营业执照副本复印件。

（四）展会主场搭建单位须持营业执照注册资金50万元以上（含50万元），展会租馆面积在15 000平方米以下的施工押金须交纳50万元，另押空白支票一张。展会租馆面积在15 000平方米以上的，施工押金须交纳100万元，另押空白支票一张。展会结束后三个工作日内与场馆方结清所有款项，五个工作日内未能结清账目的，场馆方有权根据实际情况划转主场所抵押的支票及押金。

二、办理施工手续

（一）施工单位须在进馆施工前一周到北京展览馆展览中心办理施工手续，并提供以下材料。

1. 施工单位的企业营业执照副本及加盖公章的企业营业执照副本复印件。

2. 施工单位法人代表的身份证复印件。

3. 标注尺寸的彩色3D效果图、3D全景图、平面图、立面图、电路图、结构材质图。

4. 施工单位与参展商签订的展台搭建承揽合同书的复印件。

5. 各施工人员一寸彩色免冠照片（相纸）、特殊工种（如电工）有效证件复印件。

6. 由施工单位法人代表或委托授权人签订《展台施工安全责任书》并加盖公司公章。

7. 填写施工申请表。

（二）交纳相关费用

1. 施工管理费、施工证件费、电源接驳费等。收费标准见参展手册。

2. 展览会展台施工押金：以现金形式支付

展台施工面积（展台投影面积）	押金金额/元
100 m² 以下（含）	20 000
101~200 m²（含）	40 000
200 m² 以上	50 000

施工单位当日撤展完毕所有布展的物料运离北京展览馆后，须当日请北京展览馆展览中心现场管理人员进行验收，施工未出现任何安全事故，未损坏展馆设备设施，未造成人员伤亡，当日撤展完毕退还施工押金。当日撤展完毕后，未请北京展览馆展览中心现场管理人员进行验收的，施工押金不予退还。

3. 展会电源接泊申报须在布展前一天办理完毕，展会正式进馆后申报的电源在原价格基础上加收30%的加急费。

（三）超时布展加班

施工单位（含参展商）在布展过程中如需申请布展加班的，请于当日16：00前到北京展览馆展会现场服务中心办理加班手续，在16：00以后申报加班的将加收50％的加班费。24：00以后加班，将收取3倍的加班费。

三、施工人员管理规定

（一）施工人员在现场施工中，应统一着装，必须佩戴本届展会布撤展施工证件以备核查，电工人员必须佩戴加盖电工两字的施工证件，并自觉接受展馆工作人员的检查。对于不符合规定的人员，展馆有权将其清出馆外。

（二）施工人员在高空作业时，应使用合格安全的提升工具及操作平台，施工人员应系好安全带，施工作业应戴好安全帽。人字梯施工时，梯下须有人扶梯，在3.5米以上高空施工作业时须系有安全带。

（三）进馆前须签订《展会搭建材料出馆凭证》（包括可重复利用的搭建材料，以及展会的道具、家具、电器、灯具等），此凭证将作为施工单位撤展出馆的唯一出货凭证，请认真填写。

展览会展出期间，施工单位须留电工、木工等工种人员值班，发现问题及时处理。

电路、电气的安装必须由持有国家劳动部门颁发有效的电工专业证件的人员进行施工，施工期间不违章作业，并随身携带电工证件，以备核查。值班证件请在办理施工手续时办理。

（五）布展施工单位人员按场馆要求在指定地点用餐。

四、展览会施工搭建管理规定

（一）施工单位进馆施工要严格遵守《北京市展览、展销活动消防安全管理暂行规定》《北京市大型群众性活动安全管理条例》、北京展览馆展览中心和展览会相关规章制度，服从主办单位及北京展览馆管理部门管理和监督检查，确保展台及人身安全。

（二）施工单位须严格遵守《北京展览馆展会施工管理规定》及签订的《施工搭建安全承诺书》中的相关规定。施工单位须对所有施工人员在进馆前进行安全培训。

（三）施工搭建展台面积不得超出承租面积，俯视投影边线不得超出承租边线。俯视投影边线面积若超出承租面积，须得到展览会主办单位及北京展览馆展览中心同意，并按俯视投影边线面积交纳施工管理费。

（四）施工单位搭建展台的结构必须牢固、安全，钢结构、桁架的连接须采用焊接或螺栓连接，确保连接的强度和稳固，钢结构、桁架的连接不得采用铅丝、铁丝捆绑的连接方式。

（五）施工单位搭建展台必须使用难燃或不燃材料，如特别需要使用可燃材料时，必须要经过阻燃处理并达到难燃标准，同时须出具国家指定部门的检测报告。展台搭建材料严禁使用各类织物及聚苯乙烯作为装饰材料。施工材料须符合环保要求。

（六）展台设计搭建不得采用二层结构和吊顶设计，如特别需要时，吊顶应留有50％的均匀开放面积，封顶的结构须加装悬挂式自动干粉灭火装置并满足使用规范的要求。

（七）严禁利用展馆顶部网架作为吊装展台结构的工具，展台结构严禁在展馆墙面、顶部、柱子、二楼围栏及各种专用管线上钉钉、吊挂、捆绑，所有结构应和展台自身主体结构连接。应严格按照展馆限高搭建展台（最高不得超过4.5米，超过4.5米的展台，北展将扣除其布展施工押金）。注：二楼、廊下和吊灯下限高3.5米。

（八）展馆的所有设备设施不得破坏或改变其使用性质和位置，展馆内设备设施及建筑物不得刷胶、涂色、粘贴、张贴宣传品等。展厅地面仅准许使用非残留性的单面、双面布基胶带。

（九）展厅地面下布满用电设备设施，展台使用水景观布置施工（如水池、喷泉、瀑布、草地等）必须采取有效保护措施，事先报经北京展览馆展览中心施工管理部书面同意后，方可施工。使用地台的特装展台须经北京展览馆展览中心施工管理部审核同意后，方可施工。

（十）严禁在消防通道、防火卷帘门下搭建展台及堆放物品，严禁堵塞紧急出口、配电设施和遮挡展馆消防设施设备（消火栓、红外对射、监控探头、消防通道等）。展台须距建筑物墙体60厘米以上。展台后面严禁堆放各种物品。

（十一）展厅内使用电锯、电刨、电切割等加工作业工具须在场馆安保部事先办理手续，并采取相应措施后，方可使用。展台施工不得使用易燃、易爆物品（酒精、稀料、汽油等）。展厅内严禁现场喷漆、刷漆作业，严禁电焊、气焊等明火作业。

（十二）特装结构、造型、灯箱及沙盘、模型等组合结构应在场外制作，现场拼装。在展厅内，现场严禁大面积粘贴防火板作业施工，防火板结构的展台施工应事先加工完成，展厅现场仅准许进行修补性的防火板粘贴施工。展台使用宝丽布、软膜天花等材料须在北京展览馆展览中心审核同意后，方可使用。

（十三）现场施工中，施工材料应放置本展台范围内不得阻塞通道，如阻塞通道，场馆将视其为废弃物料处理并采取相应的措施。展台搭建过程中的废弃物料，请随时装入展厅内的垃圾箱。现场施工中，施工材料严禁放入标准展台内，施工材料严禁倚靠标准展台。

（十四）铺设展厅通道地毯的施工单位，进馆前须向现场服务中心提交地毯的消防检测合格证明，并办理其他相关手续。铺设作业时，须服从现场服务中心工作人员的管理，并于展览开幕前，对其所铺设的通道地毯进行一次吸尘清洁工作。

（十五）展厅内统一提供花卉租赁，严禁自带花卉进入展厅。

（十六）展台用电施工管理规定

1. 展览会电气设配安装应符合《北京市展览、展销活动消防安全管理暂行规定》《北京市大型群众性活动安全管理条例》《北京市电气工程安装标准》《电气安全技术和电气安全规范》中的技术规范要求。

2. 展台照明灯具等各种用电设施及材料应具有国家专业安全认证，应按照北京市电气规程标准施工、安装和使用，导线必须使用双层绝缘护套铜线。

3. 展览会严禁使用麻花线、平行线连接电器设备，须使用符合标准的双层绝缘护套铜线连接电器设备。导线连接须采用连接端子，不得裸露导线。

4. 展览会地面铺设导线，须使用过线桥加以保护，且导线不得有接头。展台接电须接在北京展览馆展览中心提供的电源配电箱（盒）下口，不得在电源配电箱（盒）上口接电。

5. 展台每路电源必须分别加装保护装置，不得超负荷用电。金属结构须采用接地保护。临时用电需自备电线且须使用双层绝缘护套铜线，不得有接头。

6. 展览会严禁使用霓虹灯、碘钨灯、高压汞灯等高温灯具和电熨斗、电炉等电热器具。发热电气元件（如镇流器、变压器等）与木质结构安装应使用石棉垫等阻燃隔热设施。

7. 施工单位不得擅自动用展馆配电箱、水源、气源等固定设施。禁止直接在展馆柱子上安装灯具作为灯箱。所有展馆的设备设施不得拆除、搬移和损坏。

8. 如发现不安全隐患或违反规定的行为，为确保安全北京展览馆展览中心有权在不通知的情况下，随时停止供电。计算机、精密仪器等设施设配的供电应加装不间断电源加以保护，因停止供电造成计算机、精密仪器等设施设备的数据丢失和损坏，北京展览馆展览中心不负责赔偿。

9. 施工单位特装展台设置的配电间不得存放其他任何物品，电源的控制分闸等配电设配要固定在不燃可靠的结构上，严禁与库房混用。

（十七）室外展台搭建相关规定

1. 室外搭建展台，施工单位进场前一周须办理进场施工手续并签订《展台施工安全承诺书》。施工时间规定及施工手续办理与展厅内相同。

2. 室外搭建展台限制高度5米，超过5米的展台或搭建双层展台须提供展台结构图并加盖有相关资质设计院审核章和国家二级注册结构工程师印章及审核报告。

3. 室外展台在设计上应充分考虑风、雨等自然现象对展台带来的不安全因素，应采取有效措施做好预防工作。

4. 室外展台结构的跨度不应超过6米，超过6米应加立柱支撑。大跨度墙体应加钢制结构以保证墙体的强度和稳固性。

5. 室外展台自身结构须安全牢固可靠，搭建材料要符合国家有关部门关于临时性建筑的材料用法标准，选材合理坚固。严禁利用北展广场内建筑物、建筑物装饰、栏杆、墙体作为固定展台使用，严禁在广场地面及建筑物钻孔打眼、固定膨胀螺栓等破坏地面及建筑物的行为。

6. 室外施工时，应注意对广场地面及建筑物的保护，地面及建筑物严禁遗撒油漆、涂料、胶粘剂等物品。严禁明火作业。若须动用明火作业，须到北京展览馆安保部申办动火证，经书面同意方可施工。

7. 室外展台应自备灭火器材，展会期间要加强巡视，确保人身、展台安全。

8. 室外展台安装灯具、插座、配电箱等电器设施应选用防水型，用电设备应有可靠的防雨措施及防漏电保护措施。地面铺设电线不允许有接头，并采用过线桥加以保护。金属结构须采用接地保护。

（十八）拆除施工项目时，应安排专人看护。拆除应自上而下进行，不得采取推倒、拉倒等野蛮施工方法。在拆除过程中严禁抛掷物料。

（十九）施工单位当日撤展完毕后，当日须及时请北京展览馆展览中心现场管理人员进行验收，验收范围包括：地面不允许残留胶带、涂料等物质；场馆提供的设备设施及地面是否造成损坏或丢失。当日撤展完毕后，未请北京展览馆展览中心现场管理人员进行验收，施工押金不予退还。

（二十）违反上述规定的施工单位，主办单位及北京展览馆展览中心管理人员有权要求施工单位立即纠正、停止施工，直至清除出馆。发生任何安全事故，如展台倒塌、工伤和伤及他人的、造成场馆建筑物损坏的，由施工单位负责并承担相应的法律责任。

（二十一）任何施工单位在北京展览馆布展施工中，发生任何安全事故，如展台倒塌、工伤和伤及他人的、造成场馆建筑物损坏的、其他安全事故和社会治安等问题的，北京展览馆展览中心将视情节轻重，给予警告或永久取消该施工单位在北京展览馆展览会施工搭建的资格，并按《北京展览馆展览施工管理处罚规定》给予处罚。取消搭建资格的施工单位，北京展览馆展览中心将在展览行业内公示并通报其他展览会的主办单位，不得使用该施工单位在北京展览馆进行施工。

（二十二）施工单位与第三方发生的任何纠纷与北京展览馆展览中心无关。施工单位在搭建、拆除展台过程中，或者其组织搭建的展台、悬挂的标牌、彩旗广告等造成第三方名誉或者人身损害及财产损失的，展台设配设施的所有者、管理者及施工单位应当按照过错程度承担赔偿责任。第三方依法向场馆方请求赔偿的，场馆方在承担赔偿后可以向施工单位进行追偿，施工单位应当按照场馆方的赔偿数额承担责任，造成场馆方损失的，还应承担赔偿损失的责任。

（二十三）展览会主场搭建商管理参照本规定执行。

案例来源：北京展览馆网站。

5.4　安保服务管理

会展活动的场所具有人流、物流密集的特点，任何风险事件都会导致整个会展活动的失败，更有甚者会造成参展商、观众及展会服务人员的财产损失和人身伤害。公共安全是否能够保证是会展活动是否成功的最关键点。公共安全出现问题会对会展的举办带来致命的打击。

"9·11"事件发生后，几乎每一次国际重要会议都面临安保难题。在奥运历史上，有过两次恐怖袭击的流血惨痛事件。一次是1972年德国慕尼黑奥运会上，巴勒斯坦恐怖组织"黑九月突击队"袭击以色列运动员驻地，枪杀2名队员，劫持并最后杀害9名人质；另一次是在1996年美国亚特兰大奥运会期间，奥林匹克公园发生爆炸，造成1人死亡、100多人受伤。这些血案为奥运会的安保提供了前车之鉴。

"反恐"已经成为国际性会展的一个共同话题。近年来，每一届奥运会的承办国都对安保问题高度重视，相关开支逐年递增：2000年悉尼奥运会为1.98亿美元；2004年雅典奥运会预算为 6 亿美元，最后花了 16.5 亿美元。在雅典奥运会筹备过程中，希腊引进了包括爱国者导弹在内的先进武器安全系统；2008 年北京奥运会共投资 420 亿美元，这一数字创下了历届奥运会投资之最。

2008 年北京奥运会，参赛运动员达到创纪录的 11 000 人，媒体记者有 5 万人左右，国内国际游客过百万人。此外，还有 80 多位国家首脑出席北京奥运会开幕式。如此庞大的规模令奥运安保工作备感压力。为了给全世界运动员提供一个欢乐、友谊、安全的竞技平台，为了践行北京对世界的承诺，我国政府在安保方面做出了艰辛的努力。

案例 5.8

2015 年世界互联网大会安保准备

世界互联网大会探讨的主题之一就是网络安全，这是一个全球性命题。"第一届互联网大会举行期间桐乡有网站受到境外恶意势力的袭击，今年在网络安全上我们要特别注意。"第二届世界互联网大会将在桐乡乌镇如约而至，如何为大会保驾护航，互联网大会安保副总指挥曹炳权时刻不放松。

据了解，为迎接 10 月底的第二届世界互联网大会，乌镇及周边已启动了 5 级安保巡防，3 000 多人的安保力量已经就位，乌镇区域内安置了 1 200 多个摄像头，将极力消除区域内食品、生态、交通等各方面的安全隐患。

曹炳权告诉记者，第一届世界互联网大会安保工作共投入 3 500 人，主要集中在乌镇景区及主会场，对安检、食品、工作人员等进行全方位的检查，再加上景区自我管理较强等因素让大会安保较为顺利。今年会随着参会人员的增加配套相应的安保措施。

"在前期排查方面，乌镇及周边地区的宾馆住宿都将实行实名登记，每一个宾馆、每一个房间、每一个灯泡都会被检查。安保力量还是以桐乡本地力量为主，同时结合嘉兴市公安、武警等力量为第二届世界互联网大会保驾护航。"曹炳权说道。

就消防安全来说，据了解，桐乡大队积极开展实战化训练，从一人三带、6 米拉梯到号操训练等，通过实战化训练，切实提高消防官兵在灭火救援中的整体作战水平。

连日来，消防官兵对涉及世界互联网大会乌镇峰会场馆、活动场所、住宿地点等逐一进行熟悉，制订消防保卫预案。同时，重点熟悉单位建筑消防设施完整、好用及操作使用情况、单位内部及周边可利用消防水源情况等。

乌镇特有的江南风情让其远近闻名，原本节假日火爆的客流量已经让乌镇难以承受，而世界互联网大会的召开，更是引来更多的人流与车流。为营造更大的承载力，乌镇及其周边也开始改造，这其中的安全隐患也引人关注。

"小镇有局限性，在大会期间交通基础设施压力是比较大的，目前交通也在整治、改造及不断完善中，市委、市政府的投入都很大。"曹炳权指出，乌镇连接大运河，对河上进出口及运输物品等的有效监控也是交通方面的重要抓手。

曹炳权向记者特别指出，最大限度利用科技力量的智慧安保大大增强了发现问题、发现隐患的时效性，也大大提高了处理事件的高效性。"科技力量将安保工作可视化、扁平化，发现问题 1 分钟到达，5 分钟处置。"

6 月，世界互联网大会桐乡市承办工作专项组第二次会议召开，会议透露，目前世界互联网大会桐乡市承办工作领导小组会务接待组、信息化与技术保障组、环保监管与基础保障组、志愿服务组、新闻宣传组、安全保卫组、环境整治组、乌镇场馆建设协调组和活动组等各专项组筹备工作都在紧张有序地往前推进。

同时，会议指出，第二届世界互联网大会对桐乡市的承办工作提出了更高要求，各专项工作小组要按照各自分工、对照既定方案推进前期筹备工作。要在吸收去年承办工作经验的基础上，进一步细化工作方案，加强与上级部门的沟通，坚持问题导向，排定问题清单和时间表，确保发现问题及时解决，共同推动一个良好的承办工作机制的形成。

此前，嘉兴市委书记鲁俊在对第二届世界互联网大会筹备工作调研时指出，世界互联网大会筹备各项工作任务繁重，时间紧迫，要在思想上高度重视、工作上加快进度、身心上全力投入，立足国际化、高端化、特色化，紧紧围绕"打造中国特色的世界一流小镇"这个目标定位，全面提升乌镇的整体形象。

"要坚持突出重点，规划先行，尽快拿出乌镇整治改造的相关规划，通过规划引领，统筹推进各项工作有序开展。要坚持目标导向，倒排时间，责任到人，按照近期目标和长远目标，一个一个地攻坚克难。各级各部门要全力支持世界互联网大会筹备工作，为会议的成功举办打下坚实的基础。"鲁俊指出。

曹炳权对此感受深刻。他表示，去年在乌镇及周边的5个区投入5组安保力量，今年条块结合，将分15个组进行安保工作，同时更好地借鉴宁波、海口等城市承办国际会议的经验。"今年时间上比去年充裕，我们以智慧化、国际化及精细化理念将安保工作做好。"

"智慧理念就是充分利用互联网共享、整合的概念提高信息收集的及时性和处理事件的时效性；国际理念主要还是服务，安保人员配备便装，培训高校志愿者对外宾进行服务，水陆空全面进行安保；精细化就是包括一盏灯泡、一杯茶等每个细节都能控制好，排除隐患，同时将应急能力充分准备好。"

案例来源：世界互联网大会官网。

5.4.1 展前安保

在会展筹备阶段，安保工作主要体现在根据实际需要和会议等级安排不同级别的安保，制订保卫方案和措施并制订相应的突发情况预案，协调各方关系，为展会营造安全的会展氛围；按照安保要求进行展前的检查，排查安保死角，保持消防、电力等设施的正常使用。此外，还要做好参展商的安全防范宣传工作，在场馆内醒目地标注安全出口方位、消防通道及逃生路线等。

会展活动开始前，大量的物资会进出场馆，大量的产品、设备需要进场，也许会有展商新产品的上线，甚至会涉及参展厂商的商业机密；装修施工队伍也要频繁地运送材料进场、运送装修垃圾出场，所以展前参展商财物的安全也是一个很重要的方面。要制定严格的车辆管理制度，尤其是在布展撤展过程中要加强对进出人员及货运车量的管理和控制。

可依托场馆现有安保资源，根据实际需要从资质较好的安保服务公司聘用安保服务人员，提前进行安保人员的适应性培训。通常情况下每 500 平方米展览面积需配备一名安保人员，可根据参展观众流量大小、参展观众安保等级的不同进行安保人员的配备。

参考的预案列表如下。

① 防火安全责任人名单。

② 消防、安全应急组织架构。

③ 火灾应急处理方案Ⅰ（一般火灾）。

④ 火灾应急处理方案Ⅱ（重大火灾）。

⑤ 治安罪案应急处理方案。

⑥ 各类罪案的处理流程。

⑦ 治安突发事件应急处理方案。

⑧ 刑事罪案应急处理方案。

⑨ 升降机困人应急处理解决方案。

5.4.2 展中安保

在会展过程中，安保工作主要体现在维持场馆秩序、交通秩序，保持通道畅通，同时做好防火、防盗等安全保卫工作，并按照既定安保方案执行安保任务。当遇到紧急情况时，根据预案紧急疏散人群。必要时需要协助各级公安部门行动，指导参展商做好自身的安全保卫工作，维护展会现场及其附近道路的交通秩序等。

1. 展会安全工作人员服务规范

（1）严肃纪律

① 坚守工作岗位，尽职尽责，不准擅离职守。

② 维护国家、集体、公民或客户的合法权益。

③ 严格遵守客户单位的规章制度。

④ 保守国家机密、保卫工作的机密及客户提出的需要保密事项。

⑤ 不得假借名义，无故不履行合同规定的义务。

（2）注意礼貌礼节

① 展会安全工作人员要注意使用礼貌用语，执勤遇客户必须礼让、微笑、问好，有自我约束能力，不违规违纪。

② 服从领导分配、指挥。

③ 严格遵守考勤制度，不迟到、不早退，不擅自替换班。

④ 端庄稳重，尽职尽责。

⑤ 有自我管理意识，处理问题要有耐心。

⑥ 接待客户时，要热情接待，恳切接洽。

2. 门卫安保人员工作规范

① 对出入人员进行严格验证，严格履行登记手续，严禁无关人员入内。

② 对出入人员和车辆所携带、装运的展品、物资进行严格检验、核查。

③ 疏导展会场所出入车辆和观众，保证场所交通秩序。

④ 配合有关部门做好来访接待工作，如遇来访人员有要事办理，做好传达工作。

3. 安全守卫人员工作规范

① 保护参展商、观众人身安全、财产安全，做好展会场所防火、防盗、防破坏工作。

② 维护场馆正常秩序，对各种有碍会展进行的情况予以劝阻、制止，控制事态。

4. 安保巡逻的工作规范

① 维护巡逻区域内和保护目标周围的正常治安秩序。

② 预防、发现、制止各种违法犯罪行为。

③ 及时发现各种可疑情况，抓获现行违法犯罪嫌疑人。

④ 突发事件或意外事故的处理。

5. 监控中心岗位职责

① 按规定着装，仪表端庄整洁，做好上岗签名。

② 安保监控、消防报警系统昼夜开通，24 小时值班，全面监控保卫区的安全状况。当班人员要密切注意屏幕情况，发现可疑情况定点录像。在大厅、楼梯、路面及重要位置发现可疑情况要采取跟踪监视，并通知有关岗位人员关注，同时报告保卫部门。发现火灾自动报警装置报警，应立即通知相关人员迅速赶到现场，查明情况。

③ 与监控无关人员不得擅自进入监控室。

④ 建立岗位记事本，有异常情况应记录备案，做好交接班的口头汇报和书面汇报。

⑤ 保持监控中心室内整洁，严禁吸烟，严禁使用明火，设备和操作台不得堆放杂物。

⑥ 中心人员必须保持精力充沛，责任感强，不得向外人提供安保、监控方面的资料。

5.4.3 展后安保

在会展结束后，尽管没有了大量参展观众的安保压力，但是还涉及参展商撤展等环节，这个阶段也不可掉以轻心，仍然要做好防火防盗等日常性的安保工作，严格执行门卫及车辆管理制度，确保参展商的财产权益得到应有的保护。

案例 5.9

北京展览馆展会安全管理规定

根据《北京市展览、展销活动消防安全管理规定》及《北京市大型社会活动治安管理条例》等法律、法规精神，依照"谁主办，谁负责"的大型活动安全管理原则，为确保在我馆举办的各类展会或其他大型活动 [以下统称（展会）] 的顺利进行，特制定本规定。

一、依照"谁主办，谁负责"原则，展会主办方应当由一名主要领导全面负责展会的各项安全管理工作，并视具体情况配备一定数量的、具备一定安全管理工作经验的干部具体负责展会的日常安全管理工作。同时，根据展会的具体情况，在展会进场前制定相应的展会安全管理制度和展会安全保卫工作方案，组织充足的安全保卫力量对展会进行日常安全巡视检查，并与展会各施工搭建单位签订安全责任书，以确保展会安全。

二、根据《北京市展览、展销活动消防安全管理规定》及《北京市大型社会活动治安管理条例》等法规的要求，展会主办方应当于进场前，与北京展览馆签订《北京展览馆展览会（活动）安全责任书》，以明确展会主办方和场馆提供方双方的责任和义务，确保展会的顺利进行。

三、展会主办方及各参展商、搭建商应当严格遵守有关消防安全规范，展位设计中所使用的材料不得使用可燃材料，如确因展示效果需要而使用木质、聚苯或其他可燃材料用于装饰时，必须对所使用的材料做防火阻燃处理，并经北京市消防科研所鉴定阻燃指数达标后，方可使用。展位搭建中禁止使用织物。

四、展会主办方或参展商应当选择有相关资质和施工工艺水平的搭建商进行布展施工；要严格按照相关安全操作规程施工，保证展架的安装牢固可靠，防止发生展架倒塌等安全生产事故；布撤展施工过程中，搭建商要加强各项安全防护措施，确保不发生人员伤亡事故。

五、所有展区内严禁吸烟，严禁动用明火作业，严禁使用或存放各类易燃、易爆等危险物品。

六、所有展位的设计和搭建施工过程中，严禁遮挡消火栓、消防器材和堵塞、占用各安全出口及疏散通道，确保所有疏散通道、安全出口的畅通。

七、展区内各处行人通道宽度一般不得少于 3.5 米；在举办人才招聘、咨询等活动时，展区内主通道宽度不得低于 8 米，辅通道宽度不得低于 6 米。

展位搭建高度一般不得超过 3.5 米，特殊情况时展位高度不得超过 6 米。

八、展区内使用的所有电器设备、线路的安装必须符合《电器工程安装标准》和其他有关技术规范的要求。

九、展区内所有电缆、电线通过通道时，必须全部采用过线桥铺设，过桥处不得有线缆接头；所有线路接头必须使用接线端子，并由专人负责检查，防止出现发热或短路等不安全问题。

十、展区内所有展位的电器设备应当由具备有效资质的正式电工进行操作安装；所有展位未经展会主办方批准，严禁私拉电源线或超负荷用电；施工过程中严禁使用碘钨灯和各类电加热器具，电源线必须按规定使用双护套线。

展会主办方应当配置相当数量的专职电工，对展会现场临时安装、使用的各类供电线路、电气设备进行巡视检查，发现违反有关安全管理规定的不安全问题或隐患要立即进行整改。

十一、展会期间，主办方应当对各参展商、搭建商加强防盗、防火安全及安全生产等方面的教育和提示。所有贵重展品或私人物品要有专人看护，并适当采取相应的技防措施，如笔记本电脑加装防盗链等措施（防盗链由展会现场服务中心免费提供），以减少或避免公私财物的损失。

十二、在展会开始以前，展会主办方必须按规定接受公安、消防和北京展览馆保卫部等相关部门的安全检查，对检查中提出的不安全问题或隐患必须立即进行整改，直至符合有关规定。

十三、根据北京市公安局大型活动管理处关于展会和大型活动证件管理的有关要求，展会主办方应当严格加强对所有进入展区人员的证件管理，要求按工作性质为相关人员办理工作证、保卫证、参展商证和布撤展施工证等相关证件，并全部加贴照片以便于管理，严禁为布撤展人员办理施工证以外的其他证件，各种证件要随身佩戴，严禁将证件转借他人。一经发现，执勤的安保人员有权将证件没收，情节严重的将追究证件转借人的相关责任。

十四、展会主办方、搭建商和参展商要按规定时间进馆和清场，布撤展及展会中间需离开展位时，应当预留足够数量的人员看护展品及个人物品，以防发生遗失、被盗事件。

十五、展区内严禁存放各类可燃包装物品或其他可燃性废弃物，所有需重复使用的可燃包装物品或其他可燃非废弃物品应当于展区外安全处集中存放。

十六、本规定由北京展览馆保卫部制定并负责解释。

本规定自发布之日起实施。

北京展览馆

二○○七年一月

案例来源：《北京展览馆展会安全管理规定》

5.5 保洁服务管理

在面对参展商和观众时，展览区域及周边的环境是会展活动成功的第一步。

大型的会展活动具有客流量大的特点，对各方面要求都较高。通常保洁服务工作是采取合作经营的方式，聘请专门的物业服务公司或者专业保洁服务公司负责会展活动全过程的保洁服务工作。对于大型会展活动而言，保洁服务有以下特点。

1. 服务时间长、劳动强度大

部分会展活动的营业时间较长，保洁服务工作需要在开展前做好清洁工作，正常营业期间也要保持良好、整洁的环境。所以，会展保洁人员的工作时间是"早到晚退"。

2. 高标准、严要求

在会展活动中，保洁人员也被认为是会展服务的一部分，所以要求保洁人员要大方、得体。在一些特殊的会展节事活动时，常招募大量的志愿服务人员担任场馆保洁工作。2008年北京奥运会网球场馆就招募了200余名大学生作为保洁服务人员，意在提高保洁人员的整体文化水平和个人素质，从而为全世界的观众及运动员提供整洁的参赛、观赛环境。

3. 特殊区域保洁难度大

会展活动进行时，保洁工作因地点的不同而有所区别，尤其是在客流量陡然增加时，这一点表现得更加明显。问题比较突出的地方集中在餐饮服务区、休息区和洗手间。这三个地方由于客流的短暂停留容易造成局部的污染，是保洁服务开展的难点。

案例 5.10

世博园区物业管理颠覆传统理解

跨进世博园区的那一刻，明华、浦江、上房等物业管理企业才真正意识到，它们对物业服务的理解将被全面颠覆——尽管早在上海申博成功后不久，它们就已开始为竞聘世博园区物业管理而积极筹备，并且以优良的资质和出色的方案在公开竞标中赢得了合约。

世博园区物业服务范围之广、规模之大、难度之高，让这些物业企业大吃一惊。承担中国馆和世博公园两大区域物业服务的明华物业用"1 000""7""5"三个数字来形容它们所要挑起的担子：单单一个中国馆，明华便要安排 1 000 名左右的物业服务人员，承担礼宾、引导、讲解、设备维护、秩序维护、保洁等各种工作；中国馆内的影院，要求引导员在 7 分钟疏导完 700 位游客，引导员们的领队此前一直在上海科技馆里负责同类工作，她说"难度是科技馆的 10 倍"；而在世博公园，物业服务人员必须每天在长达 5 公里的沿江岸线来回步行巡逻，确保设施正常运转、游客有序。

园区物业服务的技术含量很高，这是对物业企业最大的挑战。"上海世博会是科技的盛会，对承担设施设备日常操作和维护工作的物业服务人员来说，多一件新设备就意味着增加一项'回家作业'。"明华物业总经理助理陆亚仙告诉记者，世博公园内安装了一个目前世界上技术最高的音乐喷泉，长 200 米，喷水高度 80 米，"我们要趁法国技术人员调试时搞懂它，不但学会操作，还要掌握基本的故障排除方法——物业服务人员得先'啃'下厚厚的说明书，才能和对方'对上话'，单靠上班时间显然不够"。

上海市物业管理行业协会会长蔡兴发用"超级管家"来形容世博园区所需要的物业服务："每一个园区物业服务合约，都涉及成百上千个有一定技术含量的岗位，同时隐含着无法计数的不确定因素，对物业企业的资源调度能力、统筹协调能力、应急管理能力都是巨大考验——世博园区的物业企业必须具备'超级管家'的素质。"

根据物业管理行业协会的统计，进驻世博园区的物业管理人员大约有 1.5 万名，90% 以上是各企业新招聘的年轻人。学历高、精力旺、有热情是他们的优势，也是高质量完成工作的基础条件；但经验不足、专业技能相对缺乏则是弱项。为了在最短时间内让这些物业管理领域的"菜鸟"成长为"超级管家"，物业管理企业开足了马力。

7 月，明华、上房、浦江、上实、陆家嘴、百联、申能、东湖等 8 家承担世博园区 70% 以上日常运营工作的物业管理企业，发起了在行业协会平台上成立"物业服务联盟"的倡议。此后不久，在"联盟"基础上设立临时党委的构想趋于成熟。在临时党委的组建过程中，明华党委邀请日本爱知世博物业管理人员前来授课，并主动向其他 7 家公司开放课程。在这一课程的基础上，上房集团结合自家资源，形成了为期一个月左右的世博物业服务培训体系，包括哑语等为残障人士服务的特殊技能。

案例来源：文新传媒。

本 章 小 结

　　作为服务性行业，会展行业对于服务的要求更为苛刻。本章着重讲解了会展进行阶段主办方对参展商服务和对观众的服务，对参展商展前的设计施工服务管理及安保服务和保洁服务。本章运用了大量案例进行描述，力求直观化，避免抽象化。

课 后 习 题

1. 在展会过程中针对参展商有哪些服务内容？
2. 简述展会保洁的特点。
3. 参展商设计施工服务有哪几个环节？
4. 通过对 2015 年世界互联网大会安保准备的认识，谈谈对会展活动安保工作必要性的体会。

第6章

会展招商策划与管理

6.1 会展招商策划概述

在当今经济一体化趋势日益加强的形势下，招商是广泛运用的一种经济交往方式。作为一名合格的招商人员，既需要扎实的经济、法律、外语等专业知识，也需要广泛的公关、洽谈等技能。更重要的是，招商人员要把自己的知识和智慧运用到招商活动中，融会于招商过程中，进而筹划一系列的活动吸引外来资金和项目落户。招商策划有多种多样的形式，如到国（境）外举办项目招商会、在本国或本地区举办投资环境介绍会；与国（境）外大商社、大银行、大跨国公司建立较为稳定的沟通渠道；建立驻外招商机构、聘请招商顾问等。招商人员要根据自己的目标和能力，依据客观环境和可能，策划活动并力图取得最好的效益。

会展招商是一项涉及全局的系统工程，招商活动最终能否成功、能否取得令人满意的效果，是对一个地区部门合力的大检阅，也是对一个地区投资环境的总测评。成功的会展招商必须建立在周密系统的科学策划的基础上，运用整合策略才能"全局一盘棋"，才能"胜算了然于胸"。

首先，招商战略要高远、明晰。只有在真正成为本地区社会经济发展战略的一个有机组成部分之后，才能使招商活动与社会经济发展衔接起来，也才能使招商活动成为实现本地区社会经济发展的一种有效方式。策划时要注意有战略高度，能统揽经济发展大势，并着眼于未来。

其次，会前要勤反思。问问自己的项目是否拥有自己的优势，同时这种优势是否具有很强的吸引力，自己是否真正了解参会客商的要求（客商的投资意向、投资领域、相关费用标准、项目材料要求等）。

再次，会展招商主题深远而有感召力。招商主题是整个招商会的灵魂，也是整个策划的精髓。从策划的角度来看，所有工作都一定要围绕核心主题来展开。

6.2 会展招商策划的特点与作用

6.2.1 会展招商策划的特点

招商策划是指企业对将来要发生的招商行为进行超前决策。为了实现预期目标，就需要与市场建立密切关系，科学地分析市场、商户及相关的各种因素，然后力求在适当的时间、适当的地点以适当的租金和促销方式让商户获得满足。在这个过程中，招商人员所做的分析、判断、预测、构思、设计、安排、部署等工作就是招商策划。招商策划有以下几个鲜明的特点。

1. 招商策划具有主观性

招商策划是招商工作人员的脑力劳动成果，它建立在对未来市场预测的基础上，是客观作用于主体后形成的主观成果，因而招商策划具有主观性。

2. 招商策划具有前瞻性

招商策划是对未来市场环境的判断，并对未来招商活动做出安排的行为。因此，招商策划是对未来招商活动进行策划和安排的一种超前行为。

3. 招商策划具有动态性

任何招商策划活动都是一个动态的过程。市场是不断变化的，因而不能用静止的观点去看待市场。而市场的变化也要求招商活动要随市场做出相应的调整，这就要求以市场为基础的招商策划必须具有灵活性。商场如战场，每一个招商策划都应该是动态的，并能随时适应变化的市场。

招商策划的动态性表现在两个方面。一是在策划之际，要考虑未来形势的变化，并做一定的预测，使方案具有灵活性、可调适性，以备将来适应环境变化之需。二是在执行过程中，策划方案应根据市场的反馈及时修整，以使方案能更好地适应变化的市场。

4. 招商策划具有系统性

市场是一个系统，招商策划也是一个系统，是关于招商的一个系统工程。从市场调查研究、确定招商目标、指定招商方案，到招商效果评估、招商信息反馈，从战略到战术再到对象选择、步骤、方法等，从局部对策再到整体方针、政策等，招商策划都显示出系统筹划的特点。

招商策划的系统性首先表现在时间上。招商策划需要一系列的招商活动来支持和完成，招商策划的每一个环节都是环环相扣。一个活动的结束，必然是下一个活动的开始，各个活动又是连在一起，构成招商整个活动链。而整个招商策划因为有了招商链的存在而构成了一个有机的、系统的整体。

招商策划的系统性还表现在空间上。大多数的招商活动都需要多种因素配合，尤其需要招商要素的组合。通过对招商组合的各个要素的整体策划，使招商组合在实践活动中形成综合推动力，促进招商。

5. 招商策划具有复杂性和科学性

招商策划是一项系统工程，是一项要求投入大量智慧的高难度脑力劳动，是一项非常复杂的智力操作工程。

① 招商策划需要大量知识和直接经验的投入。一个优秀的招商策划方案，需要招商人员运用大量经济学、管理学、市场营销、心理学、社会学等知识，并且能够灵活地结合起来。对招商策划者来说，这是一个复杂的脑力劳动过程。

② 要把大量的知识和经验运用到招商策划中。招商策划过程是一个动态的过程，需要与当前的形势和环境相适应。而以前的知识和间接经验具有一定的滞后性，总是落后于现实，不能照抄照搬。

③ 招商策划需要进行复杂的信息处理。在着手准备时，要积极主动地收集各类信息，如经济信息、法律信息、文化信息、市场信息、商品信息、消费信息、租金信息等，并对这些信息进行筛选、处理。它们可能是直接信息，也可能是间接信息。

④ 招商策划是一项复杂的高智慧脑力操作。除了要处理大量的招商信息，并对它们进行综合分析、比较分类、抽象概括以外，还要对招商过程进行创意设计，最后进行语言概括、提炼，并以方案的形式表达出来。

6.2.2 会展招商策划的作用

1. 招商策划是招商活动的指南与纲领

招商策划的过程就是一个认识的过程，一个发挥人的主观能动性的过程。建立在科学基础上的招商策划，能为招商活动提供指南和纲领，使招商活动有计划、有步骤、有方法地进行，达到事半功倍的效果。

2. 招商策划为招商活动提供了新思路、新方法

在策划活动时，要对已掌握的市场情况进行判断、分析。为了找到解决问题的方案，招商策划者要进行充分的创造性思维，从而产生更多招商的新观念、新思路、新方法。

3. 招商策划能够提高招商竞争力

在招商策划过程中，相关人员要对市场的发展趋势、自身项目的主观条件等进行分析，明确努力方向和目标，要对各种不利因素进行回避和克服，要拟订具有多种应变措施的策划方案。另外，由于策划对各种有利因素、有利资源进行了优化组合，可以使这些因素、资源发挥更大的效用。因此，招商策划使招商增强了市场竞争力。

4. 招商策划能够改变招商管理

一个好的招商策划，对改善招商过程的内部管理能发挥积极的作用。招商策划的过程是发现问题的过程。在这一过程中，招商活动的目标、战略、策略、途径、方法、计划等都会被一一列出来，对加强和改善招商过程中内部管理有很大的帮助。

案例6.1

展览会观众组织方案

一、观众组织分类：分为专业和非专业

二、专业观众的组成

1. 生产单位。

2. 客户单位。

3. 贸易单位。

4. 教育科研单位（如装饰展中的艺术院校）。

5. 行业协会。

三、专业观众组织方案

展前分为两部分（准备阶段和实施阶段）。

（一）会议介绍及推广宣传

1. 选定在国内外有影响力的报纸、专业杂志上刊登广告，发布展会信息（详见宣传广告计划）。

2. 通过国际和国内专业网站发布展会信息，介绍大会主题、参会厂商情况、会议日程安排、主题演讲等，突出大会鲜明特色，吸引目标群体。

3. 建立大会中英文官方网站，与同类行业网站链接以进行宣传，发布展会信息。在网上搜索，挖掘专业观众。在官方网站开放专业观众注册窗口，收集并回复专业观众的注册信息，并按要求寄出参观券。

4. 印制参观券20万张，组织国内外专业观众参加展会。为每家展商提供50~100张免费门票，便于每家展商自行组织观众。

5. 与国际旅行社合作，通过海外协会向海外观众进行宣传，邀请其参观展会。

6. 通过各使领馆向海外介绍展会，散发门票，扩大展会知名度。

7. 专业数据库直邮。为保证观众质量，对数据库作精心筛选，选取有效受众作为直邮对象。

（二）实施

1. VIP买家邀请。通过支持单位和主办单位在行业中的主导地位，以及承办单位长年举办展会的丰富经验，设计制作不少于20万份精美请柬，配合广告进行宣传推广，采用实地调查、上门拜访、专人派送和挂号邮寄等方式向最合适的用户发放，如高级采购商、代理商、经销商等。

2. 特殊邀请。向有关政府机构、特定商会、技术学会及相关协会、信息中心赠送特别邀请函，增加观众的含金量。

3. 展会前期，先后两次向国内外业内人士、买家直接邮寄展前预览、展讯资料，挖掘潜在的观众，收集最新专业观众信息，充实已有观众信息库；根据观众来源分类情况，在直接用户中详细征询参观意向，并跟踪联系，确保本届展览会观众中专业人员比例达到70%以上。

4. 电话直接沟通：与专业呼叫中心合作，一对一精确推介。

5. 会前一周，召开新闻发布会。邀请媒体约30家，包括专业媒体、大众媒体、电台及电视台，通报活动具体准备情况，介绍特色内容。

四、展中

通过展会同期举行的其他活动，如国际研讨会、组织与会人士参观本届展览会等，让观众在购买商品的同时体验到浓郁的本行业的文化气息。

五、展后

1. 观众统计分析报告。

2. 机构分析报告等。

3. 后续新闻报道的收集整理。

4. 演讲内容汇编，出版论文集。

六、公众部分的组织

印刷会刊约 10 000 份，分发给参会者和当天观众；数十万邀请函、招贴画、请柬等平面广告通过报纸加页等方式大量派送。

【案例分析】

观众是展览会的必要组成部分，把观众看成是展览会的资产还是成本，决定了展览组织方对待观众的态度。视观众为成本，带来的是短期成本节约，但从长期来讲，失去的可能是整个展览项目的未来。视观众为资产，是展览项目的一个重要法宝，是展览项目取得长期发展的重要保障。

材料来源：中国会展网。

案例 6.2

2017 中国国际保安装备技术产品博览会暨技术论坛中文邀请函

经中华人民共和国公安部、商务部批准，由公安部治安管理局、公安部第一研究所、中国安全防范产品行业协会、中国道路交通安全协会支持，中国保安协会主办的"2017 中国国际保安装备技术产品博览会暨技术论坛"定于 10 月 11 日至 13 日在中国国际展览中心（北京市朝阳区北三环东路 6 号）举行（以下简称"博览会"）。博览会自 2009 年以来每两年举办一届，已成功举办四届，正在发展成为具有国际水准的专业性品牌盛会。上届博览会共迎来 200 余家参展商，展出面积逾 12 000 平方米，展品覆盖国内外知名品牌的保安服务和产品制造商。博览会期间还举办了中国海外保安服务、武装守护押运、防爆安全检查、报警运营服务 4 个技术论坛及中国和澳大利亚安保职业教育交流会。通过政策发布、行业规划展望、技术交流、商贸洽谈等活动，使出席论坛的政府部门、科研单位、企业代表和行业专家分享最新保安服务管理的法律法规、保安科技、产品方案及两岸保安服务发展成果。

本届博览会以"创新引领、智慧保安"为主题，组委会认真学习领会习近平总书记加强和创新社会治理，努力建设更高水平的平安中国战略部署，深入贯彻落实第四届全国先进保安服务公司先进保安员表彰大会精神，积极推进保安行业学习应用移动互联网、物联网和大数据、云计算等新技术，着力培育新型保安业态，助力提升保安服务科技含量，为建设更高水平的平安中国做出积极贡献。同时，博览会为来自全国各地的保安从业单位、保安从业人员、行业用户和参展商提供一次全新的技术考察机会，也为海内外同行及保安企业全面了解中国保安服务市场和治安防控体系建设发展，开展交流合作搭建一个良好的平台。本届博览会将增设"互联网＋社会治理"、大数据、反恐应急、智慧应用、"一带一路"安保、治安防控体系建设等新内容和专业展区。我们诚挚邀请贵单位选择有代表性的业务、产品、技术应用及解决方案参加博览会，也可以全方位展示企业形象，着力推进保安服务业集约化、专业化、信息化发展。热切盼望着金秋十月与您相会在北京！

案例来源：C114 中国通信网

招商策划实训

1. 实训目地

通过本实训，使同学们了解专业观众对展会的重要性和展览会招商拓展的内容和方法，掌握展览会招商的基本方法和步骤，能够根据实际情况制订进度计划，了解参展者的心理诉求并予以尽可能的满足。通过本实训项目还将培养同学们的应变能力和灵活性。

2. 实训任务

通过实训了解展览会招商拓展的内容和方法，针对如何开展招商工作、如何制订招商方案、展览会招商分工、招商的宣传渠道、招商预算、招商进度计划等系列内容进行练习。

3. 实训原理

1）招商的意义

第一，增强展会效果。参展商参展的目的很多，如开拓新市场、结识新客户、树立品牌形象等。但不管参展商的主要目标是什么，他们都期待专业买家到展台来参观和洽谈。而更多的高品质买家可以提升展会的整体效果，同时调动参展商的积极性，使展会处在一个平稳、持续发展的状态。

第二，提升专业服务水平。服务是展会的灵魂。为调动参展商的参展热情，组展方总是想方设法为参展商提供最优质的服务。从展会运作的本质来看，邀请尽量多的专业买家到场参展，才是组展方为参展商提供优质服务的体现。这项服务与其他服务的最大区别就在于它直接关系到参展商的利益，可以说这是组展方的核心服务。

第三，奠定品牌基础。拥有一定数量和质量的专业买家是一个展会成为品牌展会的前提和基础。一个展会即使参展商再多、参展企业的名气再大，但如果没有足够多的专业买家，也很难成为品牌大展。

2）如何开展招商工作

（1）寻找专业观众和展会招展一样，展会招商也要去寻找专业观众，建立一个专业观众数据库，为邀请更多的买家奠定基础。

（2）制作邀请函。观众邀请函是组展方根据展会的实际情况编写并用来进行展会招商的一种宣传单页。观众邀请函专门针对展会的目标观众，尤其是专业观众发送，其发送的针对性很强。一般来说，观众邀请函的发放时间为开展前的一个月。但如果是国际性的展会，由于国外买家需要办理签证等相关手续，则需要提前2～3个月时间。一般而言，邀请函包含以下内容。

① 展会概况。包括会展名称和标志、会展的举办时间和地点、办展机构、参展邀请字样、办展起因和办展目标（展览宗旨）、展会特色、展品范围、办展所在地的环境介绍等。

② 展会招展情况。组展方要在观众邀请函中详细说明展出的主要展品、展会的招展情况，如有哪些知名企业已经确定参展，可将这部分企业列举出来进行宣传。

③ 展会相关配套服务。组展方还需要在邀请函中提供一些相关的配套服务，如酒店预订、行程路线、观众预登记等相关服务。此外，还可以有相关图片材料，如办展城市区位图、周边地区交通图、展馆实景图、展馆平面图、展位分布图、展会现场图片等。

④ 展会相关配套活动。相关配套活动主要有专题论坛、研讨会、信息发布会或演讲等，举办此类相关活动可以增加观众到来的兴趣。

⑤ 专业观众登记表。专业观众登记表是专业买家受邀到场参观的回执，主要包括专业观众的一些基本信息，如姓名、来自单位、联系方式、参观的目的、感兴趣的行业等。随着信息化技术的不断发展，一些组展方也将观众的预登记服务放在展会网站上进行，以方便观众，提高登记服务的工作效率。

3）制订招商方案的依据

制订招商方案的依据包括：展会展品的主要消费市场的地域分布状况和需求情况、展览题材所在行业及其相关产业在全国的分布状况、相关产业在各地区的发展现状、各有关产业的企业结构及分布情况等。这部分内容一定要符合各有关产业的实际情况，否则以此为依据制订的展会招商方案就会与实际情况严重脱节，没有可操作性。

4）展会招商分工

展会招商分工涉及的内容有两个方面：各办展单位之间的招商分工和本单位内部招商人员的安排及其分工。

（1）各办展单位之间的招商分工

办展单位每招到一个参展商就会给它带来直接的经济收益，和招展不同，办展单位招到观众往往不能直接给它带来看得见的经济收益。展会招商工作经济效益的这种隐形性和间接性使一些展会常常会出现"重招展、轻招商"的错误倾向。当展会是由几个单位联合举办时，这种现象更为突出，结果使得展会开幕不理想，展会观众得不到满足，展会展出效果不能令人满意。

为避免出现上述不利局面，当展会是由几个单位联合举办时，必须明确展会的招商工作是由谁来负责；如果展会的招商工作是由各办展单位共同来负责，就必须明确各办展单位之间的招商分工。各办展单位之间的招商分工，包括明确各单位必须共同遵守的招商原则、对各单位负责的招商地区（或行业）和重点目标观众的划分、对招商费用的预算和支付办法的规定、对重点目标观众的邀请和接待的安排等。

对各单位的招商分工必须合理，并经常进行协调。由于展会招商效益具有间接性，如果招商分工不合理，有些单位就会缺乏招商的积极性，这将严重影响展会的整体招商效果。由于展会招商效果具有隐形性，如果展会的招商工作不进行经常性的协调，各单位之间的招商工作就会出现步调不一致的混乱局面。总之，对各单位的招商分工一定要结合各单位的招商实力，充分发挥各单位的优势，做到优势互补，圆满做好展会的招商工作。

（2）本单位内部招商人员的安排及其分工

有时候，尽管展会是由几家单位联合举办的，但展会的招商工作往往还是由其中的一家单位来负责。不管展会的招商工作是由几个单位共同负责还是只由本单位一家负责，有招商任务的单位都要对本单位的招商人员及其分工做出安排。

对本单位的招商人员及其分工做出安排，首先，要确定主要负责招商人员的名单，明确其主要任务是进行展会招商而不是招展；其次，要明确各招商人员负责招商的地区范围和重点目标观众；再次，要制定各招商人员的信息沟通和工作协调办法；最后，对重点目标观众要制订统一的接待安排计划。

5）招商的宣传渠道

（1）专业媒体

在专业杂志、报纸及国内主要行业网站上刊登广告，在指定专业媒体进行特别报道、专题采访、评述等。

（2）公众媒体

展会主办方与公众媒体结成同盟，投放大规模广告宣传，并通过相关专业网站向国内外厂商及用户发布会展信息及参展商资料等。

从往届展会观众数据库中挖掘专业观众，以发邀请函的形式，继续邀请他们参观本届展会。

（3）行业协会

行业协会往往在行业内有较高的知名度和影响力，掌握着大量的信息，是展会主办方理想的招商合作伙伴，可以通过行业协会向专业观众发出邀请。

政府行业主管部门在行业的影响力更大，与其合作能掌握大量的信息，为招商带来诸多方便。

（4）外国驻华机构

若举办国际性的会展，因外国驻华机构熟悉中国及会展举办地的情况，由他们发出通知对其本国观众具有较强的说服力，能吸引更多的外国专业观众来观展。

（5）会展专业网站

建立会展的专业网站，并将其与大型的门户网站相链接，以更好地宣传、推广会展，让更多的专业观众了解会展。而且自办的专业网站还能成为主办单位与参展商和海内外观众交流、沟通的大平台。

（6）会展宣传

可以通过不同地区或不同国家的其他展会进行会展宣传。通过境外贸易观众较为集中的著名品牌展会来推广展览，已成为我国展会主办方有效组织观众的重要途径。

（7）参展企业宣传

参展企业特别是有一定知名度的大企业，其客户群比较庞大，会展为他们提供了一个交流和联络的平台，通过这些知名企业的宣传，会带动一大批目标观众前来观展。

（8）招商代理机构宣传

展会主办方可以委托专业招商代理机构进行招商宣传。

6）招商预算

在各项招商工作筹划基本确定的基础上，对招商活动的费用做初步预算，并对展会招商可能需要的费用做出整体安排和具体支出计划，以便展会及时、合理地安排各种费用的支出。招商预算的范围包括招商人员费用、招商材料费用、招商宣传费用、招商公关费用、不可预见费用等。

展会的直接招商费用主要包括：招商人员费用，包括招商工作人员的工资、差旅费、办公费等；招商宣传推广费用；代理商费用；招商资料的编印和邮寄费用；招商公关费用；其他不可预见的费用。

7）招商进度计划

招商进度计划是对展会招商工作及其要达到的效果进行统筹规划，事先安排好什么时候该开展什么样的招商活动、采取什么样的招商措施、到什么阶段招商工作要达到什么样的效果、完成什么样的任务等。

展会招商工作是一项阶段性和时间性都很强的工作。一方面，当展会筹备工作进行到不同的阶段时，就要相应地采取不同的招商措施予以配合，不然招商的效果就会不太理想；另一方面，展会招商工作要非常注意时间安排的合理性和配套性，注意"到什么时候做什么事"，如果时间安排不合理，招商工作的效果将微乎其微，难见成效。

材料来源：本材料节选于《会展策划实训》。

6.3 会展招商策划的要点

1. 会展招商策划要有准确的目标定位

招商策划要有明确的目标，这样才能保证招商策划收到预期的效果，否则策划就是花架子。比如，要策划一次我方与外方某驻华机构的联络会议，在策划过程中，首先必须明确此次联络会议的目的是什么？通过这次会谈我方要实现哪几个目标：加强与外方的沟通与友谊？了解外方可能的投资意向？了解对方对投资环境的要求与疑虑？让外方知道我方的合作意向？明确了目标，联络会议就不会空洞无物。如果达到了上述目标，就说明本次策划取得了成功。如果要策划一次项目洽谈会，首先也得为本次洽谈定出一个切实可行的目标。例如，推出招商项目多少项？引进外资多少美元？签订意向多少项？目标确定后，整个洽谈会的一切工作都要围绕着实现这几个目标来进行。总之，准确的目标定位是招商策划成功的第一要素。

2. 会展招商策划要有战略高度

任何一次招商策划活动，都不能局限于一时一地或孤立的一家企业、一个项目。策划要有战略高度，要统揽招商形势，综观招商大局。本次策划活动的结束，同时又蕴藏着下次策划活动的开始。在招商策划过程中，要了解国家、省、市和本地区的中长期及近期发展规划，摸清世界范围内的跨国公司、大商社，以及中小企业的投资动向和要求，在此基础上来确定自己的招商战略，系统地制订出自己的中长期招商计划和近期招商计划，保持招商策略的长期性和一致性，避免招商过程中的短期行为。招商策划要协调好短期与长远、局部和全局的关系，要明确各个时间段的重点招商领域、重点招商国家和地区，使招商做到有的放矢。招商发展战略要成为本地区社会经济发展战略的一部分。只有把招商战略纳入本地区社会经济发展战略中，招商战略才能很好地与本地区的经济发展战略衔接起来，进而使招商成为实现本地区社会经济发展战略的一种有效方式。

3. 会展招商策划要知己知彼，把握优势

商场如战场，"知彼知己，百战不殆"这法则同样适用于当今的招商过程。招商必然涉及两个行为主体——"我方"与"对方"。"我方"要成功地将"对方"吸引过来，必须要具备两个最根本条件：第一，"我方"必须拥有自己的优势，这种优势对"对方"有吸引力；第二，"我方"要了解"对方"的需求，并告诉"对方"我们能满足他的需求。在招商策划过程中，要对这两个根本条件：细化。比如，"我方"的优势有哪些？是政策优势、环境优势还是人才优势、市场优势？我们要将自己的优势——找出来。只有在认清自己、了解自己的基础上，在招商过程中才能做到胸有成竹、信心十足。了解自己只是问题的一方面，更重要的是要了解"对方"的要求。例如对方的投资意向是什么？对方希望重点投资于哪些产业？对方可能接受的土地价格及其他费用是多少？对方对"我方"最担心的是什么？

4. 会展招商策划要另辟蹊径

随着世界经济一体化进程的加快，世界范围内的经济联系变得日益广泛和密切，招商这一经济形式也越来越多地为各个国家和地区所采用。同时招商也加剧了各个国家和地区之间的竞争。要在这种激烈的招商竞争中取得突破，就要有新的招数，把握机遇，出奇制胜。如果竞争者采取降低地价、减免税收的办法来吸引外资，而我们也一味地模仿这种做法，结果只会让外商坐收渔翁之利。当然，并不是否定那些传统的行之有效的招商方法，这里只有提醒招商人员，在招商策划时要另辟蹊径，要注意求新求实，体现自己的特色，不要人云亦云。招商策划的突破口可以是招商形式、招商政策、招商手段、招商内容和双方的合作方式等方面。

5. 会展招商策划要把握时机，适度超前

一个完整的招商过程往往包括以下几个阶段：招商策划、信息的收集、双方接触、洽谈、签约。从这个过程中可以看出，招商策划处在第一阶段，是整个招商过程的开头，所以招商策划往往要提前进行。

例如，我们决定某个时候到国外组织一次招商会。决定一旦做出，策划就要开始。而且，策划一般应在招商会开始前的半年或更早的时候进行。因为如果时间太仓促，就无法保证做出周密而系统的策划；如果策划工作质量不高，招商会的效果也就难以保证。当然，策

划工作也不是越早越好。究竟提前多久开始策划，一般根据招商会规模的大小、洽谈项目的多少、招商会的内容、需办哪些手续及办手续的难易程度等因素决定。策划工作做得太早，由于时间越长，可变因素越多，到招商会开始时，有些情况会发生变化，原来做好的策划工作又得重新策划。因此，招商策划要把握时机，适度超前。

6.4 会展招商策划的程序

1. 确立目标

招商策划是招商过程的第一步，那么招商策划程序的第一步又是什么呢？策划程序的第一步是确立目标。只有目标确立了，策划工作才能做到有的放矢。确定目标包括三个方面：第一，要达到的目标是什么；第二，围绕目标进行哪些工作；第三，目标是否得到实现。

比如，要策划一次海外的新闻发布会。在策划过程中，首先得确定这次新闻发布会的目标是什么？目标确立之后，要围绕目标搜集各种资料，制订各类方案。最后检查目标是否得到了实现。

2. 广泛收集各方面资料

招商策划的第二步是广泛地、大量地收集各方面资料。信息收集对招商工作来说尤为重要。从一定程度上来说，招商过程就是一个收集信息、寻找机遇、寻求合作伙伴的过程。一个地区或单位的信息流量大、信息面广，就有可能获得更多的招商机会，取得较好的招商成绩。如果信息闭塞，与外界交往甚少，要想招到较多的项目是不可能的。因此，在招商策划中，收集资料、获取信息是非常重要的一步。

收集资料时要把握以下几个要点。

第一，既要注重信息的针对性，但也不要放过信息的广泛性。例如策划新闻发布会时，事先要重点收集与新闻发布会相关的资料及信息，但也不要放过附带而来的一些资料及信息。

第二，要注意改进收集资料、获取信息的手段。信息流量不断增加，获取信息的方式也在不断更新，要尝试采用各种先进的手段来收集信息。

第三，要对信息及时进行处理，并提高处理信息的能力。信息是有时效性的，一定期限内信息才有价值，过时的信息是一钱不值的。要提高对信息的分析、处理和加工能力，对信息进行深加工，从而使信息的价值量大增。

3. 制订各类招商方案

制订方案是招商策划的一个重要环节，方案的优劣直接影响招商策划后几个环节的进行，直接关系到招商效果。因此，必须重视招商方案的制订这一环节。

招商方案的制订要考虑两个因素：一是方案的可行性；二是方案的可选择性。制订招商方案要切合实际，目标要能够实现。所谓方案的可选择性，就是指要同时制订几个方案，以利于决策者进行比较，从而选择最优的方案。为什么要同时拟订几个招商方案？这是因为方案的提出与实施之间有一个时间差，在这个时间差里，可能会由于政策、市场或政治、军事、文化等因素的变化而使整个招商环境发生改变，从而使原先制订的招商方案无法实施。如果同时制订几个招商方案，当一个方案不可行时可以实施另一个方案，这样就能化被动为主动。比如，在策划海外的新闻发布会时，可以预先提出在美国、德国或日本举行等几类方案。

4. 选择最优方案

比较、选择最合适、最理想的方案是招商策划中带有决策意义的重要环节。如果方案选择得好，继而进行的招商工作就有可能取得好的成绩；如果方案选择不当，就会影响效果。

那么，如何比较、选择最优招商方案呢？

第一，要考虑招商方案是否与招商工作的长远战略目标相一致。前面已经提到，招商是一项系统工程，在组织一项具体的招商活动时，首先要考虑招商方案是否与长远的招商目标相一致。

第二，要选择成功率较高的方案。成功率的大小与方案的科学性和创造性有关，也与外方的政治、经济、宗教、文化、地理等因素有关，要选择双方有良好合作意向、把握较大的招商对象。

第三，要选择成本较小而效果又相对较好的方案。成本包括机会成本和货币成本。机会成本是指在得到一个机会时失去另一机会所付出的代价。例如我们决定到美国招商的同时，失去了在日本招商的可能性。在比较、选择方案时，要选择机会成本和货币成本都较小而效果又较好的方案。

5. 方案实施

方案实施是将招商方案付诸行动的过程。一般来说，实施的方案是在各类招商方案中经过严格筛选和充分论证的，是可行和可靠的方案。因此，实施过程中要遵守原方案中制订的程序、原则和操作办法，不得随意变更时间、地点、出席会议的人员等。在方案的实施期内，参加招商会的有关人员最好每天开个碰头会，交流当天的工作情况，明确下一天的工作任务。这样做可以避免工作的盲目性，使大家做到心中有数，有利于在工作中互相支持，加强协调。招商会有其自身的特点，招商方案也有其特性。招商方案的实施过程中，尤其要注意信息的捕捉和资料的收集、储存、整理，这样才能保证招商会获得尽可能大的收获。因此，在招商活动期间，应组织尽可能多的力量，主动出击，广交朋友，挖掘新的信息，建立新的招商渠道。

6. 方案实施后的跟踪和反馈

实施阶段结束并不是招商方案全部过程的完结，更不是招商策划的终止。要圆满地完成整个策划工作，还有一道必不可少的程序——方案的跟踪、反馈。跟踪得好，能巩固和扩大招商会的成果，达到事半功倍的效果；跟踪得不好，则有可能前功尽弃。因此，策划者要重视招商方案的跟踪、反馈工作。

跟踪和反馈主要表现在以下几个方面。

第一，主动征询和收集外方（他方）对整个招商方案（如招商会）的意见。在外商或他人看来，本次招商会活动成功的地方在哪里？需要改进和注意的地方在哪里？收集这些反馈意见，对以后进行类似的招商策划和制订招商方案时能有所借鉴。

第二，对在招商活动中捕捉到的信息要继续跟踪，对新接触的外商要保持联系，不要出现招商会一结束，信息和来往就随之终止的局面。对有意向的合作项目，要在方案实施之后创造条件促其尽快签约。

第三，对在招商活动中已签约的项目要加快立项和报批，使项目尽早上马，促使外资尽快到位，使合作项目进入实质性的实施和建设阶段。

第四，对"如何做好方案实施后的跟踪、反馈工作"也应制订一个方案，分工到人，明确职责，并定期检查跟踪、反馈工作的成效。

案例6.3

第十届巴西国际轮胎橡胶工业展览会

一、展会时间

2012年4月11—13日

二、展会地点

巴西圣保罗

三、展出内容

展品范围：轮胎、轮胎翻新、维修工具、修理材料、附件及配件、橡胶技术及设备。

四、展会介绍

南美地区是我国产品的出口重点地区，我国的机械产品在国际市场上凭借可靠的质量和低廉的价格取得了较高的知名度和市场份额。巴西是南美第一大国，其经济总量居南美首位，对周边国家有很强的辐射能力，因此巴西圣保罗国际技术、机械及橡胶产品展和同期举行的巴西圣保罗国际胎面翻新及设备技术展将吸引大批南美地区客商到会洽谈。参加此次展览会对扩大产品宣传，开拓南美各国市场是一个良好的契机。

五、收费标准

9平方米标摊29 800元；

10平方米标摊33 000元；

12平方米标摊38 800元；

15平方米标摊47 800元；

光地3 000元/米²；

注册费2 000元/企业（主办方收取）。

为减少企业参展费用，我们已将该展会列入申请中小企业国际市场开拓资金的资助计划。

六、报名办法

报名单位填好报名表（回执），加盖公章后传真至我中心，同时将展位费及报名费汇入以下指定账号。按照参展企业报名汇款先后顺序安排展位。

开户名称：中国化工信息中心

银行账号：0200228219020180864

开户银行：中国工商银行北京化信支行

七、市场介绍

巴西位于南美洲东北方，东邻大西洋，西与秘鲁、玻利维亚接壤，南与巴拉圭、乌拉圭及阿根廷为邻，北与委内瑞拉、哥伦比亚、苏里南、法属圭亚那、盖亚那为邻。

巴西曾被称为是世界上贫富差距最大的国家，但近年来脱贫致富的中间阶层开始在巴西大量涌现，这群人同时也造就了中低档汽车市场的繁荣，汽车数量猛增。在面对全国产业领袖发表的讲话中，卢拉总统希望国家民众仍然能够尽情地消费。他说："巴西长期以来一直的问题是想买的东西买不起，现在实现买车梦想的时代好不容易到来了，我的任务就是鼓动大家去购买。"

近几年来，巴西汽车市场销量增长远远超出预期，导致很多汽车企业零部件供应吃紧。有些零部件公司已经开始采取扩产、从他国生产厂调配等措施扩大供应量，其中包括从中国进口。伟世通在巴西的公司曾向《经济价值报》记者透露，他们公司的产品在中国生产的成本比巴西大约低 40%，从中国运到巴西，扣除运输费和关税后成本仍低 25% 左右。因此，在巴西具有明显成本优势的中国零部件产品非常受欢迎，巴西人对中国汽车和零部件物美价廉较为向往。据全国汽车配件市场联合会秘书长韩春凤介绍，中国厂商到巴西参加相关展览会，展会结束时样品通常被抢购一空，"连配不成一对儿的灯泡都被人买走"。由此可见，在全球经济萎靡的大环境下，巴西市场依然欣欣向荣。

对中国企业而言，在金融危机冲击波的影响下，寻找新兴市场也成为轮胎企业的御"寒"之道。随着欧美市场走向颓势，"中国制造"走向世界的新方向将逐渐转移到以南美、中东、俄罗斯、非洲、东盟等国家和地区为代表的新兴市场。近年来，拉美在经济快速增长中，消费市场也迅速扩大。开拓和培育发展中国家市场是中国轮胎出口的又一特色，如南美的巴西、墨西哥、阿根廷，亚洲的印度、伊朗、巴基斯坦、菲律宾，非洲的阿尔及利亚、南非、埃及等，中国轮胎几经努力在当地已经有了一定的基础，随着世界经济的发展，这些新兴市场极具发展潜力。

同时，巴西还是一个摩托车产销大国。在公共交通不发达的小城市，摩托车是重要的个人交通工具，还有大量"计程摩托车"。巴西汽车市场有较大的增长潜力。

据国际橡胶研究组织（IRSG）表示，全球橡胶需求将在 2010 年大幅回升。因此，2010 第九届巴西国际轮胎橡胶工业展览会成为中国橡胶轮胎企业寻求无限商机的最佳选择。

八、联系方式

全国化工国际展览交流中心

中国化工信息中心（中国"国家展团"组织机构）

地　址：北京市和平街北口樱花东街 5 号

邮　编：100029

联系人：翟缦

电话/传真：010 - 64419612　　15801524696

E-mail：zha＿iman@hotmial.com　　zhaiman1979@sina.com

案例来源：第十届巴西国际轮胎橡胶工业展览会官方网站。

6.5 会展招商策划书的撰写

在一系列前期工作结束后，应着手编写招商策划书。招商策划书主要包括以下内容。

1. 封面

一份完整的策划书应该有封面。封面上应该呈现的内容有：策划主办单位、策划组成员、策划书撰写日期、策划书编号。

2. 序言

序言是策划书的开篇稿，主要是阐述此次招商策划的目的、主要构思、策划的主体层次等。

3. 目录

目录是策划书的层次排列，给阅读者以清楚的全貌，让阅读者可以清楚地知道本次策划的全部内容。

4. 内容

招商活动的策划方案是对整个活动进行组织、安排的过程。在策划过程中，必须完成以下五个方面的主要工作。

① 活动主题和规模的确定。
② 活动的主办单位、时间、会场或场所的安排。
③ 活动的形式、时间、会场或场所的安排。
④ 参加活动的对象、客人及媒体的邀请。
⑤ 活动的经费预算与预期效果。

5. 预算

预算是一份策划书不可缺少的部分。有了详细的财务预算，才能更好地指导招商工作的开展，因此应该把招商预算在策划书中体现出来。

预算具体包括以下几个方面。

① 人员费用。
② 宣传推广费用。
③ 招商代理费用。
④ 公关费用。
⑤ 其他不可预见的费用。

6. 策划进度表

策划进度表包括对策划部门创意的时间安排及对招商工作进程的时间安排。时间安排应该留有余地，且具有可操作性及适应性。

7. 策划书的相关参考资料

招商策划书中运用的二手资料要收集整理好，以便查阅。

8. 编写策划书要注意的事项

① 文字简明扼要。

② 逻辑性强，语序合理。

③ 主题鲜明。

④ 运用图表、照片、模型来增强策划书的效果。

⑤ 具有可操作性。

案例6.4

2015第十届中国（中山）装备制造业博览会暨华南（中山）先进激光及加工应用技术展览会总体方案

一、背景

根据《国务院关于加快培育和发展战略性新兴产业的决定》、工信部《高端装备制造业"十二五"发展规划》、广东省政府《珠江三角洲地区改革发展规划纲要（2008—2020年）》，广东省委、省政府《关于加快建设现代产业体系的决定》及中山市委、市政府《关于进一步加快推进产业转型升级的若干意见》，对接广东省《珠江西岸先进装备制造业产业带布局和项目规划》与《中山市先进装备制造产业带布局和项目规划》要求，我市把先进装备制造业作为未来重要的战略产业来发展。预计到2020年，中山市在船舶与海洋工程装备、新能源装备、汽车制造、智能制造装备、节能环保装备、卫星及应用等六大领域产值将达到5 000亿元，形成东部临海、南部滨江、北部沿路、中部环城4大产业功能区，构筑27个特色基地，在珠江西岸先进装备制造产业带中争得领先地位。

目前，我市已发展成为珠江西岸乃至全省重要的装备制造业生产基地，装备制造业已成为中山市的一个支柱产业，其工业产值占全市工业总产值的1/5，已呈现新光源产业带、风电与核电产业、新能源汽车核心零部件及太阳能产业、海洋与船舶产业集聚区等，一带多圈（区）的空间格局，产业特色鲜明、优势突出，为发展先进装备制造业奠定了坚实的基础。位于火炬开发区的国家先进装备制造（中山）高技术产业化基地已成为中山市最重要的装备制造业发展基地和产业结构转型升级的支撑点。

激光技术是20世纪与原子能、半导体及计算机齐名的四项重大发明之一。无论是美国还是德国，目前都已将先进的激光技术视为未来装备制造业的核心。随着经济全球化的发展，越来越多的工业化国家发现激光加工在替代传统制造技术上有着巨大的潜在需求，纷纷发展激光产业，日本及欧洲地区尤其是德国在激光产业上迅速崛起，激光的商用日趋广泛。激光加工作为先进制造技术已广泛应用于几乎所有的制造产业，无论是号称先进制造业代表的汽车、航空、新材料产业，还是被认为属于传统制造业的家具、家电、铝型材产业，有了激光加工的加入，装备制造水平即可实现飞跃。

二、目的

1. 加快先进装备制造项目招商和落地，促进激光产业各细分领域之间、激光与其他产业的融合发展，助推上下游相关产业快速延伸。

2. 深化激光应用，搭建交流平台，利用激光技术推动传统产业转型升级，促进装备制造业快速持续健康发展。

3. 全面展示中山市城市名片，促进先进装备制造业向技术自主化、制造集约化、设备成套化、市场国际化发展。

4. 宣传我市产业优势、投资环境和资源优势，充分展示我市装备制造业发展新成果，扩大在国内外的影响。

三、主题

智能制造促转型 激光技术助升级。

四、展会概要

1. 展会名称：2015 第十届中国（中山）装备制造业博览会暨华南（中山）先进激光及加工应用技术展览会

2. 举办时间：2015 年 9 月 17—19 日

3. 举办地点：中山火炬国际会展中心（国际会议中心）

4. 主办单位：中山市人民政府

　　　　　　中国光学学会激光加工专业委员会

5. 承办单位：中山火炬高技术产业开发区管理委员会

6. 支持单位：中山市经信局

　　　　　　中山市科技局

　　　　　　中山市商务局

　　　　　　中山市科技技术协会

7. 协办单位：中国光华科技基金会

　　　　　　中国金属钣金制作协会

　　　　　　北京光学学会

　　　　　　上海激光学会

　　　　　　广东省激光行业协会

　　　　　　湖北省暨武汉激光学会

　　　　　　广东省机械工程学会

　　　　　　中工联创国际装备制造研究中心

　　　　　　中山市机械学会

　　　　　　珠海市机械工程学会

　　　　　　江门市机械工程学会

　　　　　　珠海市焊接协会

　　　　　　中山市工业技术研究院

　　　　　　中山（临海）装备制造基地

　　　　　　碧蓝节能环保科技产业（中山）基地

　　　　　　广东量泽激光技术有限公司

8. 执行单位：中山火炬国际会展中心有限公司

　　　　　　上海镭赛文化传媒有限公司

　　　　　　中山市张家边企业集团有限公司

五、展示范围

展出面积约20 000多平方米（一号馆、二号馆、长廊）。根据展会的定位和特点，制定展示产品范围，初步确定主要展示区域的划分及大致规模如下。

（一）一号馆（中厅，C、D展区），先进装备制造展区

1. 先进装备制造业：工业机器人、数控加工设备、非标自动化设备、3D打印设备、船舶与海洋工程装备、节能环保装备、新能源装备、健康医疗装备。

2. 先进装备配件展区：变频器、传感器、数控系统、人机界面、工控机、仪器仪表、工业控制应用软件、测量装置器械、模具等。

（二）一号馆A、B展区，二号馆、长廊（约6 000平方米，其中至少30个特装展位约2 000平方米），激光技术暨加工应用技术展区。

1. 激光加工系统。微宏观处理激光加工系统、有机印刷电子激光生产系统、激光加工系统组件、激光辅助产品设计与系统开发、各类材料与应用激光加工系统、激光辐射防护。

2. 激光器及激光元件。激光光源、系统组件、激光元件、激光防护设备、光电和光学力学、软件。

3. 传感器、测试测量系统。光学传感器、激光测试测量系统、测试和统计系统、测量技术和设备。

六、展会活动

七、拟邀请嘉宾

中国科协领导；

中国光华科技基金会负责人；

两院院士：国内外各一名；

国家"千人计划"3～4人；

高校教授、研究员100余人；

行业、产业界国内企业老总100余人；

港澳台地区及美、德、法、日、澳等国家跨国公司高管20余人。

八、展会组织架构

（一）组委会人员名单

成立2015第十届中国（中山）装备制造业博览会暨华南（中山）先进激光及加工应用技术展览会组委会。建议名单如下。

主　　任：高瑞生（市政府）

副主任：招鸿（火炬区管委会）、李宗（市政府）、王又良（中国激光加工委）

成　　员：邓文华（市委宣传部）、邓锦平（市经信局）、刘宇宏（市商务局）、陈喜崇（市科技局）、严美燕（市食药监局）、杨伟（市安监局）、黄锐平（市公安局）、余元龙（市科协）、孙宇红、梁兆华（火炬区管委会）、张庆茂（中国激光加工委）、林泽钊（机械学会）

组委会设秘书处，由李宗兼任秘书长，孙宇红、梁兆华兼任常务副秘书长。统筹组下设各工作小组，各组委会成员单位对各工作小组的具体工作给予指导和支持，由火炬

区具体组织实施展会筹备工作。

组织架构图略。

(二)秘书处及各筹备小组人员、职责

1)秘书处

秘书长:李宗(市政府)

常务副秘书长:孙宇红、梁兆华(火炬区管委会)

副秘书长:陈荣华(市府办)、齐华(火炬区经科局)、吴昊(火炬区党政办)、陈超(中国激光加工委)

成员:侯国强(市经信局)、马立群(市商务局)、彭永林(市科技局)、高颖(市科协)、唐晓星、林嘉宏(火炬区经科局)、吴宇辉(张企集团)、谢玉斌、吴权昌、梅荣祖(会展中心)、苏丹(汉唐公司)、陈杨(中山工业技术研究院)、何佳兵(市机械学会)、路王斌(中国激光加工委)、李莹(量泽公司)

(1)中山职责

① 负责制订、组织、策划统筹"装备暨激光展"总体方案、工作方案,确定主要活动,并组织力量逐项落实。

② 按工作进度,定期向组委会汇报,并负责召开各工作例会。

③ 指挥和协调各组工作,负责监督落实。

④ 负责上级及市相关部门的对接工作。

⑤ 负责制订开幕式方案和落实开幕式各项工作。具体包括:邀请和落实开幕式领导、嘉宾,嘉宾签到,主席台领导排序,市领导致辞文稿撰写(火炬区党政办);组织协调中山市各镇区相关企业代表参会(市经信局、科技局、卫计局);组织区内观众(党政办、经科局);舞台、嘉宾休息室布置、会场整体气氛营造、座位划分及标识粘贴(会展中心);主持及音响、舞狮、暖场歌舞表演(宣传文体服务中心、艺术团)。

(2)激光加工委职责

① 负责邀请和落实"激光加工产业论坛"演讲嘉宾和出席论坛的科协等领导嘉宾,做好邀请嘉宾的座次安排工作。

② 负责制定和落实"激光加工产业论坛"及其圆桌会议的演讲主题、议程。

③ 负责落实参加展会和"激光加工产业论坛"的两院院士、"千人计划"入选者、高校及科研院所的专家学者、跨国公司高管、行业知名企业代表。

④ 定期向组委会汇报工作进展情况。

2)招展布展组

负责人:洪燕(激光加工委)、谢玉斌(会展中心)、彭永林(中山工业技术研究院)、吴宇辉(张企集团)

成员:吴权昌、梅荣祖、周军、雷军(会展中心)、付珊(张企集团)、陈杨(中山工业技术研究院)、陈超、刘善琨、刘琛

(1)中山职责

① 负责整个展会活动的招展布展工作。(张企集团协助激光加工委招展、布展;中

山工业技术研究院协助会展中心招展、布展。)

②落实展会期间2号馆的企业推介、抽奖等相关活动。(会展中心)

③招募赞助单位、广告位、会刊广告、证件广告等。(会展中心)

④负责整个展会标准展位与特装展位的搭建工作，并确保展会期间的安全用电。(会展中心)

⑤制订室内气氛、室外气氛、开幕式舞台背景方案并实施。(会展中心)

⑥负责规划和布置展会现场活动场所(洽谈、企业推介、抽奖等场所)。(会展中心)

⑦负责展会的清洁卫生及保安工作。(会展中心)

(2)激光加工委职责

①全面负责"激光展"的策划、招展、展馆布置工作，做到高水平布展，展位要求有特色、标识清楚、布局合理。

②组织100家知名激光及相关企业参展，其中落实30家特装参展企业。(8月25日前提供名单)

③展览会开幕前20日内将展位布置图、参展商标准展位楣板(字样)、企业简介等资料提供给会展中心。

3)招商组

负责人：侯国强(市经信局)、马立群(市商务局)、涂运涛(火炬区经科局)、吴宇辉(张企集团)、谢玉斌(会展中心)、陈超(激光加工委)

成　员：吴权昌、梅荣祖(会展中心)、郑许力(火炬区经科局)、火炬区各大总公司招商人员、激光加工委成员

(1)中山职责

①负责整个展会活动的招商统筹工作，介绍中山市及火炬区的优惠政策和投资环境。(市经信局、商务局、火炬区投资服务中心)

②组织中山市内关联企业参观采购。(市经信局、商务局)

③负责激光加工委和区属各大总公司项目对接洽谈工作。(火炬区投资服务中心、张企集团)

④积极配合激光加工委做好相关企业参观采购的服务工作。(张企集团、会展中心)

⑤负责洽谈项目及参展企业资料收集与跟踪，并建立数据库。(火炬区投资服务中心、会展中心)

⑥负责组织参展、参会企业代表参观火炬区重点企业。(火炬区投资服务中心、张企集团)

(2)激光加工委职责

①积极配合、辅助中山市完成各项招商工作。

②组织中山市以外激光应用行业用户、激光业内人士观众到会参观、采购、洽谈。

4)宣传组

负责人：李建英(火炬区宣传办)、张玲琰(中国激光加工委)、谢玉斌(会展中心)

成　员：吴权昌、梅荣祖（会展中心）、谭华健（中山日报社）、谢媛（火炬区宣传办）、曲月月（激光加工委）

① 负责制作会刊、宣传单页等各种宣传资料、各种证件。（会展中心、激光加工委）

② 通过大众媒体、专业媒体、行业网站、政府网站、电子邮件、直邮、微信、户外广告、其他行业展会等多种形式对外发布展会信息。（会展中心、激光加工委）

③ 组织媒体记者对展会和论坛开幕式进行宣传报道。（火炬区宣传办、中山日报记者站）

④ 及时对外报道展会及论坛进度和亮点。（火炬区宣传办、中山日报记者站、激光加工委）

5）接待组

负责人：陈荣华（市府办）、吴昊（火炬区党政办）、刘善琨（激光加工委）

成　员：谭海波、邝静雯、陈旭明（火炬党政办）、吴宇辉（张企集团）、李莹、林晓聪、陈静、周世虎、苏丹

（1）中山职责

① 邀请和接待出席开幕式的领导嘉宾。（火炬区党政办）

② 负责组织接待晚宴和午宴（自助餐）。（火炬区党政办）

③ 提供接待车辆，负责重要嘉宾的接送机。（火炬党政办、张企集团）

④ 提供用水、雨伞等后勤保障。（火炬区党政办）

（2）激光加工委职责

① 负责邀请和接待参加"激光展"和"激光加工产业论坛"的嘉宾，并做好接待服务工作。

② 做好参加 17 日午宴（自助餐）的人员统计工作。

6）论坛组

负责人：张庆茂（激光加工委）、林泽钊（机械学会）、罗琦（光华科技基金会）

成　员：吴宇辉（张企集团）、谢玉斌（会展中心）、吴琰光（健康基地）、陈杨（中山工业技术研究院）、何佳兵（市机械学会）、唐霞辉、黄婷、曲月月（激光加工委）

① "激光加工产业论坛"由激光加工委负责统筹（包括落实演讲嘉宾、主持人、主要参会观众和相关会务工作），张企集团和会展中心配合。

② "珠江先进装备制造产业论坛"由中山市工程机械学会负责统筹（包括落实演讲嘉宾、主持人、主要参会观众和相关会务工作），中山工业技术研究院和会展中心配合。

③ "先进医疗装备暨技术论坛"由中国光华科技基金会负责统筹（包括落实演讲嘉宾、主持人、主要参会观众和相关会务工作），火炬会展中心、健康基地配合。

④ 火炬区负责组织区内企业代表参加。

7）安全保障组

负责人：市公安局、食药监局、安监局各 1 名负责人，唐晓星、林嘉宏（火炬区经科局）

成　员：火炬区公安分局、消防大队、交警大队、安监分局、供电公司、爱卫办、

卫生监督所、电信分局、区医院等相关单位负责人

① 派民警负责维护展会现场的安全保卫工作，随时准备紧急支援和处理突发事件。（火炬区公安分局）

② 负责各项消防检查工作，确保消防安全。（火炬区消防大队）

③ 负责停车场划分，疏导交通，确保畅通。（火炬区交警大队）

④ 对室内、室外施工安全进行监督检查，消除安全隐患，防止各类安全事故发生。（火炬区安监分局）

⑤ 负责展会期间供电保障和紧急供电。（火炬区供电公司）

⑥ 提前除四害，保证现场及周边环境卫生清洁。（火炬区住建局）

⑦ 负责展会期间馆内外饮食和用水的监督管理。（食品药品监督所）

⑧ 确保展会期间通信畅通，在现场准备一台信号车应急，并提供现场帐篷。（火炬区电信分局）

⑨ 负责制订卫生医疗保障和应急方案，设置临时医疗服务站，负责医疗救护工作。（火炬区医院）

组委会秘书处
2015 年 8 月 28 日

案例来源：中山火炬国际会展中心官方网站。

本 章 小 结

本章主要讲述了会展招商策划的概念、招商策划的特点及作用、要点、程序，以及招商策划书的撰写要求。招商策划是一个系统工程，招商活动最终能否成功、取得令人满意的效果，关键在于是否掌握了招商策划的特点及程序，是否熟悉招商策划的要点。

课 后 习 题

1. 会展招商策划的程序有哪几步？

2. 会展招商策划的特性有哪些？

3. 会展招商策划的要点有哪些？

第7章

会议策划与管理

7.1 会议概述

会议是人们为了解决某个共同的问题或出于不同的目的聚集在一起进行讨论、交流的活动，它往往伴随着一定规模的人员流动和消费。作为会展业的重要组成部分，大型会议特别是国际性会议在提升城市形象、促进市政建设、创造经济效益等方面具有特殊的作用。

7.1.1 会议的内涵

会议是人类社会自古以来就有的一种社会现象。早在原始社会，人类为了生存和分配共同的劳动成果，就已经出现了"氏族议事会"。随着近代社会经济的发展，会议作为一种重要的交流、管理手段逐渐发展和完善起来。在现今社会生活中，各类会议更是随处可见，已经成为一种经常性的社会活动形式。无论是国际组织、国家机关还是企事业单位，无论是国家之间建立外交关系、达成协议，还是组织内部开展政务、经济事务、文化教育及其他活动，都要通过召开会议来达到集思广益、有效沟通，或传达信息、资源共享，或表彰先进、树立典范，或解决问题、推广经验等目的。

"会议"乃"会"而"议之"，"会"而"不议"则非会议。《韦氏新大学词典》关于"会议"的解释是：会议是一种会晤的行为或过程，是为了一个共同目的的集会。《现代汉语词典》对"会议"的释义是：会议是有组织、有领导地商议事情的集会。一些无领导、无组织、无目的的聚合议论、闲聊，则不能称为会议。孙中山先生认为："凡研究事理而为之解决，一人谓之独思，二人谓之对话，三人以上而循一定的规则者，则谓之会议。"同时，当代西方学者认为：会议是邀请两个或两个以上的人聚会，听取报告、做出决定或采取某些合法行动。

可见，会议是指 3 个或 3 个以上的群体（其中一个可以是主持人）为了研究问题、交流信息、获取知识、统一思想等目的而在特定时间聚集在特定的地点、围绕一定的主题、按照一定的规则所进行的演讲、发言、讲解、讨论、商议、交流等行为。会议是一种有效的多向沟通方式。会议有广义和狭义之分：狭义的会议是指至少有三人参加的集体性商议活动，即传统的会议；广义的会议还包括两人或双方之间的会见与会谈及各种仪式。形成会议的主要条件是：有明确的指导思想、预期目标、具体议题；有明确的时间、地点；有主持人和参加人员。

会议已经成为人们相互沟通的生活形态，它深刻地影响着我们的生活。会议是一种群体性的社会活动，个人的看法或想法往往有其片面性和局限性。如果将看法或想法各异的许多人聚集起来，通过交流和沟通，就能很好地解决问题。

7.1.2 会议要素

1. 主办者

主办者是指对会议活动的组织、管理、协调负主要责任的机构或者个人。会议都是由主办者举行的。主办者通常包括具有领导和管理职权的机关、会议活动的发起者、特定组织的成员、通过一定的申办程序获得主办权的组织。会议的主办者一般可分为公司、协会或非营利性机构（如政府机关、公众团体）等。随着会议主办形式的发展，现代会议的主办者还往往涉及相关协办者或赞助者。

（1）协办者

会议活动如有必要，可以在主办者之外确定若干协办者。协办者对会议活动承担民事连带责任。会议协办的方式主要有以下几种。

① 经费资助，即协办者向主办者提供一定的经费支持。

② 名义使用，即协办者允许主办者以自己的名义举办会议。

③ 智力支持，即协办者向主办者提供咨询、策划等智力支持。

④ 物资援助，即协办者向主办者提供举办会议必需的物资。

⑤ 人力保障，即协办者向主办者提供举办会议所需的会务人员，包括临时借调工作人员、招募志愿者等。

⑥ 工作分担，即协办者分担主办者的一部分组织工作。这种情况下，主办单位与协办单位的分工必须明确。协办可以是无偿的，也可以是有偿的。

（2）赞助者

在举办一些大型会议活动时，争取赞助是解决会议经费问题的有效办法。赞助的方式可以是提供资金，也可以是免费或优惠提供场地、设备和其他会议用品。赞助者也可以是协办者，但两者在法律责任上有所区别，协办者负民事法律上的连带责任，赞助者则不承担民事责任。赞助者通常可以获得会议活动的会徽、吉祥物、名称等的使用权。

2. 承办者

具体落实会议组织任务的机构或个人称为会议承办者。会议承办者既可以来自主办者内部，也可以来自主办者外部。承办者对主办者负责，具体职责由主办者决定或协商谈判确定。内部承办者往往是来自会议主办组织中的成员，通常会设立一个秘书处或筹划委员会，专门处理会议的筹备、管理和策划工作。秘书处或筹划委员会要负责确定会议目标、会议地址，定义与会人群，确定会议时间，调配资源，安排人员，批准预算等。外部承办者通常是会议或相关行业中的专业人士，如专门提供会议承办服务的会展公司或旅行社。随着会议中介服务的发展，越来越多的主办者将会议委托给中介公司筹办，这样会议中介公司就成为具体承办者。此外，会议的承办涉及为会议提供各种服务和物资的供应商，其中包括酒店、会场、旅行社、航空公司、公关组织、印刷公司、货运公司，甚至电工等。会议的主办者将这些服务项目承包出去，这些机构也就成了具体的承办者。

3. 与会者

与会者就是参加会议的正式成员，包括主持人，也包括秘书，但不包括在会场上的其他服务人员。

4. 主持人

主持人是会议过程中的主持者和引导者，也是会议的组织者和召集者，对会议的正常开展和取得预期效果起着领导和保证作用。

会议主持人通常由有经验、有能力、懂行的人，或是有相当地位、威望的人担任。一般有两种情况：一种是当然主持人，是由其职务和地位，也就是由组织的章程或法规决定的；另一种是临时主持人，比如各种代表会议，或几个单位、几个地区的联席会议，则由代表们选举或协商产生。

5. 议题

议题是会议所要讨论的题目、所要研究的课题或是所要解决的问题。议题必须具有必要性和重要性，还必须具有明确性和可行性，这样才容易取得共识或最后表决通过。会议的议题应该尽可能集中、单一，不宜过多、太分散。尤其是不宜把许多互不相干的问题放在同一个会议上讨论，使与会者的注意力分散，不利于解决问题。

有些重大的代表会议，一般先由代表提出"提案"，由秘书或秘书处汇总，再提交主席团或专门的"提案审查委员会"审议通过，才能成为列入会议议程的正式议题。

6. 名称

正式会议必须有一个恰当、确切的名称。会议的名称要求能概括并能显示会议的内容、性质、参加对象、主办单位或组织、时间、届次、地点或地区、范围、规模，等等。

会议名称必须用确切、规范的文字表达。它既用于会前的"会议通知"，使与会者心中有数，做好准备；又用于会后的宣传，扩大会议的效果；更用于会议过程中，使与会的全体成员产生凝聚力。

大中型的会议名称经常被制作成横幅，置于会议主席台的上方或后方，作为会议的标志，简称"会标"。会标必须用全称，不能随意省略，以免不通，产生误会。

7. 会议时间

会议时间有三种含义：一是指会议召开的时间；二是指整个会议所需要的时间、天数；三是指每次会议的时间限度。

（1）召开时间

会议什么时间召开最合适，要考虑多种因素。首先是需要。例如每周一次的工作例会，通常放在周末的下午，一周即将结束，下一周就要开始，利于承上启下。一年一度的职工代表会议，宜于年初召开，既利于总结上年的工作，又利于讨论、部署新一年的工作。其次是可能，即最好是每位与会者都能参加的时间。例如日本的有些企业召开各部门干部汇报会，常定在下班前半小时，而不是安排在刚上班时。再次是适宜，即要考虑气候、环境等自然因素和社会因素。

（2）需要时间

会议需要时间可长可短，少则几分钟、几十分钟，多则几天、十几天。会议组织者应尽可能准确地预计需要时间，并在会议通知中写明，以便与会者有计划地安排。

（3）时间限度

每次会议时间最好不超过一小时。如果需要更长时间，应该安排中间休息。

8. 地点

会议地点，又称"会址"，既指会议召开的地区，又指会议召开的具体会场。为了使会议取得预期效果，选择会议的最佳会址也需考虑多种因素。

国际性或全国性会议，要考虑政治、经济、文化等大因素；专业性会议，应选择富有专业特征的地区，以便结合现场考察；小型的、经常性的会议应安排在单位的会议室。选择会址，还要考虑会场设施、交通条件、安全保卫、气候与环境条件等因素。

9. 会议的表现形式

会议的表现形式很多，只要是在一定时间内有目的、有组织地把有关人员召集起来，传递信息、协商事项、研究问题、布置工作、交流经验等，都可说是会议。在竞争激烈的当今社会，每天都在进行着各种各样的会议活动，从国家之间的大会议到家庭内部的小会议。

7.1.3 会议的分类

1. 根据会议参加者、目的及内容分类

1）会议

（1）大会

大会是指一个协会、俱乐部、组织或公司的正式全体会议。参加者以其成员为主，其目的是决定方向、政策、内部选择、预算、财务计划等。所以，大会通常是在固定的时间及地点定期举行，也有一定的会议程序。

（2）年会

年会是会议领域最常用的字眼，是指就某一特定的议题展开讨论的聚会。议题可以涉及政治、贸易、科学或技术等领域。

当今的年会通常包括一次全体会议和几个小组会议。年会可单独召开，也可以附带展示会。多数年会是周期性的，一般是一年一次。年会的内容是市场分析报告、介绍新产品和公司策划等。

（3）专门会议和代表会议

专门会议几乎与年会相同，通常有许多与会者参加。年会常被贸易界用于一般性的会议，而专门会议则是科技界使用的术语，贸易界也使用这个词。因此，两者没有实际意义上的区别，仅仅是惯用语不同而已。专门会议的议题通常涉及具体问题并就其展开讨论，可以

召开分组会，也可以只开大会。

代表会议常被国际性会议使用，我国实行的社会制度就是人民代表大会制度。在性质上，代表会议是与专门会议相类似的活动。

2）研讨会

（1）讲座

讲座是一种比较正式或者说组织较为严密的活动，通常由一位专家单独做示范，会后有时会安排听众提问。讲座的规模大小不定。

（2）论坛

论坛的特点是反复深入讨论，一般由小组组长或者演讲者来主持。与会者的身份均要求先被认可，其过程一般由一位主持人主持，听众参与其中，各种各样的问题分别由小组组长和听众提出讨论。两个或更多的发言人可以就各自的不同意见向听众，而不是向对方，进行阐述，再进行反复的讨论，最后由主持人做出结论。

（3）专题学术讨论会

专题学术讨论会是由某一领域内的专家构成的集会，就某一特定主题请专家发表论文，共同就问题加以讨论并给出建议。专题学术讨论会与论坛相类似，参与人数较多，会期在 2～3 天，进行方式比论坛更为正规。典型的特点是一些个人或者专门小组要做示范讲解，一定数量的听众会参与讨论。但是相对论坛而言，会议中较少有观点和意见的交流。

（4）研讨会与座谈会

研讨会是指一群具有不同技术，但有共同特定兴趣的专家，借由一次或一系列的聚会，来达到训练或学习的目的。与其他类型的会议相比，研讨会通常有充分的参与性，在这一点上，与那种有一个或多个主讲人站在讲台上，向听众示范的模式是完全不同的，而是由一位会议主持人来协调各方。这种模式适用于相对小型的团体。

座谈会有一位专门的主持人主持，由一小群专家为小组成员针对专门课题，提出其观点再进行座谈。小组成员之间、主要发言人与组员之间都要进行讨论。

2. 根据会议技术手段分类

（1）传统会议

传统会议是指与会者面对面地围坐在一起召开的会议。此类会议没有对技术装备的依赖。在参加人员过多、不容易听清楚他人发言的时候，发言人先是借助一只话筒，后来改为扩音设备，用设备把声音传送得更远一些。但它仍然是面对面的、即时性的、单一自然语言之间的直接交流。

（2）现代电子会议

电子会议是运用通信手段，以及在各种电子设备的支持下，进行的本地或异地的会议。电子会议系统可以由长途电话系统或是由声音、图像及计算机等系统集合而成。参加会议的人员经常是成组地聚集在一处或多处，进行面对面及本地群组（人）与远程群组（人）之间的交互流动。现代电子会议可分为：电话会议和视频会议。

3. 按照会议的地域范围和影响力分类

（1）国内会议

国内会议是指会议代表均来自会议举办国的会议活动。国内会议又可细分为全国性会议和地方性会议。

（2）国际会议

国际会议是指会议代表来自不同国家的会议活动。国际会议一般又细分为全球性会议和区域性会议。

4. 按照会议的性质分类

（1）营利性会议

营利性会议大多由专业会议公司或一些营利性机构来组织，如企业战略研讨会、营销高峰论坛、行业培训会议等。

（2）非营利性会议

非营利性会议如政府工作会议、协会会议、公司内部会议及非营利性组织筹办的会议等。

5. 按照会议活动的内容分类

按照会议活动的内容，会议又可分为商务会议、文化交流会议、专业学术会议、政治会议及培训会议等。

6. 按照主办者的性质分类

这是国际上通行的最主要的会议划分方式，一般分为协会（行业）会议、公司会议和其他组织会议三大类。表 7-1 是按照会议主办者的性质划分的会议。

表 7-1　按照会议主办者的性质划分的会议

会议种类	特　点
协会（行业）会议	会议市场上的主要客源，具有周期稳定、规模大等特点，主要目的在于扩大本行业的交易和促进行业发展，如贸易、医药等行业会议
公司会议	公司组织处理本公司的事务，有关营销、培训或股东讨论等会议
其他组织会议	如政治团体、宗教等其他组织举办的会议

7.1.4　会议的作用

会议是人类在社会活动中形成的一种互动方式。随着社会的不断发展和信息流量的迅速增加，会议这种形式越来越受到人们的重视。不同的会议有不同的作用，概括起来会议的作用主要表现在以下几个方面。

1. 集思广益、科学决策的作用

各机关、单位基本上都会通过会议的形式对一些重大问题进行决策。经过深入的分析研究，群策群力，最后得出结论性的意见，这就体现了会议的决策作用。会议的召开便于各级领导充分掌握有关信息，充分发挥干部群众的智慧，为决策的制定与实施奠定基础。同时，也可以在会议的讨论中，了解基层群众、下属员工的实际情况和思想动向。对领导认识上的差别可以及时进行纠正，对反映出来的问题可以进行具体的分析和解决。召开会议的过程通常是把群众的智慧集中起来，变为领导的智慧、丰富领导的思想和完善领导决策的过程。

2. 发扬民主、动员群众、宣传教育的作用

会议可以说是领导机关和各级领导密切联系群众的纽带。与会者来自不同单位、不同行业。召开会议可以认真听取与会者的意见和要求，了解各行各业的具体情况。有些会议经过对领导决策的讨论、领会，将领导意图转化为群众的思想和行动，起到了动员群众、组织群众的作用；也有一些会议的作用，旨在思想教育、鼓舞斗志或者介绍经验，传授知识和技能，从而达到某种宣传和教育的目的。如积极分子典型事迹报告、先进集体和先进个人的表彰、重大历史事件的通报和形势报告、情况传达等，都可以采用会议的形式，起到宣传典型人物，教育广大干部群众的作用。

3. 传达信息、资源共享、学习交流、开拓思路的作用

各机关、单位担负着上情下达、下情上传的任务。需要召开各种会议，尽快地将信息上传下达。可以说会议是信息的"聚集地"，也是信息的"发散地"。各类经验交流会、汇报会、广播会、座谈会、调查会，通过汇报、交流、学习、讨论，可达到沟通信息、交流情况、统一思想和协调工作的目的，使上下左右各方能够互相理解与支持。

在会议中，与会人员之间可以正面交换意见，信息共享，相互学习，对工作中经常出现的问题互相交流工作经验，以形成企业内的学习文化氛围。比如技术人员在会上可以进行技术交流或对新技术的学习、研讨，以获得经验总结、技术攻关对策以及技术创新的灵感。通过信息的交流以及相互学习，让人们从新的角度和新的观点，也就是从更广阔的认识空间来思考问题，擦出思想的火花。因此，会议活动既是一种信息的共享过程，也是一个有效的智力开发过程。

4. 协调矛盾、统一思想、促进生产、推动工作的作用

会前，人们往往会对同一个问题的看法存在某些差异。在会议上，大家可以围绕一个共同的目标讨论、研究和论证，求同存异，最终达成共识，从而起到推动工作的作用。许多公司或部门的常规会议的主要目的是监督、检查员工对工作任务的执行情况，了解员工的工作进度；同时，借助会议这种"集合"的"面对面"的形式，来有效协调上下级及员工之间的矛盾。

5. 国际交流、跨文化的沟通作用

当今社会，随着我国改革开放和全球化进程的加快，国际交往日益频繁，越来越多的会议发挥着国际交流和跨文化沟通的作用。以上海为例，在 2005 年就召开了很多个领域的国际会议。如"2005 年软件工程和未来软件国际技术研讨会"就是为了加强国际软件工程之间的交流，共同探讨软件工程领域前沿技术和国际合作事宜。又如"2005 年上海知识产权国际论坛"就是通过对话、讨论、主题演讲等方式，交流世界各国各地区在知识产权保护方面取得的成就与经验。探讨创意产业界面临的知识产权机遇与挑战，探索通过加强知识产权工作推动创意经济快速发展，从而提高国人对创意产业及其知识产权保护的认识。再如 2005 年 5 月 18—20 日，由中国交通运输协会主办的"第三届中国物流高层论坛"，邀请政府有关高层官员、著名专家学者、欧美和亚太区域物流界知名人士，结合我国物流产业发展现状，围绕"互动、合作、双赢"的主题进行讨论。就如何促进我国现代物流企业供需双方合作，继续推进我国现代物流产业的健康发展等问题进行了深入的探讨与交流。此次论坛也引进了当今世界物流领域前沿思想和最新智慧，为促进我国现代物流业规范和快速发展出谋划策。

案例 7.1

草拟经理工作例会讨论稿

××房地产公司以前有时会出现信息不流通、问题解决不及时的情况。赵总经理刚刚走马上任，准备制定一套工作例会制度，旨在加强部门之间的沟通、联系和协作，建立监督机制，提高工作效率，进而推动公司逐步走向规范化管理。所以，赵总经理准备召开一次关于讨论制定工作例会制度的会议，他让秘书先草拟一份工作例会制度以便在会上讨论。秘书接到任务后，拟写了如下会议讨论稿：

1. 会议时间：每月1日至5日之间，具体时间会前通知。
2. 参会人员：公司领导、各部门经理。
3. 会议需提交的材料：各部门须于会前将上月的工作总结和本月工作计划准备好。
4. 会议形式：原则上，各部门均需汇报工作。各部门可根据工作侧重点有选择地汇报。会上将根据部门存在的问题共同研究解决方案，公司领导根据各部门工作情况提出要求。

案例来源：百度百科

7.2 会议活动策划

7.2.1 会议策划的含义和意义

1. 会议策划的含义

会议策划，就是围绕会议活动的目标，在全面、深入分析会议信息的基础上，运用科学的策划方法，制订会议活动最佳方案的创造性思维活动的过程。作为会议活动整体策略的运筹规划，会议策划贯穿整个会议流程的始终。

2. 会议策划的意义

成功的会议离不开成功的会议策划与管理。在统筹各种资源的基础上将会议活动的各个环节恰如其分地联系起来，是会议组织者面临的重要问题。会议策划的意义如下。

（1）提供会议决策方案

决策是对未来行动方案的抉择，有好的方案才会有好的决策。会议策划的目的就是在整体筹划的基础上寻求最合理、最经济、最有效的方案，为会议决策提供科学的依据。

（2）保证会议活动的经济效益

运用科学的方法进行会议策划可减少会议活动的盲目性和不合理性，有效地避免浪费，保证会议活动的效率和效益。

（3）塑造会议品牌形象

会议策划根据会议市场的需求，在统筹各种资源的基础上进行创新，努力创造自身优势和特色的亮点，提升竞争实力，塑造会议品牌形象。

7.2.2　会议策划的基本流程

1. 会议策划的基本流程

从具体的工作流程来说，会议策划主要包括以下具体项目，即会议目标策划，确定会议主题和议题，选择会议场地，明确会议嘉宾、主讲人、听众，编制会议日程，准备会议资料，进行会议宣传、推广，最后还包括制订会议接待计划，即现场管理计划等。

从本质上来说，会议策划是具体回答以下六大问题：

- 会议目标（why）——为什么开会；
- 会议主题和议题（what）——开什么会；
- 与会人员（who）——谁参与会议；
- 会议时间（when）——什么时候开会；
- 会议地点（where）——在什么地方开会；
- 会议形式（how）——怎样开会。

（1）会议目标——为什么开会

人们举行会议就是为了达到某种目的或完成某个任务，会议目标策划解决了为什么开会这一最基本的问题。会议的目标是会议组织者的期望和会议所要完成的具体任务，因而会议目标制约着会议的议题和议程，决定了会议的类型，引导着会议的结果。

（2）会议主题和议题——开什么会

会议主题和议题策划是会议策划的一项重要内容。会议主题是围绕会议目标确定并贯穿各项议题的主线，是会议的灵魂。会议议题则是紧扣主题付诸会议讨论或解决的具体问题。成功的主题和议题具有强大的号召力，在吸引社会关注、树立会议形象、实现会议目标、提高会议效率等方面起着不可忽视的作用。

首先，会议议题要有的放矢，紧扣某一领域的热点和难点问题，不能远离现实。

其次，会议议题数量要适度，避免因议题过多导致会议时间冗长、会议效率下降。

最后，会议议题要分清主次轻重，明确中心议题或主要议题，以保证与会者把主要精力集中于最重要的问题上。

（3）与会人员——谁参与会议

与会人员是会议活动的主体，选择合适的目标并确定与会人员是会议成功的基本前提。根据会议的性质和需要达到的效果及客观条件来确定规模，坚持人员必要性原则以及规模适度原则。如互动讨论型的会议，考虑人际互动的复杂程度，此类会议应控制与会人员的数量；非互动讨论型的会议，可根据信息接收的对象范围，将会议规模扩大到所需要的程度。

（4）会议时间——什么时候开会

会议时间策划主要解决两个问题：什么时间召开会议；会议时间的长短。《帕金森管理经典》强调的会议注意事项很多都涉及时间的安排：

① 不要受干扰；

② 会议不要长于一个半小时，这是大多数的注意力能够集中的限度；

③ 一定要明确会议的目的。

选择成熟时机举行会议。会议的目的是解决问题，解决问题的时机成熟与否是决定会议能否成功的因素。所选时间富有意义，能烘托会议的主题，时机成熟的会议应及时召开。同时会议时间的选择还应符合人的生理和心理规律，劳逸结合，利于推动工作。如周一与周五这两天都紧贴每周例行的假日，与会者可能会受假日活动的影响，不容易集中注意力，因此不适合举行会议；另外上午 8:30—10:30，下午 3:00—5:00 是会议最可能取得高效率的时间段，午饭以后的时间是任何人都容易懈怠的时间段。

2. 制定会议筹备进程时间表

会议策划的内容确定后，接下来的工作就是制定一份详细可行的会议筹备进程时间表。它是会议策划者通过对会议整个过程的安排精心研究和计划而制定出来的。严格遵守会议进程表是保证会议圆满结束的重要保障。

下面是一般中型会议应该遵守的会议流程计划表。

① 预订客房与会议室：会前 3 周考察（会前 15～21 天）；会前一周确定（会前 7～10天）客房与会议室。

② 确定会务组：会前 1 周（会前 4～10 天）确定会务组。

确定会务组要注意以下事项。

- 会议必须确定一个总负责人。如有多个，一定要明确分工（且一个为总调度，知晓会议全程安排）。
- 动员一定要充分。会中必须服从统一安排部署，否则若某一环节出问题，导致很多环节被动。
- 会务组人员要提前处理好自己的正常工作，使其日常工作尽量避开会务时间。

③ 召开会务组动员会：会前 4～6 天，需要召开会务组动员会，此时应注意以下事项。

- 个人任务分工要明确。
- 讨论并多听取建议。
- 会务组成员每人都有一份包含会务组其他工作人员名单、联系电话等内容的通信录，可随时取得联系。
- 要制定一份每日事务安排表（以时间为序，包括事务、负责人等），发到每个人手中，每天工作一目了然。

④ 会议参加人员情况的了解：在会前 4～15 天进行。

⑤ 确定就餐的酒店：酒店初选（会前 4～8 天）；酒店确定（会前 2～5 天）。

⑥ 录像摄影师的预定：会前 2～7 天。

⑦ 会前礼品、资料、记录本、矿泉水与物品准备：会前 1～10 天。

⑧ 会前会议日程表和会议须知的准备：会前 1～2 天。

⑨ 会议条幅、参会证、指引牌、人名牌、会议接待处、会议通知等准备：会前 2～5 天。

⑩ 会场设计与摆设。设计：会前 5～7 天；摆设：会前 1 天。会场布置的注意事项：根据会议议题、会议形式来设计会场；注意是否有大宗物品的陈设与展示，要备有劳务人员电话，临时也可用搬家公司应急；注意与会嘉宾和领导的座次。

⑪ 会务组现场设办公室：会前 1～2 天。

⑫ 接站：会前 1 天。接站的注意事项：据接站表统一安排，特殊客人特殊对待；会务人员安排：

- 在火车站、飞机场、汽车站，由司机开车接站；

- 由会务接待组人员接站；
- 宾馆发放房卡，工作人员开房间，发房卡；
- 接待人员接待、签到、发放礼品资料等；
- 宾馆入住引导，由宾馆服务员来做或由接站人员兼任，签到，入房间向导及帮拿行李。

⑬ 早到客人的安排：提前 1 天或更多。

⑭ 摄影录像：会议开始时起。摄影录像的注意事项是：选择会中休息或散会时拍照，这样人员齐整、时间紧凑；提前选好照相地点。

⑮ 票务：会议结束前 1 天。票务方面的注意事项是：要在"会议须知"中体现，让其及早订票；如果订飞机票，可考虑直接找票务中心的人来负责订票，节省人力和时间，减少失误。

⑯ 总结报告：会议结束后 3～7 天。

7.3　会议策划方案

会议策划方案是会议活动各项策划意图的书面形态，是会务工作机构据领导者的意图和指示制订的详细周密的书面方案。它是会议筹备工作的依据，是会议筹备工作有序进行的保障。会议策划方案经领导者审核，会务工作机构具体实施。

会议策划方案主要包括会议概要（会议主题、会议时间、会议地点、人员等）、会议日程及相关事务、会议预算以及其他需要说明的事项。

7.3.1　会议概要

在会议概要部分，要确定会议主题。会议主题应该与会议目标一致，同时具有号召力，能够引起注意力和共鸣，比如区域合作会议可以"展望未来"作为主题，公司年会可以"营销整合提升绩效"为主题。又如 TCL 王牌高频电子有限公司召开的中期销售会议，就以"认清形势、转变观念、提高品质、保障效益"为中心议题。为让主题更加生动形象及深入人心，可以通过图形标志来表达主题。

在会议策划方案中还应写明具体的召开时间、召开地点。如果会场有多个，也应一一注明。同时，最好写明所设立的会议组织机构，如主席团、秘书组、宣传组、会务组和保卫组等。还应确定各组的负责人，分别负责落实各项会议工作。

如果对会议所需设备有特殊要求，还应在策划方案中写明品种、规格和具体要求。

7.3.2　会议日程及相关事务

会议日程是会议方案的主体部分。这里要考虑的是与会者的到达和离开时间、每一时段的活动安排、会议主题内容、活动地点等。除正式会议议程外，包括与会者用餐、参观、娱乐和中间休息等，都需要尽可能详尽准确的考虑和安排。此外，开幕式和闭幕式是需要重点考虑的环节。会议日程经常是一份由时间和事件组成的表格，但是很多会议重要事项，不能在日程表中详细列举。因此，对于会议策划人员来说，一份详尽的包含了会议从策划、实施到评估、反馈每一个环节的相关事务列表是必需的。这实际上是会议组织的一份蓝图，如果能够按图索骥，会议自然能够组织得井井有条，达到预定的目标。

案例 7.2

2015 第十六届上海国际汽车工业展览会

2015 年上海国际汽车展时间：2015 年 4 月 22 日至 29 日。

2015 年上海国际汽车展日程安排：4 月 20、21 日为媒体日，4 月 22 日、23 日为专业观众日，4 月 24—29 日为公众参观日。

2015 年上海国际汽车展地点：虹桥中国博览会会展综合体。

2015 年上海国际汽车展交通指南：轨道交通 2 号线直达。

上海国际汽车展组委会昨天宣布，第十六届上海国际汽车工业展览会（简称"2015 上海国际汽车展"）将于 2015 年 4 月 22 日至 29 日移师虹桥中国博览会会展综合体。"这是上海车展举办十多年来首次搬家，崭新的硬件设施将更好地满足参展企业，提供更卓越的现场服务。"组委会透露，中国博览会会展综合体位于虹桥商务核心区域西部，地理位置优越，轨交 2 号线直达，与虹桥高铁站、虹桥机场紧密相连。综合体由展览场馆、配套商业中心、办公楼和酒店四大部分构成，通过 8 米标高的会展大道联成一体。

去年的上海车展和今年的北京车展，媒体日均被压缩为一天，明年上海车展，媒体日将恢复为两天。组委会透露，在展览会日程安排上，明年 4 月 20、21 日为媒体日，4 月 22 日、23 日为专业观众日，4 月 24—29 日为公众参观日。

案例来源：2015 年第十六届上海国际汽车工业展览会官方网站。

7.3.3 会议预算及其他需要说明的事项

会议预算要从实际出发，预算会议所需的交通费用、餐宿费、场地租用费、会议资料等一些固定支出。通常遵照"节约、高效"的会议原则操作。表 7-2～表 7-4 是参展费用预算示例。

表 7-2 参展费用预算表

费用项目	单位	金额	
		外币	人民币
一、展位费（可选其一） 1. 标准摊位（场地、基本展具、桌椅、照明） 2. 光地摊位（光场地费、清洁费、电费、最少 54 m²，摊位的特装修费根据设计另计）	m²（每个摊位 3 m×3 m）	2 800 欧元 195 欧元/m²	
二、标准摊位公共布展费（半个摊位按一个计算）	每个摊位 3 m×3 m	100 欧元	
三、展品费用 1. 展品集货、海陆运、商检、报关、运至展台 （不足 0.5 m³ 按 0.5 m³ 计算，0.5 m³ 以上按实际体积相乘计算） 2. 关税、保险（另收） 3. 展品回运费、结关费用（不回运免交）	m² m²	4 000 欧元 4 500 欧元	

续表

费用项目	单位	金额	
		外币	人民币
四、国外生活费（按财政部标准自带） 1. 按财政部标准购汇 2. 零用费（在外10天后，每日加5美元），在外天数以批件为准	160欧元/（人·日） 50美元/人	按旅行社 实际报价收取	
五、机票交通费 1. 国际机票费（含机场费） 2. 城市间交通费（最后离团免交） 3. 展览期间交通费 4. 签证费 5. 境外人身保险费（自办免交）	每人 每人 每人 每人 每人		9 500 3 900 1 500 400 280
六、自购机票交付组团单位管理费（由团组统一购票人员免交）	每人		1 500
七、宣传广告费、名录费、通信费	每单位		4 500
八、出国集中费	每人		450
九、报名费	每单位		2 500

表7-3 红色旅游展览会财务支出预算

一、展览场地及相关费用——628 280元					
具体费用包括	1. 展览场地租金费：光大会展中心西馆1、2、3层155个展位8.1—8.3（周六～周一）提前布展一天共计：280 000元/天	场地：	西一（1 500 m²）	西二（1 000 m²）	西三（1 000 m²）
		平日	22 500元/天	17 500元/天	20 000元/天
		公众假日	30 000元/天	25 000元/天	25 000元/天
		备注：① 展馆以2 000 m²为起租面积；从布展之日起至撤展日计算租金，室内展馆照明电、动力电、空调用电另计。 ② 在工作时间内使用，超过工作时段，按小时收取加班费。 ③ 场地租赁免费提供保洁保安。			
	2. 展馆空调＋新风费：216 000元/天 1 500元/（天·小时·层）——1 500×3层×12小时×4天＝216 000元				
	3. 展馆照明动力用电费：预算为15 000元/4天		220 V/30A	100＋电费	
			380 V/40A	200＋电费	
			380 V/50A	300＋电费	
			备注：押金4 000元		
	4. 展位特装费：12元/（m²·展期）2 000 m²的国际标准展位，共计24 000元加上押金共计28 000元	施工单位提前与会展中心业务部联系，办理手续，交纳施工管理费及押金（14元/（m²·展期）），方可进馆施工。			
	5. 标准展位搭建费：每个展位45元，155个展位×9m²×45＝62 775元，共计62 775元/展期				
	6. 展馆地毯及铺设费用：15元/m²共计20 925元/展期	备注：① 按实耗地毯面积计算 ② 各展位为同一地毯，公共区域不铺设地毯			
	7. 展位搭建加班费：按展览总面积计费（不接受零星加班）1元/（m²·h）不足1小时以1小时计算，1×155×9×4＝5 580元	备注：① 由主办方统一联系加班 ② 加班时间上限为4小时			

续表

二、市场调研费——4 400 元			
具体费用包括	1. 问卷调查（网络、纸质、打印）：900 元		① 材料费：400 元（0.2 元/份，2 000 份） ② 人工费：500 元
	2. 数据调查（购买数据、数据录入费）：1 000 元		
	3. 实展调研：2 000 元		
	4. 资料费、复印费、通信联络等办公费用：500 元		
三、宣传推广相关费用——242 600 元			
具体费用包括	1. 广告宣传费用 共计 216 600 元	①电视广告：18 万元	A. 广告创意、拍摄、制作费：5 万元
			B. 电视广告播放代理费：8 万元
			C. 移动电视广告（公交、地铁）：5 万元
		②纸质广告：24 400 元	A. 纸面广告制作：400 元
			B. 报纸广告刊登（以上海地铁免费发送的报纸为主）：彩板 1 万元，黑白 4 000 元
			C. 杂志广告刊登：2 万元
		③网络广告：12 200 元	A. 广告制作费（旗帜、banner、logo）：1 000 元
			B. 网络广告投入宣传费（网站合作、付费搜索引擎或者其他）：1 万元
			C. 制作展会官网：1 200 元
	2. 新闻宣传费用（尽量节省预算） 共计：8 000 元	①电视新闻 6 000 元	电视新闻、滚动字幕播报：5 000 元
			网络新闻投放：1 000 元
		②新闻发布会 2 000 元	新闻发布会会场布置费用：2 000 元
	3. 海报宣传： 共计：6 000 元	①设计制作、印刷、材料费：5 000 元	
		②海报张贴租金：1 000 元	
	4. 宣传资料 共计：7 000 元	①宣传册＋秩序册：6 000 元	设计、印刷、材料（各 1 000 册，3 元/册，内含参展商、赞助商信息，红色咨询等相关报道）：6 000 元
		②DM 宣传单：1 000 元	设计、印刷、材料（2 万份，1 000 元）
	5. 宣传人员办公费：5 000 元		
四、招展与招商费用——190 000 元			
具体费用包括	1. 招展代理费用 共计：171 000 元	劳务费（代理公司人员劳务领取范围）：10 万元	
		差旅费（外出招展人员）：3 万元	
		办公费（包括招展资料复印、印刷、办公文具等）：8 000 元	
		电话营销费：2 000 元	
		资料编印和邮寄费：4 000 元	
		客户联系费（参展商、专家、相关政府人员）：17 000 元	
		宣传推广公关费：1 万元	
	2. 招商费用： 共计：13 000 元	信件邮寄费：1 000 元	
		招商联系费（赞助商、供应方、合作伙伴）：1 万元	
		办公费：2 000 元	
	3. 备用费用：6 000 元	用于不可预见的支出费用：6 000 元	

续表

五、筹备相关费用——174 140 元		
具体费用包括	1. 停车证（50 元/个）共计：5 000 元	沪牌、外地牌、货车等
	2. 仓储、运输等费用（华宇物流）共计：108 800 元	①仓库租赁（上海南站仓库）1.2 元/（$m^2 \cdot d$） 500×1.2×3＝1 800 元
		②仓储服务管理费：2 000 元
		③装卸服务：进出——150 元/吨，5 000 元
		备注：① 不足 1 吨按 1 吨计算，凡每增 500 kg 按 75 元逐增。 ② 10 吨以上，价格可与参展商面议。 ③ 泡货按体积计算：按 80 元/m^3 计算。 ④ 人工搬运：50 kg/件以内按 10 元收费。50 kg/件按 10 元递增。
		④运输费：10 万元 报价表见 http://www.sh-huayu888.com/ywbj.asp.htm
	3. 展具租赁费共计：60 340 元	A. 人字梯：2 米高，3 米高，20 元/（架·天） (10＋5)×20×4＝1 200 元
		B. 平板小推车：1.07×0.63（m）20 元/（辆·时） 10×20×10＝2 000 元
		C. 二层脚手架：3.5 米高，50 元/半天 5 台×50×4＝500 元
		D. 手动堆高车：1 500kg，60 元/（辆·时） 3×60×8＝1 440 元
		E. 液压升降平台：9 米高，100 元/（辆·时） 2×100×4＝800 元
		F. 折叠咨询桌：1×0.5×0.75（m），100 元/（张·展期） 50×100＝5 000 元
		G. 简易桌：1.8×0.45×0.75（m），80 元/（张·展期） 100×80＝8 000 元
		H. 玻璃展示柜：横、竖、方三种规格，200 元/（个·展期） 50×200＝1 000 元
		I. 长臂射灯：100W/220V，10 元/（只·展期） 10×200＝2 000 元
		J. 搁板：1×0.3（m），10 元/（块·展期） 80×10＝800 元
		K. 软隔离：10 元/（根·展期） 10×80＝800 元
		L. 指示牌：10 元/（块·展期） 10×30＝300 元
		M. 插座：三孔＋两空，4 元/（只·展期） 2×155×4＝1 240 元
		N. 折椅：8 元/（张·展期） 8×155×2＝2 480 元
		O. 挂环：U 型、Q 型、圆头，1 元/（个·展期） 500×1＝500 元
		P. 围板：9m^2、12m^2 标准规格，50 元/（块·展期） (80×3＋40×4)×20＝20 000 元
		Q. 楣板：展位标准规格，15 元/（块·展期） 120×15＝1 800 元

续表

五、筹备相关费用——174 140 元		
具体费用包括	3. 展具租赁费共计：60 340 元	R. 桌布：5 元/（块·展期） 150×5＝750 元
		S. 宽带网络接口：200 元/（端·展期） 200×3×3＝1 800 元
		T. 无线路由器：50 元/（个·展期） 50×3×3＝450 元
		U. 其他租赁费用（饮水机、打印机、DVD 电视设备等）：10 000 元
六、配套活动费用——28 600 元		
	1. 开、闭幕式共计：12 000 元	①主席台搭建（场地租金、地毯、背景板、挡板等）：8 000 元
		②花卉、绸带彩球、贵宾胸花、升空小气球等：2 000 元
		③彩旗、礼仪小姐、绶带等：1 000 元
		④音响设备等：1 000 元
	2. 会议、研讨会：红色旅游发展报告、红色旅游发展论坛、红色旅游电子商务论坛、红色旅游地产峰会、红色旅游营销峰会、红色景区有关单位圆桌会议 3. 配对会晤：贵宾买家与参展商	①会议室租赁费：100 个，1 000 元/半天，3 000 元 提供茶水、音响设备、联网设备、空调
		②多功能厅：150 个，2 500 元/半天，5 000 元 提供茶水、音响、话筒、投影、发言席、联网设备、空调
		③贵宾会晤室：20 个，500 元/天，1 000 元 提供茶水、空调、服务员一名
		④休息室：50 个，200 元/天，600 元
		⑤会议横幅制作：100 元/条；会议喷绘背景制作：700 元/块 6×100＝600；700×2＝1 400 共计：11 600 元
	4. 欢乐节活动相关费用共计：17 000 元	①红歌现场演唱比赛卡拉 OK 设备：2 000 元
		②重温红色经典片段放映设备：5 000 元
		③革命装扮现场拍照留念服装租借费：5 000 元
		④红色旅游相关知识有奖竞猜设备＋奖品：5 000 元
	5. 其他特殊布置费用：5 000 元	
七、其他相关费用——300 000 元		
	1. 办公费用	①胸牌、席卡制作费等（设计、编订、印刷）：500 元 ②文具纸张等相关用于办公的费用：500 元
	2. 人员费用	①邀嘉宾出场费：1 000 元 ②嘉宾接待费：1 000 元
	3. 接待费	酒店房间、交通费、餐饮：3 万元
	4. 茶歇点心	包括酒会、会议茶歇点心等：5 000 元
	5. 装饰品	开幕式、会议及展览会场：2 000 元
	6. 服装	展览会纪念 LOGO 衫：1 000 元
	7. 纪念品	礼品环保袋＋小礼品：5 000 元
	8. 门票制作	设计、印刷：2 000 元
	9. 一次性物资费	一次性水杯等一次性用品：2 000 元
	10. 保险费用	展品保险、观展客意外伤害保险、会展设备安装与拆卸工程保险、会展融资信用保险：5 万元
	11. 相关税收	20 万元
八、其他不可预见费用（赔偿费等）——5 万元		
总支出：1 118 020 元		

表 7-4 红色旅游展览会财务收入预算

一、政府拨款：50 万元				
二、展位费收入：共计90万元	一层	9 m²/8 300 元	830 元/m²	1.9 m² 标准展位三围板、地毯、一张咨询台、三把椅子、二只射灯、一个 220 V 电源插座、参展单位楣板
		12 m²/11 000 元		
		18 m²/15 000 元		2.12 m² 标准展位三围板、地毯、一张咨询台、四把椅子、二只射灯、一个 220 V 电源插座、参展单位楣板
	二层 三层	9 m²/7 800 元	光地	
		12 m²/10 500 元	780 元/m²	3.18 m² 标准展位三围板、地毯、一张咨询台、一张圆桌或方桌、六把椅子、四只射灯、一个 220 V 电源插座、参展单位楣板
		18 m²/14 000 元		
	注：两面开口展位费加收 500 元，三面开口展位加收 800 元。 一层：35 万元 二层+三层：50 万元 退展费（退合同价60%）：5 万元 前提：假设展位全部卖出			
三、会议及相关活动收入：共计：23 万元	1. 参会费收入：5 万元 2. 向服务商收取的差价：5 万元 3. 相关活动收入（观众活动参与费）：3 万元 4. 交易提成费（由主办方促成的项目）：10 万元			
四、赞助收入共计：60 万元	1. 广告收入（挡板、幕墙广告、展馆内广告、宣传手册广告等）：45 万元 2. 会议冠名赞助：10 万元 3. 酒水赞助：5 万元			
五、保险赔偿费：5 万元				
六、其他相关收入：5 万元				
总收入：183 万元				

收入	1 830 000 元
支出	1 118 020 元
利润	711 980 元

7.4 会议迎送方案策划

7.4.1 迎送和引导

1. 准备工作

准备工作即了解与会人员的情况，包括：

① 姓名、性别、年龄、身份、职务、民族、宗教信仰、生活习俗、健康状况、所代表的组织机构等基本情况；

② 参会目的；

③ 与会人员抵离时间和所选择的交通工具。

上述情况可通过汇总会议回执和报名表，或查阅以往会议的档案资料获得。

2. 确定迎送规格

对于邀请的嘉宾和重要发言人，应遵循身份相当原则安排工作人员和车辆迎送。通常迎送人与主宾身份相当，按照高规格接待来宾，体现高度重视、对外开放、扩大宣传的服务理念。迎接重要的来宾，可以献花。通常由女童或女青年在参加迎送的主要领导与主宾握手之后将花献上。忌用菊花、杜鹃花、石竹花等黄色花朵。

3. 不同的客人按不同的方式迎接

对大批客人的迎接，可事先准备特定的标志，让客人从远处即可看清；对首次前来，又不认识的客人，应主动打听，并自我介绍；而对比较熟悉的客人，则不必介绍，仅上前握手，互致问候即可。

4. 掌握到达和离开的时间，如有变化，应及时通知有关人员

迎接人员通常应提前 15 分钟到达迎接地点，绝对不能迟到。迎送的目的是让每一位与会人员都有被尊重的感觉。

7.4.2　会议登记

会议召开前，会议登记是最重要的工作。为了做好会议登记，会议组织者必须准备好以下材料。

1. 会议登记表

填写会议登记表是收集与会者信息的最佳途径之一。会议登记表的内容与会议组织者需要了解多少与会者的信息有关。使用何种登记形式要视会议规模、会议种类而定。

2. 会议入场证

会议入场证可采用印刷、计算机打印、手写等形式。会议入场证上通常印有会议的标志、会议名称及与会者姓名、单位、编号等，有时还附有本人照片。

3. 票证

会议期间会用到宴会餐券等各种票证，宴会餐券或其他特殊活动的票证要求按时间、用途写清楚。发放票证是控制人数的一种好方法，尤其是在特殊活动中以票证为凭证可掌握出席会议的准确人数。

4. 会议资料袋

会议资料袋中装有与会者在会议期间所需要的各种信息，同时也包括便于客人了解会议的资料和闲暇时间娱乐需要的资料。

5. 与会者通信录

与会者通信录便于与会者查找同事、老友，结识同行业的新朋友，也便于以后联系及交往。

7.4.3 住宿安排

对会议的住宿安排，要仔细分析与会者的基本情况（职务、年龄、生活习惯等），事先制订方案，做到合理分配。安排住宿时应处理好以下几个方面。

1. 集中住宿

为了便于会议期间的信息沟通和会务联系，最理想的住宿安排是与会者都能（或相对集中）住在举行会议的同一家宾馆。住宿地与会场距离要近，最好住宿地与会场同在一个宾馆或酒店，或住宿地离会场较近，这样既方便，又节省时间和交通费用。

2. 住宿安排合情合理，适当有别

安排房间时，要考虑房间的布局是否集中、与会者的身份高低不同是否有必要做到有所区别。一般来讲，与会者中老、弱、病、残人士，应安排他们住底层或离服务台近的房间。会议主要嘉宾的陪同或随行人员的房间，应安排在会议主要嘉宾的房间附近，最好是在隔壁或对面，以方便照顾。会议接待人员的休息室应安排在离楼层入口或电梯间较近的地方，并有醒目的标志，方便与会人员联络和寻找。也可将吸烟人员与不吸烟人员分开安排。

3. 住宿规格适中，勤俭节约

要根据会议活动的实际需要来确定与会人员住宿的规格与标准。

4. 与会者住房表

一种是把所有与会者的名单按一定顺序排列的住房表，在名字后面写上房间号码。另一种是按房间号码顺序排列的住房表，在每个房间后面写上与会者的姓名。这种住房表便于向与会者传递信息等。

5. 住宿押金和账户

如果会议注册费中不包含住宿费，那么必须要求与会者事先缴付一定的押金，以免会后收不到会议住宿费而造成损失。会议组织者应当在宾馆开设两种账户：一种是总账户，另一种是个人账户。所有会议的集体开销和包含在会议注册费里的与会者的开销均记入总账户，与会者的其他个人开销记入其个人账户。总账户由专人控制，只有指定的会务人员签字的账单才可以记入总账户。

7.4.4 餐饮安排

通常，会议筹备组会指定专门负责人根据餐饮活动预算与餐饮服务方谈判，确定每个餐饮活动的细节。会议的餐饮服务方也应安排一个主管以上的管理人员作为餐饮负责人，全面负责会议的餐饮服务。为了提高工作效率，要求餐饮负责人必须要有权威性，能够代表服务方进行谈判，对于餐饮活动的各个细节能够尽快做出决定。会议组织者可以根据自身要求，设计出本会议的餐饮预订单，细节内容必须考虑到：日程和时间、用餐场地、餐饮形式、标准和规格、价格、菜单（含酒水）、饮食禁忌、预订人数、音响设备、付款方式和签单负责人。明确以上餐饮活动细节，目的是使会议组织者和餐饮服务方都能明确每项餐饮活动的安排。

会议组织方餐饮负责人必须在现场明确以下会议餐饮环节。

① 提供就餐人数以备餐饮服务方做好用餐准备。

② 明确就餐标准和规格，确定菜谱。

③ 定好就餐形式。

④ 发放就餐凭证。

⑤ 就餐时间安排。

⑥ 重视迎、送宴会安排。

7.4.5 安排返离，清理会场

会议结束后，会议接待人员还要做好与会人员的返程工作，具体要做好以下工作。

1. 预订返程票

在会议报到登记时应要求预订返程票的与会人员填写返程方式、时间、航班或车次等内容，及时与有关部门联系订票事宜。在会议即将结束时，把预订的返程票交到与会人员手中，并确认无误，做好钱票交割手续，并根据与会人员的返程时间做好返程送行的安排。

2. 会议费用的结算

会议接待人员在安排与会人员返程的同时还要准确、及时地结算与会人员的会议费用，开具正式发票等。

3. 合影留念

一般情况下，会议结束后可安排全体与会代表合影留念。在有领导人参加的会议中，与会代表与出席会议的领导人合影留念通常是必不可少的。

4. 告别欢送

与到会迎接一样，与会人员离会时也要热情欢送。具体要求是：安排好车辆将与会人员送至机场或车站；与会领导、特邀嘉宾等身份较高者应当由会议主要领导亲自到机场或车站送行；会议主要领导尽可能安排时间向大家告别。

5. 清理会场

会议结束后，要清理会场，把会场恢复到和使用前一样的状态。在检查会场和房间时，若发现与会人员遗忘的物品和文件要及时通知、归还。

案例 7.3

酒店的会议策划程序

（一）出席人数

会议预计出席总人数。

（二）日期

团队到会日期；团队离会日期；确定订客数目截止日期。

（三）住宿

（四）会议接待室的设施与服务

会议接待室价格：酒吧、小吃部的开放时间。

（五）宾客

邀请贵宾并收到回函；

随邀请函赠送入场券；

安排发言者及贵宾的往返交通；

提醒每位发言人做好发言准备；

安排迎接贵宾入场。

（六）设备设施

贵宾席上的专用便笺；

酒店提供的设备名单和使用价格；

登记处、会议接待室、接待处的标志；

照明设备；

黑板、白板、法兰绒板；

图表架及板架；

扩音设备：麦克风数量；

录音设备及操作人员；

幻灯设备、灯光控制及操作人员；

特殊花卉与植物；

打印服务；

停车及修车设施；

通信设备；

摄影师、速记员等；

实况转播及操作费用。

（七）会议服务

1. 会议前检查

提供会议平面示意图；

每次会议的准确日期和时间；

会议室及租金数额；

会务筹委会总部；

每次会议的座位总数、座次安排及演讲桌；

错开会议的时间安排，以保证交通，包括电梯服务的通畅；

演讲台的大小；

每次会议所需的设备设施；

其他特殊要求。

2. 会议前核对

会议室已开放并配备了工作人员；

座位已按要求摆放；

会场座位充足；

制冷、加热设备正常运转；

扩音设备正常运转；

录音设备正常运转；

麦克风数量、类型齐备；

演讲台就绪，照明设备良好；

讲台上用水、水瓶、水杯；

参会者用水、水瓶、水杯；

入口处警卫执勤；

烟灰缸、衣架、火柴；

投影仪、屏幕、支架就绪，放映员待命；

演讲提示机正常运转；

铅笔、笔记本、纸张；

图表支架、板架、黑板及相关设施；

标志、横幅；

特殊花卉及植物齐备；

指向标志齐备；

速记员、摄影师到会。

3. 会议结束后

移走主办单位设施；

检查是否有被遗忘的财物并妥善处理。

（八）展览信息

展览的平面示意图；

展览开放时间；

开展日期；

闭展日期；

展览地点；

参展商名称；

日租金；

指向标志；

劳务收费；

电工及木工服务；

电力、能源、蒸汽；

供水、排污一条龙服务；

托运货箱的存放；

保安措施。

（九）登记报到

报到时间；

登记表的内容和份数；

登记桌的数量和大小；

座椅、烟灰缸等；

工作人员——饭店或会务机构人员；

便笺、钢笔、铅笔及其他文具；

文件柜、收银柜、保险柜等设备。

（十）音乐准备

招待会：播放录音或现场演奏；

宴会：播放录音或现场演奏；

特别活动：播放录音或现场演奏；

表演者和乐团的预演。

（十一）新闻宣传

新闻中心、打字机、通信设备；

建立宣传委员会；

准备有新闻价值的出版物；

为主办机构安排摄影，并为公共宣传做准备；

预先印制发言稿。

案例来源：中国展会网

本 章 小 结

　　本章主要讲述了会议的含义、要素、类型，会议的作用、会议活动策划的意义、流程以及会议策划方案的内容与会议迎送方案。会议策划工作，首先要确定会议的主题，明确会议具体目标，并确定会议的形式。此外，会议的地点的选择和会务处理也十分重要。会议策划一定要注意细节，细节决定成败。

课 后 习 题

1. 会议要素有哪些?
2. 会议策划在会展中有什么意义?
3. 会议策划一般流程以及会议迎送方案要注意哪些?
4. 会议策划方案的主要内容有哪些?
5. 会议的作用有哪些?

第8章

节事活动策划与管理

8.1 节事活动的定义

美国乔治·华盛顿大学节事活动管理专业创始人及首任主任乔·拉特博士在他的专著《现代节事活动管理的最佳实践》（*The Best Practice of Modern Event Management*）一书中，将节事活动定义为："为满足特殊需求，用仪式和典礼进行欢庆的特殊时刻。"

国内文献中，对"节事"的定义不甚明确，其内涵也界定不清。由于"节事活动"的内涵丰富，我国一些学者对此进行了研究，较有代表性的有以下几种说法。

"节事"一词来自英文 Event，有时间、活动、节庆等多方面的含义。节事活动是指城市举办的一系列活动或事件，包括：节日、庆典、地方特色产品展览会、交易会、博览会、会议，以及各种文化、体育等具有特色的活动或非日常发生的特殊的事情。（吴必虎）

节事活动专指以各种节日和盛事的庆祝和举办为核心吸引力的一种特殊旅游形式。（邹统轩）

我国学术界对节事活动的概念还有不同认识，总结下来，我们可以将节事活动称为"能对人们产生吸引，并有可能被规划、开发成消费对象的各类庆典和活动的总和"。

8.2 节事活动的分类

1. 按照活动的规模和重要性分类

① 特大型：如奥运会、世博会、世界杯等。

② 标志型：如西班牙斗牛节、博鳌亚洲论坛、摩纳哥游艇节等。

③ 重要型：如汤姆斯杯羽毛球比赛、F1赛车等。

④ 中小型：如日常的各类酒会、开幕庆典等。

2. 按照活动的内容分类

① 自然景观型。

② 历史文化型。

③ 民俗风情型。

④ 物产餐饮型。

⑤ 博览会展型。

⑥ 运动休闲型。

⑦ 娱乐游憩型。

⑧ 综合型。

表8-1列示了我国城市节事活动的基本类型及特征。

表8-1 中国城市节事活动的基本类型及特征

节事活动类型	主要特征	典型节事活动
自然景观型	以当地自然地理景观（独特气象、地质地貌、植被，特殊地理风貌、典型地理标志地、地理位置）为依托，综合展示城市旅游资源、风土人情、社会风貌等的节事活动	中国哈尔滨国际冰雪节 张家界国际森林节 中国吉林雾凇冰雪节
历史文化型	依托当地文脉和历史传承的景观、独特的地域文化、宗教活动等而开展的节事活动	杭州运河文化节 天水伏羲文化节 曲阜国际孔子文化节
民俗风情型	以各民族独特的民俗风情和生活方式为主题（民族艺术、风情习俗、康体运动等）的节事活动	南宁国际民歌艺术节 中国潍坊国际风筝节 傣族泼水节
物产餐饮型	以地方特产和特色商品及本地餐饮文化为主题，辅以其他相关的参观、表演等而开展的节事活动	大连国际服装节 菏泽国际牡丹节 中国青岛国际啤酒节
博览会展型	依托城市优越的经济地理条件，以博（展）览会、交易会为形式，辅以其他相关的参观、研讨和表演等而开展的节事活动	昆明世界园艺博览会 杭州西湖博览会 中国国内旅游交易会
运动休闲型	以各种大型的体育赛事、经济活动为形式，辅以其他相关的参观、表演等而开展的节事活动	奥运会、亚运会、全运会 中国银川国际摩托旅游节
娱乐游憩型	以现代娱乐文化和休闲游憩活动为形式，辅以其他相关的参观、表演等而开展的节事活动	上海环球嘉年华 上海欢乐节 广东欢乐节
综合型	多种主题组合，一般节期较长，内容综合、规模较大、投入较多、效益较好的节事活动	上海旅游节 北京国际旅游文化节 中国昆明国际旅游节

8.3　节事活动策划流程

节事活动策划是一项立足现实，面向将来的比较复杂的创造性活动，是为了达到一定目的，经过调查、分析与研究，根据现实的各种情况和信息，判断事物变化和趋势，识别并创造需求，借助科学方法、技术、手段，对节事活动的整体战略进行规划，从而形成正确的决策和高效的工作过程。在节事活动流程策划过程中也可以引入项目管理的部分内容，尤其是在进度管理中可以用"甘特图"进行时间进度的控制和管理。

1. 策划需求调研

收集有关活动的各种资料，包括文字、图片及视频等活动资料。对收集的资料分类编排，结集归档，进行调查和可行性研究。国家关于节事活动方面的政策和法规、公众关注的热点、历史上同类个案的资讯、场馆状况和时间的选择，都是需要调研的内容。调研是策划的基础，它为策划提供客观可靠的依据。

2. 确立策划目标

目标就是策划所希望达到的预期效果，是策划的起点。节事活动策划要确立明确的目标，如果没有目标或者目标不明确，方案则无法开始或者可能导致失误。从节事活动策划工作的特性出发，在明确目标的过程中，应建立在以下基础上。

① 选择目标市场。通过市场分析，选择目标市场。

② 确定活动定位。通过对组织者与参加者进行分析来确定活动的定位。

3. 收集策划信息

信息是策划的基础。成功的策划是创造性思维的过程及结果，策划者在头脑中把多种有效信息组合成创意、灵感。每一项成功的策划都包含有策划者对特定信息的思维组合。

4. 激发策划创意

创意是策划的核心。当产生了一个绝无仅有而又切实可行的创意时，灵感将会不断迸发出来，简单的策划或者说策划的雏形也就形成了。

5. 拟订初步方案

① 选定主题。主题是对活动内容的高度概括，是整个策划的灵魂。要为广大公众接受，就必须选好主题，应避免重复化、大众化。

② 选定日期。除了固定的纪念日，日期的选择一般较为灵活，但策划时首先要将日期确定下来，以便做具体的时间安排，并将其纳入计划中。

③ 选择地点。选择地点时必须考虑公众分布情况、活动性质、活动经费及活动的可行性等诸多因素。

④ 估算规模。估计参与节事活动的人数。

⑤ 费用预算。计算好节事活动成本和各项费用支出，使有限的资金发挥最大的作用。

6. 筛选策划方案

重大节日与节庆活动策划时要明确庆典活动的目的和意义，要精心设计活动的形式和内容，要有独特的创意。根据上述策划初步方案，筛选最合理的方案，避免落入俗套。

7. 策划方案调整与修正

在选定策划方案后，还要根据节事活动策划的动态性原则对策划方案进行调整和修正，以满足节事活动举办的需求。

8. 实施方案

根据策划方案进行具体实施，尤其体现在活动的现场管理之中。

9. 后续工作和评估总结

节事活动策划不仅是一项十分复杂的系统工程，而且具有很强的创造性。在策划过程中要求不断推陈出新，通过新颖别致的方法、周密的计划、精心的安排，达到出奇制胜的效果。

8.4　节事活动的形象策划

形象策划是指公共关系人员在形象调查的基础上，运用自己的知识、经验，充分发挥想象力和创造力，制订出最佳的公关方案，以塑造良好组织形象的过程。形象策划要遵循目标性原则、公众利益原则、实事求是原则、创新求异原则及切实可行原则。

节事活动形象是节事活动品牌的载体，它表现为节事活动的吸引力，是一个地区、城市或者企业的社会交往形象的根本。按照表现形式分类，节事活动形象可分为内在形象和外在形象。内在形象主要包括节事活动产品（服务）形象及文化形象；外在形象主要包括节事活动标识系统形象（吉祥物、会标等）和其在市场、利益相关者中表现的信誉。

20世纪50年代，美国IBM总裁小汤姆斯·华生采取"公司名称＝商标名称"的方法，首次推出真正意义上的企业识别系统。这一措施使IBM获得了极大的成功。设计师把公司的全称"INTERNATIONAL BUSINESS MACHINES"浓缩成"IBM"三个字母，选用蓝色为标准色，以此象征高科技的精密和实力，设计出富有美感的造型，通过CI设计塑造IBM企业形象，并使之成为美国公众信任的"蓝色巨人"。其后美国可口可乐公司以全新的企业形象，向世人展示了一个成功的饮料品牌。从20世纪60年代开始，美国3M公司、意大利菲亚特汽车公司、英国航空公司也纷纷导入CI系统。20世纪70年代，CI战略在日本得到全面发展。

节事活动标识是有强烈代表性的一种外在体现，是有别于其他活动的一种直观印象，其中包括会标、吉祥物、会歌、主题词等。透过节事活动标识，消费者能够很快联想到节事活动本身。所以，标识策划在节事活动策划中有着其不可替代的作用。

8.4.1　名称策划

名称策划应当遵循便于记忆、遵循法律、易于营销的原则。名称应当简单、顺口，避免俗套，应考虑名称转化为商品时品牌注册问题及当地的风俗等问题。

案例 8.1

联想更名

20 世纪 50 年代末期日本"东京通信工业公司"创始人盛田昭夫认为，公司名称外国人不容易念，决定改名为 Sony，同时希望改变日本产品在国际品质低劣的形象。

40 多年后在中国一家公司正做着类似的事情，联想在 2001 年计划走向国际化发展时发现"Legend"成为海外扩张的绊脚石。联想集团助理总裁李岚表示，"Legend"这个名字在欧洲几乎所有国家都被注册了，注册范围涵盖计算机、食品、汽车等各个领域。

2003 年 4 月 28 日上午，联想召开新闻发布会，宣布：联想品牌新标识正式启动。从这一天起，联想换掉了沿用 19 年、价值 200 亿元的标志——Legend，而采用新的标志——lenovo 与公众沟通。联想原英文标识——Legend（传奇之意）将被新的英文标识——Lenovo（创新之意）所取代。

联想总裁杨元庆在解读这个全新的字母组合时表示，"novo"是一个拉丁词根，代表"新意"，"le"取自原先的"Legend"，承继"传奇"之意，整个单词寓意为"创新的联想"。而且"lenovo"在多种语言中有较高的辨识度，能够被读为其本来的发音。

案例来源：http：//www.chinaname.cn

案例 8.2

我要上春晚

《我要上春晚》将在 2015 年 10 月进行改版，名称将更改为《有朋远方来》，而新节目将以类似综艺大观的形式与观众见面。

本着为春晚选拔优秀民间节目、让更多的草根选手走进春晚舞台的目的，2010 年 9 月央视综艺频道开办了《我要上春晚》，截至目前已有 24 个个人或团体因参与该节目而直通春晚彩排。不过昨天记者从央视获悉，《我要上春晚》将在 10 月进行改版。在微博中搜"我要上春晚"时，微博已经显示为《有朋远方来》栏目微博。一个值得注意的细节是，标签信息中仍保留有"春晚"的字样。该微博介绍：2015 年 10 月 9 日，CCTV3 全新节目《有朋远方来》将与大家见面。但央视网中《我要上春晚》的往届内容报道仍可正常访问。

案例来源：北京晨报

8.4.2　会标策划

会标是由一些艺术化的图案、符号和文字等构成，设计上要体现活动的主旨、举办地、举办时间、举办国（地区、单位）等。作为节事活动的重要标志，会标有助于形象的识别和传播，让公众更容易通过会标联想到该节事活动。会标的策划需要满足以下要求。

（1）文化需求

会标需结合节事活动的文化特点、结合当地人文需求等特点而展开。

（2）设计需求

会标需要具有强烈的视觉冲击力，通常由文字、色彩和图案构成，要能够在第一时间吸引观众的关注，要有强烈的设计感，且要结合节事活动的主题，结合丰富想象力和创造力。

（3）传播需求

节事活动的主题是节事，会标的设计也可以作为节事活动传播的一个有利途径，有设计感、蕴含文化背景的会标更容易引起公众的共鸣，产生深刻的印象并影响到节事活动的参与中。

案例8.3

2014巴西世界杯会徽

2014年巴西世界杯会徽主色由黄绿两色组成，代表着巴西热情欢迎世界各国，三只象征胜利的手，也意味着人类之间的互相交流。2014年巴西世界杯会徽的标志基本上是模仿大力神杯的造型，金杯顶端的金球由三只手环绕而成。标志由3种颜色组成，代表巴西国旗及巴西国家队的黄绿两色必不可少。

案例来源：http://www.baike.so.com

8.4.3 口号及主题

节事活动应该有自己的主题，言简意赅的活动口号或者活动主题显得十分有必要。简单来说节事活动的口号必须简明扼要、突出活动主题。

从表8-2和表8-3可以看出，世博会和奥运会这两个世界范围内最大的节事活动的主题是围绕人类发展过程中，举办活动时所面临的问题和全世界比较关注的话题而开展的；抑或是举办国对人类社会发展现阶段的期望和态度，用主题或口号的形式表达出来。

表8-2　部分世博会主题或口号

时间	地点	主题或口号
1933	美国芝加哥	进步的世纪
1939—1940	美国纽约、旧金山	人类相互依存
1958	比利时布鲁塞尔	科学、文明和人性
1970	日本大阪	人类的进步与和谐
1984	美国新奥尔良	世界河流——水——生命的源泉
1986	加拿大温哥华	交通与通信——人类的发展和未来
1998	葡萄牙里斯本	海洋——未来的财富
2000	德国汉诺威	人类、自然、科技——蓬勃发展的全新世界
2010	中国上海	城市让生活更美好
2015	意大利米兰	给养地球：生命的能源

表8-3 部分奥运会口号或主题

日期	地点	口号或主题
1984	美国洛杉矶	参与历史（play part in history）
1988	韩国汉城（首尔）	和谐、进步（harmony and progress）
1992	西班牙巴塞罗那	永远的朋友（friends for life）
1996	美国亚特兰大	世纪庆典（the celebration of the century）
2000	澳大利亚悉尼	分享奥林匹克精神（share the spirit）
2004	希腊雅典	欢迎回家（welcome home）
2008	中国北京	同一个世界，同一个梦想（one world one dream）
2012	英国伦敦	激励一代人（inspire a generation）
2016	巴西里约热内卢	点燃你的热情（live your passion）

8.4.4 其他策划

1. 吉祥物策划

吉祥物是人们在事物固有的属性和特征上，着意加工而成，用以表达人们的情感和愿望。由原物发展成为富有吉庆意味的吉祥物，采用的加工手法包括转化事物的属性、谐音取意、神话故事的口耳相传和艺术工匠的手艺技法。从这些吉祥物中，可以窥知民族的生活方式和人们共同珍视的事情。吉祥物曾以民族或氏族图腾的形式出现。节事活动吉祥物直观地表现了当地的文化传统和观念意识。与形象策划其他内容不同，节事活动吉祥物很大程度上可以带来经济效益。

案例8.4

极具有中国特色的2008年北京奥运会吉祥物

2005年11月12日，奥运吉祥物福娃发布。当天，在王府井大街特许商品旗舰店门前，人们排起了长队。店员不得不给排队顾客发放写有数字的字条，让大家凭号排队进入店内选购。但即使每人限购一套，代表奥林匹克圣火形象的"福娃欢欢"在发布后几小时就售罄。也就是那次抢购风潮，让人们第一次见识了北京奥运会特许商品的"风头"。一些经济学家做过评估和预测，北京奥运会吉祥物的经济价值达到25亿元人民币。

自2004年8月5日北京2008奥运特许商品计划正式启动，据北京奥运会官方网站公布的资料，全国31个省区市及香港和澳门特区共开设奥运会特许商品零售店超过6 300家，其中北京就有761家。奥运会吉祥物收入一般占奥运会总收入的10%左右。曾参与亚特兰大奥运会市场开发的市场营销专家、北京奥运会经济高级顾问黄卫做出大胆预测，由于北京吉祥物数量多，其收入将占奥运会总收入的15%，甚至更高。据悉，"福娃"商品的直接销售额可能达到40亿元人民币以上。

据了解，在众多的奥运商机环节上，吉祥物是奥运市场开发的一大核心元素，从以往奥运会来看，吉祥物体现了惊人的商机。2000年悉尼奥运会设计的3个吉祥物澳莉、赛德、米利，销售额高达 2.13 亿美元；2004 年雅典奥运会的吉祥物雅典娜和费沃斯也创利 2.13 亿美元。

福娃是 2008 年在北京举行的第 29 届奥运会的吉祥物，于 2005 年 11 月 11 日，距离北京奥运会开幕恰好 1000 天时正式发布问世。福娃向世界各地的孩子们传递友谊、和平、积极进取的精神和人与自然和谐相处的美好愿望。他们的造型融入了鱼、大熊猫、奥林匹克圣火、藏羚羊及燕子的形象。

福娃贝贝、福娃晶晶、福娃欢欢、福娃迎迎和福娃妮妮都有一个朗朗上口的名字："贝贝""晶晶""欢欢""迎迎""妮妮"，当把五个娃娃的名字连在一起，就会读出北京对世界的盛情邀请——"北京欢迎你"。

贝贝传递的祝福是繁荣。在中国传统文化艺术中，"鱼"和"水"的图案是繁荣与收获的象征，人们用"鲤鱼跳龙门"寓意事业有成和梦想的实现。贝贝的头部纹饰使用了中国新石器时代的鱼纹图案，代表温柔纯洁，是水上运动的高手，和奥林匹克五环中的蓝环相互辉映。

晶晶是一只憨态可掬的大熊猫，无论走到哪里都会带给人们欢乐。作为中国国宝，大熊猫深得世界人民的喜爱。它来自广袤的森林，象征着人与自然的和谐共存。他的头部纹饰源自宋瓷上的莲花瓣造型。晶晶憨厚乐观，充满力量，代表奥林匹克五环中黑色的一环。

欢欢是福娃中的大哥哥，象征奥林匹克圣火。欢欢是运动激情的化身，他将激情散播世界，传递更快、更高、更强的奥林匹克精神。欢欢的头部纹饰源自敦煌壁画中火焰的纹样。他性格外向奔放，熟稔各项球类运动，代表奥林匹克五环中红色的一环。

迎迎是一只机敏灵活、驰骋如飞的藏羚羊，他来自中国辽阔的西部大地，将健康的美好祝福传向世界。迎迎是青藏高原特有的保护动物藏羚羊，是绿色奥运的展现。迎迎的头部纹饰融入了青藏高原和新疆等西部地区的装饰风格。他身手敏捷，是田径好手，代表奥林匹克五环中黄色的一环。

妮妮来自天空，是一只展翅飞翔的燕子，其造型创意来自北京传统的沙燕风筝。"燕"还代表燕京（古代北京的称谓）。妮妮把春天和喜悦带给人们，飞过之处播洒"祝您好运"的美好祝福。天真无邪、欢快矫捷的妮妮将在体操比赛中闪亮登场，她代表奥林匹克五环中绿色的一环。

案例来源：中国奥委会官方网站

2. 会歌策划

在人类还没有产生语言时，就已经知道利用声音的高低、强弱等来表达自己的想法和感情。随着人类劳动的发展，逐渐产生了统一劳动节奏的号子和相互间传递信息的呼喊，这便是最原始的音乐雏形。当人们庆贺收获和分享劳动成果时，往往敲打石器、木器以表达喜悦、欢乐之情，这便是原始乐器的雏形。

《礼记·乐记》："凡音之起，由人心生也。人心之动，物使之然也，感于物而动，故形于声。声相应，故生变，变成方，谓之音"。《三国志·吴志·周瑜传》："瑜少精意于音乐，虽三爵之后，其有阙误，瑜必知之，知之必顾"。爱因斯坦说："在科学思维中，永远存在音乐的因素，真正的科学和真正的音乐要求同样的思维过程。"又说："我在科学上的成就，很多是由音乐启发的"。

1999 年，钱学森的夫人蒋英教授执教 40 周年，中央音乐学院专门举办了《艺术与科学》研讨会以示祝贺。钱老在书面发言中说："蒋英在声乐表演及教学领域耕耘，而我则在火箭卫星的研制发射方面工作——她在艺术，我在科技。但我在这里特别要向同志们说明：蒋英对我的工作有很大的帮助和启示，这实际上是文艺对科学思维的启示和开拓！在我对一件工作遇到困难而百思不得其解的时候，往往是蒋英的歌声使我豁然开朗，得到启示。这就是艺术对科技的促进作用。至于反过来，科技对艺术的促进作用，那是明显的，如电影、电视等。总之，在纪念蒋英教授执教 40 周年之际，我钱学森要强调的一点，就是文艺与科技的相互作用。"

可见，音乐在人类社会生活中有着极其重要的作用，音乐可以用来抒发感情，表达个人所思所想。节事活动会歌相较于活动名称、口号来讲更具有感染力，表达的内容更为细腻深刻。会歌的形式、节奏和内容必须与活动内容紧密相关，旋律优美、便于上口、易于传播是会歌的几个具体要求。一首好的会歌往往会对节事活动的举办起到推波助澜的作用。

案例 8.5

we are one 是由国际足联在 2014 年 1 月 23 日宣布的 2014 年世界杯足球赛主题曲，由美国拉丁天后詹妮弗·洛佩兹、当红歌星皮普保罗和巴西歌星克劳迪娅·莱蒂共同演唱。轻快如吹口哨般的旋律中，皮叔伴着简单而富有韵律的舞蹈起拍，洛佩兹的歌声中不时夹杂几句葡萄牙语，再加上莱蒂热情的桑巴舞曲演唱风格，让人瞬间感受到足球王国的动感和激情。

we are one

Put your flags up in the sky

（put them in the sky）

And wave them side to side

（side to side）

Show the world where you're from

（Show them where you're from）

Show the world we are one

(one, love, life)

When the goin gets tough

(goin gets tough)

The tough get goin

(tough get goin)

One love, one life, one world

One fight, whole world, one night, one place

Brazil, everybody put your flags

In the sky and do what you feel

It's your world, my world, our world today

And we invite the whole world

Whole world to play

It's your world, my world, our world today

And we invite the whole world

Whole world to play

Es mi mundo, tu mundo, el mundo de nosotros

Invitamos a todo el mundo a jugar con nosotros

Put your flags up in the sky

(Put them in the sky)

And wave them side to side

(side to side)

Show the world where you're from

(Show them where you're from)

Show the world we are one

(one, love, life)

One night watch the world unite

Two sides, one fight and a million eyes

Full heart's gonna work so hard

Shoot，fall，the stars

Fists raised up towards the sky

Tonight watch the world unite，world unite，world unite

For the fight，fight，fight，one night

Watch the world unite

Two sides，one fight and a million eyes

Hey，hey，hey，forza forza come and sing with me

Hey，hey，hey，ole ola come shout it out with me

Hey，hey，hey，come on now

Put your flags up in the sky

(Put them in the sky)

And wave them side to side（side to side）

Show the world where you're from

(Show them where you're from)

Show the world we are one（one，love，life）

Ole ole ole ola

Ole ole ole ola

Ole ole ole ola

Ole ole ole ola

é meu，é seu

Hoje é tudo nosso

Quando chega o mundo inteiro pra jogar é pra mostrar que eu posso

Torcer，chorar，sorrir，gritar

Nao importar o resultado，vamos extravasar

Put your flags up in the sky

(Put them in the sky)

And wave them side to side

(side to side)

Show the world where you're from

(Show them where you're from)

Show the world we are one

(one, love, life)

案例来源：http：//www. fifa. com

本 章 小 结

　　节事活动作为会展活动中的一个重要组成部分，在现今会展业中有着极其重要的位置。本章将节事活动的定义加以总结归纳，将节事活动按照活动规模、重要性及活动内容进行了分类，就如何策划节事活动及如何进行节事活动的形象策划进行了深入剖析，并引入大量案例进行了佐证。

课 后 习 题

1. 节事活动按照规模和重要性可分为哪几类？
2. 节事活动形象策划包括哪几个部分？
3. 结合案例 8.1 和案例 8.2，谈谈名称策划的几个原则。

第 9 章

会展危机管理

9.1 会展危机概述

9.1.1 危机及危机管理

1. 危机

危机一词早在一千多年前就出现在我国古代典籍中。三国魏吕安的《与嵇茂齐书》："常恐风波潜骇，危机密发。"《宋书·范泰传》也有"危机"一词的记载："如此，则苞桑可系，危几无兆。"唐刘言史《观绳伎》诗："危机险势无不有，倒挂纤腰学垂柳。"

国外的学者也对危机有着深入的认识，以下几位学者从各自不同的角度描述了危机的含义和危机的特征：

福斯特（1980）发现"危机有四个显著特征：亟须快速做出决策、并且严重缺乏必要的训练有素的员工、物质资源和时间来完成"。作为危机的定义，"紧急决策""人员严重缺乏""时间严重缺乏"勾勒了危机情境的几个基本要点。

罗森塔尔和皮恩伯格（1991）勾勒出更广泛的危机概念：危机是指具有严重威胁、不确定性和有危机感的情境。哭喊是危机情境下的一种反应，它也反映了危机本质上的不确定性及其影响。

巴顿（1993）认为危机是"一个会引起潜在负面影响的具有不确定性的大事件，这种事件及其后果可能对组织及员工、产品、服务、资产和声誉造成巨大的损害"。巴顿将危机影响的范围还扩大到了人和组织的名声，由此可以认为沟通与形象管理是必要的。

格林（1992）注意到危机管理的一个特征是"事态已发展到无法控制的程度"。他声称："一旦发生危机，时间因素非常关键，减小损失是首要任务。"格林认为危机管理的任务是尽可能控制事态，在危机中把损失控制在一定的范围内，在事态失控后要争取重新控制住。

米托夫和皮尔逊（1993）认为收集、分析和传播信息是危机管理者的直接任务。危机发生的最初几个小时（或危机持续时间很长时的最初几天），管理者应同步采取一系列关键的行动。这些行动是：甄别事实、深度分析、加强沟通、控制损失。

由此看来，古今中外对危机已有了一定的认识，并且有了一定的应对危机的经验，也有了一些解决危机的方法。不同的事情面对的危机不一样，解决的方式也就大相径庭，无论什么样的危机，在现实生活中出现后，人类都需要通过思考和智慧来化解它们。

2. 危机管理的定义

危机管理是指为了应对各种危机情境所进行的信息收集、信息分析、问题决策、计划制订、措施制订、动态调整、经验总结及自我诊断的全过程。危机管理的目的是使企业越过危机或者脱离危机，从而达到良性的、稳步发展。

从广义上来讲，危机管理包含对危机事前、事中、事后各方面的管理。传统的危机管理着重强调对危机反应的管理，而不重视危机的前因后果。大多数危机管理的计划和思想都是危机反应管理。如果能够寻找危机根源、本质及表现形式，并分析它们造成的冲击，就能通过降低风险和缓冲管理来更好地进行危机管理。

9.1.2 危机的特点

1. 意外性

危机爆发的具体时间、实际规模、具体态势和影响深度通常是始料未及的。

2. 聚焦性

进入信息时代后，危机的信息传播比危机本身发展要快得多。危机对媒体来说，就像是大火遇到助燃剂。

3. 破坏性

由于危机具有"出其不意，攻其不备"的特点，不论什么性质和规模的危机，都必然不同程度地给企业造成破坏，造成混乱和恐慌，而且由于决策的时间及信息有限，往往会导致决策失误，从而带来无可估量的损失。

4. 紧迫性

对企业来说，危机一旦爆发，其破坏性的能量就会被迅速释放，并呈快速蔓延之势，如果不能及时控制，危机会急剧恶化，使企业遭受更大损失。

9.1.3 会展危机的概念

会展经济随着国民经济的发展而快速地发展着。近些年来我国的年均 GDP 增长率达到 7%左右，而会展的年均增长率平均超过 20%，我国会展活动空前活跃，呈现出良好的发展态势。但是会展因自身涉及环节多、涉及面广，在实施过程中势必会出现各种各样的问题。会展在发展过程中面临的诸如财务问题、人才问题、突发情况等，就是会展危机。

9.2　危机公关 5S 原则

1. 承担责任原则（shoulder the matter）

危机发生后，公众会关心两个方面的问题：一是利益的问题。利益是公众关注的焦点，因此无论谁是谁非，企业应该承担责任。即使受害者在事故发生中有一定责任，企业也不应首先追究其责任，否则会各执己见，加深矛盾，引起公众的反感，不利于问题的解决。另一个是感情问题。公众很在意企业是否在意自己的感受，因此企业应该站在受害者的立场上表示同情和安慰，并通过新闻媒体向公众致歉，解决深层次的心理、情感问题，从而赢得公众的理解和信任。

实际上，公众和媒体往往在心目中已经有了一杆秤，对企业有了心理上的预期，即企业应该怎样处理，我才会感到满意。因此企业绝对不能选择对抗。

2. 真诚沟通原则（sincerity）

企业处于危机旋涡中时是公众和媒体的焦点，一举一动都将接受质疑，因此千万不要有侥幸心理，企图蒙混过关。而应该主动与新闻媒体联系，尽快与公众沟通，说明事实真相，促使双方互相理解，消除疑虑与不安。

真诚沟通是处理危机的基本原则之一。这里的真诚是指"三诚"，即诚意、诚恳、诚实。如果做到了这"三诚"，则一切问题都可迎刃而解。

（1）诚意

在事件发生后的第一时间，公司的高层应向公众说明情况，并致以歉意，从而体现企业勇于承担责任，对消费者负责的企业文化，进而赢得消费者的同情和理解。

（2）诚恳

一切以消费者的利益为重，不回避问题和错误，及时与媒体和公众沟通，向消费者说明事件的进展情况，重拾消费者的信任和尊重。

（3）诚实

诚实是危机处理最关键也是最有效的解决办法。顾客会原谅一个企业的错误，但不会原谅一个企业说谎。

3. 速度第一原则（speed）

好事不出门，坏事行千里。在危机出现的最初 12～24 小时内，消息会像病毒一样，以裂变方式高速传播。而这个时候，可靠的消息往往不多，社会上充斥着谣言和猜测。公司的一举一动将是外界评判公司如何处理这次危机的主要根据。媒体，公众及政府都在密切注视公司发出的第一份声明。公司处理危机的做法和立场，舆论赞成与否往往都会立刻见诸于传媒报道。

因此公司必须当机立断、快速反应、果决行动，与媒体和公众进行沟通，迅速控制事态，否则会扩大突发危机的范围，甚至可能失去对全局的控制。危机发生后，能否首先控制住事态，使其不扩大、不升级、不蔓延，是处理危机的关键。

4. 系统运行原则（system）

在逃避一种危险时，不要忽视另一种危险。在进行危机管理时必须系统运作，绝不可顾此失彼。只有这样才能透过表面现象看本质，创造性地解决问题，化害为利。

危机的系统运作主要是做好以下几点。

（1）以冷对热、以静制动

这里的"冷"特指"冷静"。危机会使人处于焦躁或恐惧之中，所以企业高层应以"冷"对"热"、以"静"制"动"，镇定自若，以减轻企业员工的心理压力。

（2）统一观点，稳住阵脚

在企业内部迅速形成统一观点，对危机有清醒认识，从而稳住阵脚，万众一心，共渡危难。

（3）组建班子，专项负责

一般情况下，危机公关小组由企业的公关部成员和企业涉及危机情境的高层领导直接组成。这样，一方面是高效率的保证，另一方面是对外口径一致的保证，使公众对企业处理危机的诚意感到可以信赖。

（4）果断决策，迅速实施

由于危机瞬息万变，在危机决策时效性要求和信息匮乏的条件下，任何模糊的决策都会产生严重的后果。所以必须最大限度地集中资源，迅速做出决策，系统部署，付诸实施。

（5）合纵连横，借助外力

当危机来临，应充分和政府部门、行业协会、同行企业及新闻媒体充分配合，联手应对危机，增强公信力、影响力。

（6）循序渐进，标本兼治

要真正彻底地消除危机，需要在控制事态后，及时准确地找到危机的症结，对症下药，谋求治"本"。如果仅仅停留在治标阶段，就会前功尽弃，甚至引发新的危机。

5. 权威证实原则（standard）

自己称赞自己是没用的，没有权威的认可只会徒留笑柄。在危机发生后，企业不要自己整天拿着高音喇叭叫冤，可以采取曲线救国的方式，请业内权威人士在前台说话，使消费者解除对自己的警戒心理，重获信任。

案例 9.1

支付宝危机公关范例

2014 年 2 月 21 日，央视证券资讯频道执行总编辑兼首席新闻评论员钮文新发博文《取缔余额宝！》称，"余额宝是趴在银行身上的'吸血鬼'，典型的'金融寄生虫'。"

钮文新认为，余额宝冲击的是整个中国的经济安全。因为当余额宝和其前端的货币基金将 2％ 的收益放入自己兜里，而将 4％～6％ 的收益分给成千上万的余额宝客户的时候，整个中国实体经济、也就是最终的贷款客户将成为这一成本的最终买单人。

对此，网友纷纷予以驳斥。网友康宁 1984：钮文新错在高估了余额宝的破坏力，低估了银行体系的适应能力。余额宝只是一条金融系统中的鲇鱼而已，尽管由于第三方支付做个人金融业务处于三不管地界，仍然只是短期的监管套利，并没有在总量上影响到国家金融体系安全，更何况从近来腾讯微信给予支付宝的压力看，互联网公司同样不能免于被互联网颠覆的风险，没有必要急于对这些尚未深入金融市场的创新做出严格限制。

支付宝则表示，余额宝加上增利宝，一年的管理费是 0.3%、托管费是 0.08%、销售服务费是 0.25%，利润只为 0.63%，除此之外再无费用。并对吸血鬼一说加以调侃称，"老师您能别逗了吗？我查了下，2013 年上半年，16 家国内上市银行净利润总额达到 6 191.7 亿元人民币，全年起码翻一番，12 000 亿吧？"

2 月 22 日，阿里小微金融服务集团首席战略官舒明称：即使与总规模约 10 万亿元的银行理财产品相比，货币市场基金也不到其总规模的十分之一。很难想象，规模如此之小的货币市场基金会对市场整体利率水平产生巨大的影响，会"严重干扰利率市场"。

2 月 23 日下午，证券时报记者对钮文新进行独家专访，他回应称，我质疑的不是余额宝，而是类似于余额宝的这样一种商业模式。钮文新认为，在判断对错之前，首先应该具备一个正义的、全社会的立场，而不是所谓狭义的"提高了老百姓收益"的问题。如果在商品市场或股票市场中出现类似的操纵行为，那无疑会得到几乎一致的指责，监管层也会迅速干涉。钮文新说，现在商业银行也在做类似的事，但这都是被逼无奈的。银行不这样做是"等死"，做了可能是"找死"。银行才是"钱"的最终经营者，因为有贷款在经营链条上，各种风险都包含其中。所以可以说，余额宝这样的模式是一种"金融寄生虫"。

案例点评：

根据著名危机公关专家、关键点传媒董事长、华中科技大学公共传播研究所常务副所长游昌乔先生对案例做了如下点评。

（1）承担责任原则

余额宝遭央视评论员质疑后，支付宝随即通过官微以诙谐幽默的风格发布一篇长微博来进行解释，在当前的互联网语境下，这种卖萌式回应比较容易得到网民理解与认可。

然而，对于这个被质疑者上升到"国家利益""经济安全"高度的问题，支付宝仅仅通过卖萌自黑的方式进行回应显然不够，对于这种新兴的理财方式，公众也希望看到支付宝拿出一个认真、严肃的态度，从而继续获得人们的支持。

（2）真诚沟通原则

在被质疑后，支付宝及时发微博进行回应，微博内容诙谐调侃，却又态度明确，将对方质疑的观点予以反驳。此外，公司高管也及时与媒体进行了沟通，对质疑者的说法进行了驳斥，符合真诚沟通原则。

（3）速度第一原则

质疑声音出现后，支付宝第一时间通过微博予以回应，防止了危机的进一步蔓延。

（4）系统运行原则

危机出现后，支付宝首先通过微博进行了回应；其次，公司高管接受媒体采访，符合系统运行原则。

（5）权威证实原则

余额宝遭质疑后，支付宝并没有邀请权威的第三方出面为其证言，仅仅是通过官方微博和一位公司领导之口进行了回应，不符合权威证实原则。

案例来源：http：//www.tech.huanqiu.com

9.3　会展危机管理的必要性

美国气象学家爱德华·罗伦兹 1963 年在一篇提交纽约科学院的论文中写到："一个气象学家提及，如果这个理论被证明正确，一只海鸥扇动翅膀足以永远改变天气变化。"在以后的演讲和论文中他用了更加有诗意的蝴蝶来代替海欧。对于这个效应最常见的阐述是："一只南美洲亚马孙河流域热带雨林中的蝴蝶，偶尔扇动几下翅膀，可以在两周以后引起美国得克萨斯州的一场龙卷风。"其原因就是蝴蝶扇动翅膀的运动，导致其身边的空气系统发生变化，并产生微弱的气流，而微弱的气流的产生又会引起四周空气或其他系统产生相应的变化，由此引起一个连锁反应，最终导致其他系统的极大变化。

蝴蝶效应在社会学界用来说明一个坏的微小的机制，如果不加以及时引导、调节，会给社会带来非常大的危害，戏称为"龙卷风"或"风暴"；一个好的微小的机制，只要正确指引，经过一段时间的努力，将会产生轰动效应。

危机管理是现代会展活动顺利开展的必要保证，也是一个企业发展过程中不可避免的管理环节。会展活动重视无形服务，其成功举行与所在地的环境息息相关，危机管理得当可以很好地保证会展环境免受破坏或少受破坏，吸引更多的参与者。通过系统计划、严格执行，危机管理能帮助从业者有效应对不确定因素，在一定程度上阻止会展中断和取消，进而提高活动效果，实现会展价值，创造会展利润。此外，危机管理的实施还能提升会展活动本身的形象，带来良好的声誉，减少参与者的顾忌和焦虑。会展危机管理，小则影响参展商、观众或者主办方的人身安全和经济利益，大则影响到地方政府形象和区域行业产业的健康发展。会展危机管理的作用就是将萌芽状态时这种"蝴蝶效应"的危机所产生的不利影响降到最低，引导其向健康的方向发展。

9.4　会展危机的种类

9.4.1　安全危机

在举办展会的过程中，由于人员密集、预案不全、现场混乱等原因会导致一些安全问题，其中包括财务安全、人身安全等。

会展活动期间，会展活动人员密集，发生危机的后果必将是恶性的、难以估量的，会展危机也正是会展活动面临的安全危机。

2014 年 9 月 23 日凌晨 2 时 5 分，吴起县开发区一日用品展销会发生火灾。消防官兵迅速赶往现场发现，该展销会建筑为临时搭建钢结构，展销品大多为化纤衣物、日用百货、塑料制品等。现场火势猛烈，钢架已全部坍塌，周边毗邻建筑大多是宾馆、饭店，十分危险。25 家商户不同程度受损，两人受伤。

2014 年 12 月 31 日，上海外滩跨年灯光节。36 个游客（他们中的多数为学生）随着汹涌的人流挤过了马路，挤进了陈毅广场，在距离观看灯光秀的最佳位置——观景平台还有几步路的楼梯上，他们被挤压、跌倒、踩踏，最后停止了呼吸。

安全危机应急预案

为顺利应对突发事件，妥善处理紧急情况，做到遇事不惊、临危不乱，最大限度地减少意外事故带来的损失，保障展会顺利有效举行，特制定本应急预案。

一、成立突发事件应急处理小组

组长：展会负责人

副组长：展馆负责人

组员：展会承办方工作人员

大概 6 个人的小组，展会全程监控。

二、展会筹备前期的突发风险状况

① 参展商突然撤展。联系参展商，尽量说服参展商不要退出；若无法协商，按照合同要求参展商付 60% 的退展费。

• 将该区域的展位重新设计，再搭建展位前敲定。

• 尽快招有意向参加的参展商。

② 运输的展品没有到。联系物流公司，查运输单、存库单。若是遗留在仓库内，尽快从仓库调运出来；若是没有入库，查货物入库前的动向，寻找责任方；若展品无法及时到达，要求参展商准备新展品。

③ 展位没有搭好。查看推迟原因，若是施工方的原因，要求施工方加班；若是承办方主观因素，如展位装修材料不齐而影响进度，就要付施工方加班费。

④ 展具不全。在尽量不超过预算的情况下，先看看有没有可以代替的剩余展具；若没有能代替的，在预算范围内尽快购买缺少的展具。

⑤ 展具、展品被破坏。看破坏程度，按折旧费计入成本。若破坏程度不明显，且没有安全隐患的，继续使用；若破坏严重的，按赔偿标准进行赔偿；若展品破坏，及时通知展览小组，调用可替换的展品，要求保险赔偿。

⑥ 展台搭建施工过程中人员受伤。查看伤势大小，尽快安排治疗，寻找责任方。

三、展中存在风险处置

（一）火灾事故应急预案（风险指数：★★）

1. 报警程序

① 根据火势灵活处理，如火势大，需要报警则立即就近用电话报告消防中心（电话

119），如火势较小则根据现场情况利用现有的消防器材进行及时扑灭。

② 迅速向应急事件处理小组成员或组长报告。

2. 组织实施

① 事故发生后应立即疏散人群并向上级报告。

② 迅速组织人员有序逃生，防止发生踩踏等事故，原则是"先救人，后救物"。

③ 开通备用安全通道，组织人员撤至安全地带，调查是否有人困在火场。

④ 消防车到来之前，所有工作人员均有义务参加扑救，消防车到之后要听从消防人员的指挥，做好配合工作。

3. 注意事项

① 火灾事故首要的是保护人员安全，扑救要在确保人员不受伤害的前提下进行。

② 火灾第一发现人应将火灾发生的准确位置和火灾情况告知监控值班室，如果是电源引起，应立即切断电源，电话为组委会安保组电话。

③ 发现火灾后应掌握的原则是边救火边向上级报告。

④ 人员在逃生时应组织有秩序的撤离。

⑤ 应急小组人员应维持现场秩序，防止有人乘机捣乱和展品受到损失。

⑥ 各部门的所有人员都必须支持、配合事故救援，并提供一切便利条件。

（二）疾病事故应急预案（风险指数：★★★★）

根据当时的现场情况灵活处理，及时与现场医务小组取得联系，听从医务人员的安排，如病情严重需立即送往医院。

① 以最快的速度将人员送往医院，情况紧急时经请示拨打急救中心电话"120"请求救助。

② 立即组织工作人员组成陪护人员队伍进行陪护，稳定患者的情绪。

③ 应急小组组长迅速与当事者家属取得联系。

④ 采取迅速果断的措施，把影响减到最小。

⑤ 组织安保、展览部等方面的工作人员在最短时间内恢复展览的正常秩序。

（三）争议升级暴力事件应急预案（风险指数：★★★）

① 执勤人员、工作人员立即劝解无效可采取强制手段，将争执双方带离现场，移交展会现场公安执勤点处理。

② 迅速报告应急小组，保护在场的人员及展品安全。

③ 在事情得到解决之前要将当事者双方稳住在现场，防其事后逃跑，并保护好现场。

④ 如果受伤，立即送往医院或医务室。

⑤ 组织安保、公安等方面的工作人员在最短时间内恢复展览的正常秩序。

（四）发生偷盗（展品、人员）等事件时（风险指数：★★）

① 第一个接到报警的工作人员及时与安保人员取得联系，由安保人员带领受害者到展会现场公安执勤点报警备案。

② 调出图像资料，积极配合警方的案件侦破工作。

③ 财产损失严重时，配合警方对出馆人员进行一一核查，争取在最短时间内弥补损失。

（五）展位安全事件预案（风险指数：★）

① 参展时发生展台坍塌事件，第一时间与预警小组取得联系，疏散人员。若有人员受伤，立刻送往医院。

② 及时清理展位，找到责任方，处理赔偿事项

（六）人流量事件预案（风险指数：★★★★）

① 分普通观众日和特殊观众日，岔开普通人流高峰。

② 若部分展位人流量过大，可以让礼仪公关人员进行引导，平衡展位参观。

③ 若整体人流量过大，应进行有效监控，避免发生纠纷。

④ 若人流量过少，及时去场外发传单，吸引更多路人过来。

（七）供电保障预案（风险指数：★）

① 包括展会期间的日常供电保障和临时供电保障，由供电公司负责组织实施，其他部门协助开展工作。

② 发生个别停电现象，查看线路，及时恢复供电。

③ 发生全部停电，检查原因，以最快的速度恢复供电。

（八）设备维护预案（风险指数：★★）

① 用到计算机展示的参展商遇到病毒而影响展览的，立即找维护人员进行维修。

② 相关展览设备，如投影仪等出现故障，及时进行维修。

（九）经费保障预案（风险指数：★★★）

由展会主办方设立展会应急预备款，保障展会突发公共事件应急处置所需经费。

三、其他相关风险状况

（一）餐饮卫生问题预案

① 要选择卫生过关的餐饮单位。

② 若发生餐饮卫生问题事故，先将伤员送至医院治疗，要求服务商承担责任。

（二）开幕式突发状况预案

① 预防下雨天，准备雨衣、雨布等防雨装备。

② 嘉宾无法到场，备用嘉宾及备用发言稿。

③ 媒体的秩序排列，有序入场。

（三）团队订单缺乏预案

① 前期招展招商时，先进行预热。

② 为参展商找好团队来展会下订单，利用折扣优惠。

③ 未达到贸易目标，直接下达政府订单。

（四）侵犯知识产权预案

① 若参展商所展出的展品侵犯了他人的知识产权且事实明显，则要求其展品下展。

② 若参展商所展出的内容被他人侵犯，根据《展会知识产权保护法》追究其法律责任。

材料来源：http://www.doc88.com

9.4.2　财务危机

　　财务危机是指企业明显无力按时偿还到期的无争议的债务。财务危机是导致企业生存危机的重要因素，因此需要针对可能造成财务危机的因素，采取监测和预防措施，及早防范财务风险，控制财务危机。

　　对于会展活动，财务危机主要是指由于办展机构及参展商之间合作关系的变化、重要参展商的流失、三角债务的出现、投资决策的失误等使办展机构或展商的收益减少甚至亏损而出现的危机。最为严重的是主办方资金断流，导致展会无法正常进行。

9.4.3　人才危机

1. 总量不足

　　据上海市会展行业协会提供的数据显示，注册该协会的会展公司有150多家，旅游业中有半数旅行社设有会展部，全市会展从业人员大约有5 000名，但其中具有5～10年的实际工作经验的专业人才却不足50人，会展人才中"百里挑不出一个"，这已成为上海会展业发展的障碍。然而这种现象在全国范围内普遍存在，现有会展人才多数是从广告、营销等其他行业转行而来，专业的会展人才少之又少。

　　据调查数据显示，会展人才培养也有其显著的地域特色，表现为会展教育仍然以会展产业发展较为完善的环渤海会展经济带、长江三角洲会展经济带、珠江三角洲会展经济带为主。

　　人才缺口极大情况下，会展行业面临着人才总量严重不足的危机。

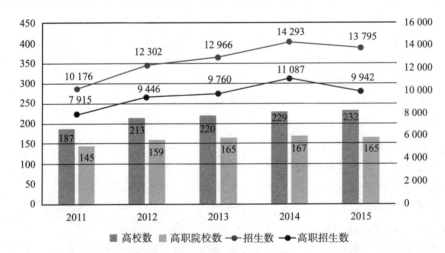

我国高校开设会展专业院校数和招生数变化（2011—2015）

2. 人员流动的不确定性

　　在现代经济发展中，员工会根据个人的判断不断寻找适合自己发展的空间，人才流动成为一个普遍现象。人才危机主要体现在企业是否能够保证主要的员工有较高的对企业的忠诚度，员工忠诚度是员工行为忠诚与态度忠诚的有机统一。态度忠诚是行为忠诚的基础和前提，行为忠诚是态度忠诚的深化和延伸。图 9-1 显示了员工忠诚度与企业效益之间的关系。

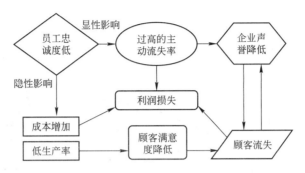

图 9-1　员工忠诚度与企业效益之间的关系

　　会展行业属于第三产业——服务业，会展企业的同质化倾向也比较明显，人才的流失基本上是在会展行业内进行，己方的流失就代表了其他公司拥有了更多、更好的人力资源，而人才的流失很有可能带走项目资源，会影响到企业的直接利益。单独个体人才的流失有可能引起人员流失的连锁反应，部分是主动的流失。譬如，项目经理带走整个部门的人员去投奔新的公司或单独成立公司。这种情况下，对企业的打击就更为明显。人员流失导致人力资源后继乏力，新招聘人员不能够马上进行融合，导致企业效率下降。

　　图 9-2 显示了影响员工忠诚度的心理动因模型，从图中不难看出，员工对企业的满意度主要集中在以下几个方面。

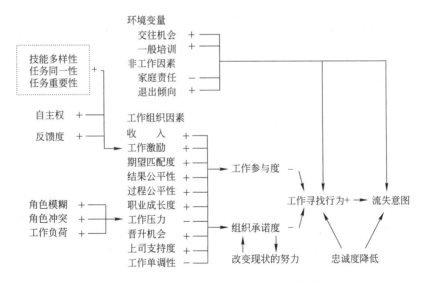

图 9-2　影响员工忠诚度的心理动因模型

　　① 收入水平和福利。
　　② 企业的发展潜力。
　　③ 企业的人力资源制度。

④ 培训机会和晋升空间。

⑤ 领导个人魅力和领导力。

⑥ 其他。

9.4.4　信誉危机

1. 浮夸成风，弄虚作假

展会不仅可以展现公司品牌形象与实力，更为企业之间信息交流、开拓商机、探讨学习搭建了一个开放的平台。借此平台，同行业还可以通过交流，学人所长、补己之短。然而，笔者通过参加国际性的展会和地方性的展销会后，也有一番自己的心得体会。

在湖北印刷物资有限公司举办的 2010 年展销会上，来自上海一家做印刷机械代理的地区经理一筹莫展，这里的展销会已经连续参加好几届了，规模是越来越小，虽然专业观众不少，但是意向客户却还没有一个。火的是主办方，带来了不少的观众和参展商，冷的是参展商，签约性仪式几乎为零。很多企业对这样的展会都放弃了希望，将目光投向了北京、上海等地举办的大型展会，这也是为什么参展商会越来越少的原因。

目前，展销会在许多地方还被视为展示当地形象的一个窗口。在各种展会中，经常可以看到这样的模式：各级领导亲自莅临，开幕式轰轰烈烈、签约仪式热热闹闹，最后再举行一个成果发布会。在这种模式下，展会出现了种种怪现象：意向性项目被视为合同项目，一些正常引进的项目往往纳入展会成果，更有甚者，把一些早已签订过的项目合同重新在展会上再签一次……

据了解，在我国，由各级地方政府举办的展会几乎每周都有，而此类展会不少都是"赔钱赚吆喝"，而办展费用往往由地方财政"买单"。而这只是会展业的"冰山一角"，印刷包装行业的会展业也存在诸多问题：办展准入门槛低，业内良莠不齐；相关管理不到位，骗展事件屡屡发生；展馆建设风风火火，利用水平不高；展会名目不胜枚举，内容重复严重等。会展业在促进各地经贸交流、带动相关行业快速发展的同时也出现了虚热迹象。

笔者认为，展会作为买家与卖家的交流平台，最重要的就是要保证专业客户的邀请，若只是为展会寻找参观者，那么它本身就没有存在的价值可言了。

应该说，地方性、专业性的印机展还是有一定市场需求的。武汉飞洋印务总经理岳良华在接受记者采访时就说："对于用户企业而言，我们既有购买设备的需求，同时我们也非常重视技术改造，很关注与主机配套的零部件的相关信息，而且出于成本考虑，我们也会关注一些中小印机企业的产品情况。但是，大型国际印包展的参展商有一定的准入门槛，一些小的配件和器材制造企业往往在展会上看不到。也许多元化、专业化的小型展览会能够满足这方面的需求。"

此外，了解到一些产业群集中的地区举办的地方性展会，相关企业也会有选择的参加。因为展会为他们提供了贴近用户、巩固当地市场的机会，特别是新兴的中小民营企业，地方性展会往往是他们开拓当地市场的一个突破口。

但是，用户企业也强调，这些地方性展会应该有明确的定位或者专业化的特色，这样才能成为综合性展会的有益补充。

2. 评比过于泛滥

展会肩负着推动行业发展的重任，同时也是连接参观者与参展方的纽带，而在很多展会中为评比而评比的现象非常严重，所有参展商都或多或少地获得了奖项，评奖活动流于形式。奖项设置过多、奖项含金量低等，是评比过于泛滥引发信誉危机的不利因素。

3. 其他

在对其他几类危机的处理过程中，方法不当或者不及时处理导致一些恶性后果时，会对会展活动本身和会展企业产生不利影响。

9.5 会展危机的预见

通过上述分析可以看出，会展危机的发生既有外部因素，比如政策危机、自然危机、媒体危机、竞争危机等，也有很多危机是由会展企业内部因素引发的，无论是哪种危机都会对企业的生存和发展带来严重的不良后果。会展企业所面临的危机并不是完全不能预见的，可以通过一系列的手段和措施进行会展危机的预防。

1. 居安思危，未雨绸缪

危机管理的核心就是居安思危、未雨绸缪。在企业经营的全过程或者在会展活动的全过程中，作为管理者除了日常的管理之外，更重要的是要时刻保持警惕的头脑，树立强烈的危机意识，创建富含危机意识的企业文化，让全体成员都保持一种对企业、对会展项目、对个人的危机意识，以此来激发员工奋斗的意识。"微软离破产永远只有18个月"，这是微软创始人比尔·盖茨告诫员工的一句名言，也是危机意识融入企业文化的一个强有力的例证；联想集团创始人柳传志坦言："你一打盹，对手的机会就来了"；深圳华为科技有限公司老总任正非说："十多年来我天天思考的都是失败，对成功视而不见，也没有什么荣誉感、自豪感，有的只有危机感"。这些都是企业危机文化、危机意识的客观体现。

2. 建立危机预警管理系统

危机事件有其突发性的特点，就像金融危机、地震发生前有前兆一样，会展危机作为企业危机的一种类型，也有着其原因和时间的延续，所以建立企业危机预警管理系统是极其必要的。危机预警管理系统的内容如下。

① 管理者应当时刻关注国家宏观政策的变化。

② 关注行业走势及竞争对手的动态。

③ 关注和收集媒体信息。

④ 关注利益相关者的反馈。

⑤ 关注内部潜在的危机信息。千里之堤，溃于蚁穴。很多危机的发生是从内部开始的，内部潜在危机信息主要包括人员变动、财务数据分析等。

3. 制度为先，组织到位

危机的预防和管理必须有专人负责，且建立危机管理的相关制度，其中包括对内部员工的危机管理，以及危机发生后如何有效实施危机公关等。通常企业内部会有不同的人员分工，人力资源部负责内部的危机预防，网络营销部门负责外部负面消息的管理。

4. 加强沟通，赢得信赖

包括会展企业与参展商的沟通、会展企业与参观者的沟通、会展企业与展馆方的沟通、会展企业与媒体的沟通、会展企业与行业协会的沟通、会展企业与政府相关部门的沟通、会展企业与公众的沟通、会展企业与其他商业伙伴的沟通等。良好的沟通可以赢得各方的谅解和信赖，可以起到"大事化小、小事化了"的积极作用，并以此化解危机的发生或者减轻危机发生后的危害。

9.6 会展投诉与处理

1. 参展商投诉

参展商是会展的重要客户，参展商的满意与否决定着会展的成败和未来发展。参展商最关注的是在会展中成交及洽谈的情况如何，是否能通过会展得到各种信息交流和市场反馈。如果出现诸如数据统计和公布系统的意外及故障而造成信息拖延，或者因为工作疏忽而造成长久等待等，都会导致参展商的抱怨和投诉。同时，会展工作人员的服务态度、工作效率、技术掌握和处理技巧等，也是投诉的重点区域。

2. 参观者投诉

参与展会的另一个大的客户群体是参观者，他们的投诉更为复杂，参展商、会展场馆、会展组织者、会展工作人员，甚至新闻媒体的不实报道都是其投诉的对象。对参观者的投诉如果处理不当，会产生较大的社会负面影响。

参观者的投诉主要集中在以下几点。

① 会展管理混乱。

② 会展场馆布局不合理，交通拥挤。

③ 意外事件和技术故障。

④ 会展工作人员的服务态度差，服务技能较低。

⑤ 会展配套服务不完善。

⑥ 参展商水平残次不齐。

⑦ 参展观众数量不足，质量不高。

⑧ 运输、订货出错。

⑨ 沟通不畅，拖延回答、不回应。

⑩ 媒体报道不力或报道失实。

⑪ 参展观众对会展要求过高而无法得到满足。

3. 会展投诉处理的技巧

关于投诉处理的方法也需要遵循危机公关5S原则，即承担责任原则、真诚沟通原则、速度第一原则、系统运行原则、权威证实原则。组织方在处理的过程中要高度重视、认真倾听、认同感受、快速行动，将会展过程中的投诉所带来的负面影响降到最低。会展投诉处理的五大原则如下。

① 态度诚恳，善于倾听，不起争执。

② 不明情况，及时上报，不擅作承诺。

③ 主动沟通，积极推进。

④ 限时结案，禁止拖延。

⑤ 跟进到底，落实责任，总结得失，防微杜渐。

9.7　会展媒体管理

媒体有一个突出的特点就是"放大效应"，媒体对于任何行业的发展来讲都是双刃剑："好事也可以传千里，坏事则传得更远"。所以对于会展行业来讲产品就是服务，服务是不容易量化的产品，就需要有媒体的倾力相助，需要媒体来协助会展品牌的建立，并且在危机管理时占领先机。

1. 建立媒体管理的组织机构

会展行业的产品就是提供各种供需服务，根据需求开办展会，面向的受众群体较广。在现代企业管理中必须把媒体管理纳入企业危机管理的范畴，由专门的部门负责与媒体的沟通，进行日常媒体关系的维护，明确内部职责与流程。同时设立新闻发言人制度，对发言人进行相关应答技巧的培训。

2. 建立良好的媒体关系

在现代信息社会里，媒体的影响力空前高涨。企业与媒体建立良好的关系是取得社会舆论支持和树立良好社会形象的重要保障。企业在危机过程中，尤其需要利用媒体传播范围广、信息传播速度快的特点，进行危机的预防、反应和恢复。当然这种良好关系的建立在平时就要做，不能临时抱佛脚。因为在危机发生时，媒体对企业的报道大部分是消极的，因此积极主动是企业取得媒体信任、把握舆论主动权的基础。

3. 强化与媒体的有效沟通

在谈"媒体"色变、谈"记者"色变的今天，如何改善企业与媒体的关系，加强与媒体的有效沟通，是一道迫切而重要的命题。之所以说企业加强与媒体的沟通非常重要，是因为再强大的品牌，在发生危机时也会被一篇新闻报道所击倒。有人曾说过："我们可以怀疑媒体的动机，但如果有人低估它的力量，那他就太天真了，不，简直是太愚蠢了。"当企业处于危机旋涡中时，要及时与媒体沟通，通过媒体阐明企业的立场及对事件的态度，有选择、有策略地向公众转述危机的真相，消除公众的疑虑和不安。

4. 不断适应媒体新的变化

这是一个新媒体层出不穷的时代，网络媒体、手机短信、博客、播客及微博等具有的开放性、互动性，以及网络言论的难以控制性和快速传播给企业处理危机提出了更大挑战。报告显示，中国网民的互联网应用表现出商务化程度迅速提高、娱乐化倾向继续保持、沟通和信息工具价值加深的特点。网络媒体公关越来越受到企业媒体公关部门的重视。

企业对媒体向来是又爱又恨，对待新媒体也一样。因为网络媒体将会成为企业危机发生的重要源头，而且100%的企业危机均有网络媒体的参与。

案例9.2

海南国际会展中心安全应急预案

一、总则

（一）编制目的

建立健全2014中国海南汽车工业博览会安全防范机制，有效预防、及时控制和消除展会突发公共安全事件的危害，指导和规范展会安全保卫、消防、交通秩序维护、安全生产等方面的工作，最大限度地减少展会突发公共安全事件对参展人员、设备、场所的危害，保障参展人员的生命财产安全和合法权益，保持良好的展会环境。

（二）工作原则

以人为本，预防为主，快速反应，统一指挥，各部门协调联动，依法办事。

（三）适用范围

本预案适用于展会内的突发公共事件的应急处置工作。涉及有关法律法规、上级政策及规定的，按照上级有关规定办理。

二、组织指挥体系及职责

（一）展会安全协调中心

成立车展应急协调中心（以下简称"展会安全协调中心"），统一组织、指挥、协调展会安全防范、突发公共事件应急处置工作。

展会安全协调中心下设办公室，履行值守应急、信息汇总和综合协调等职责。

（二）展会安全协调中心各成员单位职责

由展会安全协调中心统一领导，结合有关规定开展处置工作。

1. 保卫安全方面

包括领导护卫工作和展会场馆保卫工作，以及保障发生突发公共事件时的人员疏散安全，由安保负责人负责组织实施，其他部门协助开展工作。

2. 消防安全方面

包括消防监测、排除消防隐患和消防应急准备工作，由消防负责人负责组织实施，其他部门协助开展工作。

3. 交通安全方面

包括保障领导出行路线和其他参会人员的交通畅顺、交通安全，由安保负责人负责组织实施，其他部门协助开展工作。

4. 供电保障方面

包括展会期间的日常供电保障和临时供电保障，由工程部负责人负责组织实施，其他部门协助开展工作。

5. 其他未列明情况

其他未列明情况由展会应急协调中心研究部署、统一指挥、协调有关部门组织实施。

三、安全防范

（一）安全防范工作的保障

由展会安全协调中心协调有关单位，做好展会安全保障工作。

1. 交通运输保障

安保人员要优先保证展会现场的交通秩序，保证消防车辆、急救车辆能顺利及时进入展会现场。

2. 治安保障

（1）加强展会安保力量。

（2）组织对安保人员的训练与培训。

（3）组织对参展商及工作人员的展会安全防范常识的培训。

（4）加强对展会现场的巡逻与监管。

3. 消防保障

（1）每个展位配置灭火器1个。

（2）各公共区域配置灭火器20个。

（3）加强对参展商及工作人员的展会消防安全防范常识的培训。

4. 物资保障

按照计划，展会期间建立临时应急物资库，储备足够应急物资，包括医疗设备、医疗药物、防护用品、封锁设施、运输工具、通信工具、消防器材等。

5. 经费保障

由展会主办方设立展会应急预备款，保障展会突发公共事件应急处置所需经费。

6. 人员保障

根据实际需要，成立相应应急保障队伍，为应急工作提供必要的人员配备。展会应急协调中心办公室建立健全与公安、武警、交通、卫生、消防、供电等支援、救援队伍的应急联动机制，确保展会突发公共事件一旦发生，人员及时到位。

四、应急响应

展会安全协调中心办公室接到展会突发公共事件信息后，立即向有关政府主管部门通报事故情况，配合处理工作。

1. 安全事故响应：现场值班安保人员，必须第一时间到场，救助受伤人员，维护现场秩序，通知展会应急协调中心，通知医疗、公安等部门。

2. 消防事故响应：现场值班安保人员，必须第一时间到场，扑灭火情，救助受伤人员，维护现场秩序，通知展会应急协调中心、通知医疗、消防、公安等部门。

3. 交通事故响应：现场值班安保人员，必须第一时间到场，救助受伤人员，维护现场秩序，通知展会应急协调中心、通知医疗、公安交警等部门。

五、后期处置

1. 报送事故情况报告

应急处理工作结束后，展会应急协调中心办公室要组织相关成员单位及时写出事故情况报告，报送给市政府，并抄送市应急办和上级有关部门。

2. 事故情况报告的主要内容

包括：

（1）事故发生的时间、地点、原因、人员伤亡和直接、间接经济损失情况；

（2）应急救援参加单位、投入人员和设备情况；

（3）应急救援过程、实际效果；

（4）诱发事故的主要责任单位和个人。

六、应急处置保障

由展会安全协调中心协调有关单位，做好展会突发公共事件应急处置保障工作。

案例来源：海南国际会展中心官方网站

本 章 小 结

危机管理是专门的管理科学，它是为了对应突发的危机事件，抗拒突发的灾难事件，尽量使损害降至最低点而事先建立的防范、处理体系和对应的措施。现代企业大多对危机管理已经有了深刻的认识。本章用企业管理中危机管理的理念分析、描述了危机管理在会展活动中的作用，并将会展活动管理过程中遇到的问题和危机进行分类，结合案例进行了深入浅出的分析。

课 后 习 题

1. 会展危机的种类有哪些？

2. 危机公关的5S原则分别是什么？请简要描述。

3. 会展企业应当如何防范会展危机的出现？

4. 通过对案例9.2的了解，试分析在会展过程中展馆和会展组织方在应急预案及突发事件中的关系。

第10章

会展策划文案

10.1 会展策划文案概述

会展文案又称为会展文书，是围绕会议或者展览而产生的各种书面文字材料的总称。会展文案涉及法律合同文案、各类表格文本、广告文案、宣言、声明、计划总结文案、各种主持词和演讲稿等多方面。会展文案可以记载会展信息，这是会展文案最基本的功能。另外，会展文案还可以便于会展组织者、承办者实施对会展的领导和管理，向与会者或参观者提供信息，促进交流与沟通，宣传会展精神，掌握会展的方向和进程，记录会展的过程及成果等。

按照类别分，会议、展览服务中涉及的文案主要有以下几种。

1. 各类文件

议案、报告、发言稿、通知、备忘录、开幕（闭幕）词、提案等。

2. 广告类

海报、公告、会标、会徽、标语、模型标志、指示牌等。

3. 各类表格

签到统计表格、报名表、会展内容记录表、会展简报、会展日程表、选举表、统计表、住宿饮食安排分配统计表、展位分配表、客户意见反馈表等。

4. 各类规范条例

工作人员岗位职责表、安全防范预案、合同、条约、协议、协定书等。

本章内容主要以展会和会议相关的文案为主，按照展览会、会议这两类会展活动进展的时间顺序进行整理。

10.2　展会准备文案

1. 展会市场调研文案

展会市场调研是一系列调查事项和阶段的组合，包括调查方案的设计、调查资料的收集、调查数据的整理和分析、调查报告的撰写等。

明确调查目标是撰写展会市场调研文案的第一步，包括为什么要进行此项调查，通过调查要了解哪些问题，调查结果的用途是什么。在明确了调查目的后，还需要阐明调查的内容，并根据该项目设计调查问卷或者调查表。在调查问卷或调查表收集齐全之后，还需要对这些材料进行进一步的整理和分析，最后撰写成调查报告。

2. 展会项目可行性研究报告

项目可行性分析是项目管理的关键步骤，具体包括市场分析、最优方案选定、财务预算等，内容比较庞杂。然而在商业性展览活动中，所有的策划行为都离不开市场，因此对于展览会策划而言，项目可行性分析的主要内容是分析某一展览会市场的结构和前景，并选定最优的项目运作方案。

可行性分析报告主要包括：总论、国内外相关展会现状与发展分析、行业市场分析、展会项目的目标、展会项目的 SWOT 分析、展会项目实施的可行性论证、项目执行方案、进度安排、经费预算、风险预测等。

3. 展会立项策划书

项目立项策划书是行业分析和项目构思的结果。展会立项策划书是根据可行性研究报告的结果汇总而成的一份项目启动报告。其内容主要包括：

① 办展市场环境分析；

② 提出展览的基本框架；

③ 展览价格及初步预算方案；

④ 展览工作人员分工计划；

⑤ 展览招展计划；

⑥ 展览招商计划；

⑦ 展览宣传推广计划；

⑧ 展览筹备进度计划；

⑨ 展览服务商安排计划；

⑩ 展览开幕和现场管理计划；

⑪ 展览期间举办的相关活动计划；

⑫ 展览结算计划。

10.3 展会营销文案

1. 展览会招展文案

展览会招展方案是对招展工作的总体规划，是在招展策划的基础上，为展位营销而制订的具体执行方案。它的撰写必须在全面掌握市场信息的基础上，结合展览的定位与主题，并考虑展览题材所在行业的特点，对招展各项工作进行合理的安排与部署。

招展方案的基本内容主要包括：

① 基本事项；

② 展区和展位的划分；

③ 招展价格；

④ 招展分工；

⑤ 招展代理；

⑥ 招展宣传推广；

⑦ 招展预算；

⑧ 招展进度控制。

案例 10.1

中国成都日用品消费品展销会文案（节选）

展销主题：绿色·环保·健康

中国第一个以绿色、环保、健康为主题的日用消费品展销会。

未来五年中国将投资 7 000 亿元用于环境保护和生态建设，绿色、环保、健康消费品将成为大众消费主流。

展销结合的会议特点使消费者直接面对绿色、环保、健康消费品生产厂家，更真切地了解绿色、环保、健康消费品。展销会将重点宣传和展示国内外绿色、环保、健康消费品鼓励绿色、环保、健康消费行为使厂家在市场需求下创绿色名牌、环保名牌、健康名牌生产绿色、环保、健康产品以满足消费者的需求。

成都作为西部的政治、经济中心，对开发西部的人员流动、商品流通起着极其重要的枢纽作用。本届展销会在成都举行对于国内外绿色、环保、健康消费品企业开拓西部市场有着极为重大的现实意义。

批准单位：国家经济贸易委员会

主办单位：中国商业联合会

四川省经济贸易委员会

协办：成都市人民政府商品交易会办公室

承办单位：国家国内贸易局商业发展中心

北京中商华糖商贸有限公司

北京五洲创意营销策划有限公司

一、参展准备

1. 展会地点及日程

地点：中国·成都市体育中心

布展时间：2014年9月28日—2014年9月29日

展销时间：2014年9月30日9：30 中国成都日用消费品展销会开幕式

2014年9月30日—10月6日为正式展销时间

撤展时间：2014年10月6日18：00

2. 商机

主办方将邀请全国各省、市的各类经销商、商场、超市采购人员到会并召开专业研讨会，为厂商提供直接沟通的桥梁。

在成都市最中心、最繁华的体育中心举办展销会，面对消费者进行针对性宣传，使消费者直观认识、购买厂家的产品。

3. 宣传

主办方将制作精美的专业会议手册介绍参展企业产品，并向全国30 000多家经销商、商场、超市发送，为销售商提供采购指南。

全国80余家专业协会、新闻媒体、网站支持本次展销会，并从不同角度、多种形式宣传本次展销会。

4. 发布会暨高级论坛会

主办方将举行绿色、环保、健康消费品展销专项新闻发布会、高级论坛会，并邀请有关权威认证机构代表、技术监督机构代表、有关检测机构代表、销售商代表、消费者代表、各大媒体代表到会，就绿色、环保、健康消费品的生产、检测、认定、广告、销售、消费等专题进行研讨，并向社会发布。

5. 支持单位

中国绿色食品发展中心

中国保健食品协会

中国乳制品工业协会

中国企业文化促进会

中国罐头工业协会

世界名酒名饮协会

中国连锁经营协会

中国汽车工业协会

中国软件行业协会

中国生产力学会

中国肉类协会

中国制冷空调工业协会

中国羽绒工业协会

中国建筑装饰协会

中国物资流通协会

中国家具协会

中国建材工业协会

中国日杂品工业协会

中国质量检验协会

中国自行车协会

中国皮革工业协会

中国集团公司促进会

中国环境保护总局有机食品发展中心

中国贸促会建筑材料行业分会

中国贸促会纺织行业分会

中国食品和包装机械工业协会

中国文化办公设备制造行业分会

《人民日报》

《人民日报》海外版

《中国经营报》

《中国食品报》

《中国计算机报》

《市场报》

《中国消费者报》

《中国化工报》

《电脑报》

《中国名牌》

《中国保健食品》

《电脑商情报》

《汽车之友》

《中国食品博览》

《中国服装》

《销售与市场》

《家电大视野》

《中国汽车市场》

《中国医药报》

《中国食品工业》

《中国食品》

《中国药业》

《国际食品》

《四川日报》

《成都商报》

《华西都市报》

《成都日报》

《金融投资报》

《天府早报》

《粤港信息日报》

《商界》

《中国国门时报社》

《经济观察报》

《中国环境报》

《二十一世纪经济报道报》

澳门卫视台

四川电视台

成都电视台

新浪网

搜狐网

网易

中国家电网

中国家具网

中国汽车网

中国医药网

中国化工网

中国纺织网

中国糖酒网

计算机世界网

比拓网

中国包装网

中国食品网

中国建筑装饰网

中国日用消费品网

二、参展细则

1. 展会日程

布展时间：2014 年 9 月 28 日—2014 年 9 月 29 日

展销时间：2014 年 9 月 30 日 9：30 中国成都日用消费品展销会开幕式

2014 年 9 月 30 日—10 月 6 日为正式展销时间

撤展时间：2014 年 10 月 6 日 18：00

2. 参展程序

(1) 报名方式

① 填写参展回执传真至中国成都日用消费品展销会组织委员会。

② 登录网站 http：//www.888-888.net 报名参展。

（2）展位安排

根据参展商参展回执要求和报名交款先后顺序由组委会统一安排。如需指定展位另加收费用。

（3）参展单位收到展位确认书后七天内将参展费用一次性汇入组委会指定账号从而确定展位，否则所订展位不予保留。

（4）参展单位在汇出各项费用后，请随将银行汇单底联传真或邮寄至组委会，以便查核发票，与会时财务组统一开具发票或根据其要求邮寄发票。

（5）会务接待、展品运输及住宿安排等将会在入会通知书内另行通知

组委会在确认报名后向参展单位寄送入会通知书，包括展品运输指南、住宿、展销会活动日程安排等。

3. 特别关照

参展厂家应为产品、手续及招商工作的合法性负全责，展销会期间厂家与经销商的经济行为与组委会无关。

4. 组委会联系方式

地址：四川省成都市一环路南四段 10 号

电话：028—85532626 85533838

85531202 85577788 85536075

传真：028—85594397 85546699

邮编：610041

三、展销区介绍

1. 食品类展销区

① 甜食、巧克力、饼干、糖类、面包、糕点、各类小食品。

② 各类肉和肉类制品；新鲜家禽和野味罐头食品、腌制食品、熟食。

③ 新鲜和脱水水果、蔬菜、坚果。

④ 水、海产品。

⑤ 速冻、冷冻食品。

⑥ 食用油、速食类、方便食品、调味品。

⑦ 奶制品、蛋制品类，含冰激凌类食品。

⑧ 各类营养保健品、婴幼儿食品。

⑨ 酒精类饮料；各类白酒、葡萄酒及各类果酒、啤酒、保健酒。

⑩ 非酒精类饮料：果汁饮料、碳酸型饮料、葡萄糖饮料等其他饮料、矿泉水、纯净水及各类饮用水。

⑪ 茶、咖啡类饮料。

2. 烟草展销区

各类卷烟

3. 家电、IT 产品、通信、照相器材类展销区

①各类家用电器：彩电、冰箱、空调、洗衣机、微波炉、热水器、音响、家庭影院等。

②各类日用小型家电产品。

③台式电脑、笔记本电脑及其配套产品耗材，计算机软件、计算机硬件及其他IT产品。

④手机、电话及其相关的配件。

⑤各类照相机、摄像机及相关的器材。

⑥音像制品。

⑦钟表电子产品。

4. 汽车展销区

①汽车、客车、商务用车、摩托车。

②各种汽车、摩托车美容装饰、安全防盗保护用品、添加剂、清洗剂、专用油漆、地胶、太阳膜、专用工具及各种汽车百货等。

③各种汽车、摩托车的零部件、线束、电瓶、刹车片、灯泡、发动机总成、轮胎、黏接剂及易损件等。

5. 服装服饰、鞋帽、化妆品类展销区

①各类服装、时装、内衣、针棉织品。

②皮鞋、时装鞋及其他各类鞋。

③各类箱包。

④美容化妆品、香水、洗发护发用品、护肤品。

6. 家居用品、家具、装饰材料类展销区

①各类家用、办公家具。

②各类寝具及床上用品。

③各类家庭厨房设备、陶瓷、玻璃器皿、铝制品、不锈钢制品。

④厨房卫浴用品及专用设备、水暖器材。

⑤日用百货、日化、洗涤用品。

⑥各类锁具、连接与五金配件。

⑦灯饰、照明电器、电工产品、墙纸、地毯、装饰布艺、木地板、地板砖及其他装饰材料。

7. 健身、旅游休闲类展销区

①健身运动器械。

②各类减肥用品、减肥器械。

③各类运动衣、运动鞋、旅游鞋及各类运动器材。

④自行车、电动自行车、滑板车等。

⑤旅游帐篷、睡袋、旅游工艺品、民族工艺品、旅游用品。

⑥文具、礼品、玩具。

8. 包装、印刷类展销区

① 各类自动化包装机械、食品包装机械、药品包装机械、制袋及制盒机械、各类包装材料及其他包装技术。

② 各类饮料、酒类酿造及灌装设备。

③ 各类印刷设备、印刷耗材。

④ 各类纸品及纸制品包装。

9. 保健品、药品、医疗器械类展销区

① 药品类：中西成药、饮片、质量药材、口服液、生物制品、冲剂。

② 保健品类：口服液、微量元素制品、生物制品、保健茶、美容保健品、滋补品等。

③ 器械和用品类：按摩仪、理疗仪、频谱仪、治疗仪、康复用品、医疗器械、美容器械、保健服饰、卫生用品、性保健品等。

10. 建工建材、化工产品原料类展销区

① 化工原料、精细化学品（有机和无机）、专用化学品（含涂料、颜料、油墨）。

② 合成材料、塑料原料、树脂、有机硅氟。

③ 胶粘剂、清洁剂。

④ 家用化学品。

⑤ 各类建筑材料。

⑥ 各类家庭装饰材料。

11. 其他产品展销区

其他与人们生活息息相关的产品特价展销区（限四川省内小型企业，另详见招商书）。

案例来源：中国成都日用品消费品展销会官方网站。

2. 展览会招商函

展览会招商函的基本内容包括：展览会活动的名称、举办城市、地点、时间、背景、目的；主办机构和组织机构；会展活动的内容和形式、特点等；主要参加或参与对象；会展活动的相关收费标准；联络方式及其他需要说明的事项。展览会招展函的内容要简明扼要，结构清晰。

招展函的内容结构主要包括：封面、标题、称呼、正文、落款、附件部分。

3. 展览会招商方案

展览会招商方案是为展会邀请观众而制订的具体执行方案，它是充分了解展会展品的需求市场的基础上，合理地安排招商人员在适当的时间里通过合适的渠道而进行的展会招商活动，是对展会招商活动进行的总体安排和把握，目的是力求保证展会开幕时能有足够的观众到会参观。展会招商方案邀请的重点观众是那些符合展会需要的专业观众。目前国内大多数展会对观众的群体没有过多限制，如果有限制，会在开展前几天仅限专业观众和媒体参观，之后几天对所有观众开放。展会招商方案通常要包含以下内容。

① 制订招商方案的依据。

② 展会招商分工。

③ 招商渠道和措施。

④ 招商宣传推广计划。

⑤ 招商预算。

⑥ 招商进展安排。

4. 观众邀请函

观众邀请函是办展机构根据展会的实际情况编写的、用来进行展会招展的一种宣传单。观众邀请函是专门针对展会的目标观众尤其是那些专业观众而发送的，对于奢侈品展会，观众邀请函的发放范围包括高尔夫球会会员、私人会所会员、私人企业主、明星等，观众邀请函的发放要有时效性和准确度，所以观众邀请函发送必须有赖于已建立好的或者正在建立的目标客户群的数据库。

观众邀请函的特点是针对性较强，往往能够产生较好的效果。邀请函应当包括展会基本内容、展会招展情况、展会期间计划的活动、参观回执表等。观众邀请函是展会营销的有力工具，它在邀请观众到会参观的同时，也直接扩大了展会的宣传推广，间接地促进了展会的招展工作。

观众邀请函主要以信函、电子邮件等方式发送。

案例 10.2

2014 苏州铸造展览会观众邀请函（节选）

主办单位：中国铸造协会

承办单位：北京中铸世纪展览有限公司

时　　间：2014 年 4 月 9—11 日

地　　点：苏州国际博览中心

同期展会：第九届国际有色及特种铸造展览会

　　　　　第六届中国铸造零部件展览会

　　　　　首届中国铸造装备展览会

　　　　　首届中国铸造材料展览会

尊敬的铸造同仁、朋友们：

中国铸造协会自 1987 年开始主办铸造专业展览会，是中国百强组展商，是全国机械汽车展览联合会副会长单位。中铸协每逢双年主办的"中国国际铸造博览会（Metal China）"是全球铸造业两大名展之一。

本届展会总面积 5 万平方米，是 2014 年中国境内规模最大、最具权威性的专业铸造展会。届时万余种黑色及有色金属精品铸件，各种铸造装备，各类铸造材料，各式铸件深加工设备将精彩亮相。预计专业观众将超过 5 万人次。

一、展品范围

（一）各种材质铸件及零部件、总成

应用于汽车、机床、风电、船舶、通用机械、农用机械、工程机械、能源电力、轨道交通、电子信息及通信、石油化工管道泵阀等领域的各种铸件产品、零部件产品、总成（包括：各类汽车、摩托车用铸件、铸阀门、轧辊、铸铁管、钢锭模、艺术铸件、耐磨铸件、发动机系统、变速箱、排气系统、车桥、转向、制动悬挂系统、车身及附件、各种内燃机零部件等）。

（二）铸造装备

精密铸造、实型铸造、压力铸造、低压铸造、金属型铸造、消失模铸造、连续铸造、离心铸造、真空吸铸等各类有色铸造装备（包括各种冷室、热室压铸机、镁合金压铸机、低压铸造机、铝合金熔炼炉、铸造模具、各类造型制芯设备、砂处理设备、铸件清理设备、除尘环保设备、时效处理设备、型芯烘干设备等，以及型砂在线检测设备等各类检测、分析、测试、控制仪器）。

（三）铸造原辅材料

铝、铜、锌等有色金属材料，生铁、废钢、精炼剂、除渣剂、原砂、覆膜砂、铬铁矿砂、宝珠砂、铸造用树脂、铸造用焦、涂料、脱模剂、钢丸、固化剂、膨润土、耐火材料等。

（四）其他

与有色合金及特种铸造工艺相关的新材料、新工艺、新技术、科技成果、专业技术期刊、网站等。

二、同期活动丰富多彩

- 中国铸造协会六届四次理事会；
- 第六届中国铸造行业高层论坛；
- 2013 中国国际铸件采购洽谈会；
- 全国优质铸件评选活动；
- 中国铸造材料金鼎奖评选活动；
- 全国铸造装备创新奖评选活动；
- 中国铸造博物馆二期工程文物征集活动；
- 高端铸件制造技术交流会；
- 智能、高效铸造装备技术交流会；
- 节能、环保铸造材料技术交流会；
- 铸造企业人才培养经验交流会；
- 信息化平台应用与技术交流会等；
- 2013 年中国（苏州）国际冶金工业展览会。

三、成为网上预登记专业观众的待遇

免去现场登记手续，使用专用通道进场，省时省力；获赠本届展会会刊一本；在展前收到《中国铸造会展报》，即时了解展会信息；展会后收到主办方全面展后报告；参与观众大抽奖，赢取精美礼品——多重大礼，惊喜连连！

四、专业观众登记办法

可通过登录展会网站 http://www.expochina.cn 进行网上观众预登记。

五、展馆地点及交通

略

六、苏州国际博览中心（苏州工业园区现代大道博览广场）

距苏州火车站12公里，距苏州市中心10公里；距沪宁高速公路苏州工业园区出口10公里；距沪宁高速公路苏州东出口8公里左右；距苏嘉杭高速公路苏州市区出口10公里左右；南有机场快速公路，北有312国道。

咨询热线：

中国铸造协会展览工作部

电话：010-88514541 68418899—661、675、672

手机：18911227989 18911227987 18911227988

传真：010-88514541 68458356

网站：www.expochina.cn

案例来源：2014年苏州铸造展览会官方网站。

5. 展会广告文案

展览会宣传的重要方式是展览广告，会展广告的范围可能覆盖已知的和未知的所有目标观众，可以将展出情况传达到直接联络所遗漏的目标观众，还可以加强直接联络的效果。

展览广告预算决定了广告的规模，要根据需要和条件决定预算。如果经费充裕，可以选择电视、报刊等反复登载广告；如果经费有限，则可集中力量在少数影响大、效果好的媒体上做广告。选择合适的媒体是降低成本、提高效率的有效途径。

10.4　展会管理文案

1. 参展手册

参展手册是展览会中汇集展览基本信息、服务项目及参展注意事项的文件，参展手册也成为"参展指南""参展说明书""展览手册"等，主要编写目的是使参展商和展会的相关人员更加清楚地了解展会的情况，同时参展手册也包含了服务指南，对于展会参与者在参加展会过程中，可能遇到的问题进行书面解答。

参展手册一般要包括以下几个方面的内容。

① 前言。

② 展览场地基本情况。

③ 展会基本信息。

④ 展会规则。

⑤ 展位搭装指南。

⑥ 展品运输指南。

⑦ 其他服务指南。

⑧ 相关表格。

通常情况下，展览会的参展手册会分两个部分，一部分是针对参展商的指南，另外一部分是针对参观者的指南，为节约成本，很多情况下，参展商指南会在参展合同中体现，参观者指南会以"观众参展指南"的形式存在。

案例 10.3

2015 中阿博览会参观指南

2015 中国—阿拉伯国家博览会将于 2015 年 9 月 10 日至 13 日在宁夏银川举办。本届博览会的主题为"弘扬丝路精神，深化中阿合作"。

中阿博览会是经国务院批准，由中国商务部、中国贸促会、宁夏回族自治区人民政府共同主办的国家级、国际性综合博览会。自 2010 年以来，在中国宁夏已经举办了三届中阿经贸论坛和一届中阿博览会。今年将于 2015 年 9 月 10 日在银川国际会展中心开设专业观众日，2015 年 9 月 11 日—13 日设公众开放日。

1. 2015 年中国—阿拉伯国家博览会如何获取证件

普通观众在展会现场售票处购买门票入场。现场售票点定于 B 馆南门、E 馆东门。

专业观众可通过以下三种方式获取入场证件。

方式一：可点击中阿博览会官方网站主页面"参观报名"，进行网上预登记注册，注册成功后，根据回复邮件内登记确认码到展会现场专业观众登记处领取证件入场。

方式二：可通过"中阿博览会官方微信平台"展会服务内观众预登记栏目进行手机注册，注册成功后会收到短信，凭短信内预登记确认码到展会现场专业观众登记处领取证件入场。

方式三：可在展会现场观众登记处填写专业观众登记表并递交名片后，领取专业观众证件入场。

宁夏国际会展中心展馆出入口的位置是 B 馆南门、C 馆南门、D 馆南门、E 馆南门。（凡是持有大会证件的嘉宾、记者、工作人员等人员从 B 馆南门进入，F 馆南门出。）大会（志愿者）服务处设立在 B、C 馆南门之间，主要提供大会咨询、接待服务及发放会刊、会议指南等资料。

为方便前来参观的市民朋友的停车需要，银川国际会展中心北广场可以停车。

2. 2015 年中阿博览会银川国际会展中心——展馆主题介绍

展馆一楼

B 馆：国际商品展，包括：马来西亚、阿曼、苏丹、毛里塔尼亚、巴林、巴基斯坦、新加坡、韩国等各国国家馆及企业形象展。

C 馆：各省、区（市）特色产业展，包括：北京、上海、浙江、天津、四川、内蒙古、陕西、黑龙江、新疆、重庆、河南、甘肃、深圳、辽宁、山西省政府代表团，以及香港特别行政区展区。

D 馆：高科技新能源展区，参展企业有中节能、中民投、中兴、科沃斯、振发能源、万达财富等高科技企业及新能源企业形象展。

E馆：国际清真食品、牛羊肉产品及设备站，参展范围包括青海、云南、福建、甘肃、宁夏清真企业展区，美国查维斯、黑龙江天顺源等区外大型企业，厚生记、金河、塞外香、法福来等宁夏优质清真食品企业。

F馆：中国自主品牌汽车站，参展企业有：长安、北汽、广乘、江淮、小康、南汽、昌河、比亚迪、福田、吉利、奇瑞、长城、华晨、中兴、一汽、中通、东风集团、众泰、吉奥、宇通、力帆、重汽、上汽、江铃、华晨等自主品牌企业。

展馆二楼：

B馆：由综合保税区承办2015中阿博览会黄金珠宝文化展。

D馆：由天津市津滨华亚会展服务有限公司承办2015中阿博览会高端红木家具文化展。

展馆三楼：

B馆：主题为国际商品展，由巴基斯坦、南非等国家和中国香港、中国台湾的企业组成。

C馆：主题为农副产品展，由河北省、吉林省政府组团参展。

D馆：主题为综合展区，展览范围包括高科技、能源、纺织等。

2015中国—阿拉伯国家博览会，欢迎您的到来！

案例来源：2015年中阿博览会官方网站

2. 参展合同

在展览活动中，会涉及很多展会的合同文案，比如展览中心租用合同、展览活动搭建合同、展览配套服务合同等，但对于会展组织者而言，主要编写的是展览组织者与参展商之间的参展合同。既然是参展合同，那么其内容应当遵循《合同法》的相关规定，同时为避免参展商之间有知识产权纠纷，还应当遵循《知识产权法》《商标法》等法案的相关规定。其他和展览场地相关的合同展览中心都有固定模板。

参展合同没有固定的版式，我国目前也没有统一的参展法，综合起来参展合同的主要内容应当包括：展览会的名称；展览会的日期；展览会地点；主办、协办、承办单位；参展单位和信息；付款原则；双方公司签名盖章；日期；附件等。

案例 10.4

2014成都车展参展合同

展览会将于_____年_____月_____日至_____月_____日在_____举办。

甲方为该次展览会组织承办方，乙方为该次展览会参展方。为了保证展会正常进行，维护双方共同利益及声誉，本着自愿、平等合作、互惠互利的原则，订立本合同，以兹双方共同遵守。

一、展位情况及展品

1. 乙方展位号为_____号（参见展会展位分布图，该图作为本合同附件，是本合同的一部分)。

2. 乙方参展面积：_____平方米。

3. 参展费用包括：制作费，材料费，运输费，人工费，广告费，总计 元整)。

4. 乙方参展展品

二、付款方式

1. 乙方于本合同签订后，即向甲方支付合同费用 30％，即人民币_____元（大写_____元整）作为履约定金（展会结束后转为参展场租）。

2. 汽车展览结束后，乙方需在三日之内向甲方支付合同余款即人民币_____元（大写_____元整）。

三、甲方的权利和义务

1. 展位的分配：甲方将依据展品的特性或认为适宜的方式分配展位。在展位开始搭建之前，甲方保留改变展位分配的权利，在特殊情况下，甲方可改变展位，移动展览设施，或关闭展地的出入口，并可对展位进行结构性调整，对于展位的调整，甲方应通知乙方，乙方不就此调整提出索赔的要求。

2. 改变展会日期和地址：甲方保留因外部因素改变展会日期和地点的权利，日期和地点改变应在展会开幕 7 日之前通知乙方，本协议仍然有效。乙方不就此调整提出索赔的要求。

3. 安全：甲方负责展会期间展出场地的安全工作，对乙方和参观者采取安全预防措施，在存在安全隐患的情况下，甲方有权拒绝任何参观者、参展商进入展会或展场。甲方应在展会期间配置保安，协调当地公安机关，确保展会进行，但对展会期间和之后乙方及其参展人员物品、展品的丢失、损坏或被窃不承担责任。

4. 附加条款：展会承办单位将保留颁布附加条款的权利，以保证展览有序的管理。所有附加条款将是本合同的一部分。

四、乙方的权利和义务

1. 展位的使用：乙方只能展示申报的展品，在展会期间，乙方应委派有能力的人员管理展品。未经甲方的书面同意，乙方不得将展位全部或部分转租或分派给他人。乙方对展厅墙面或其他部位的损坏应负赔偿责任，未经甲方同意，乙方不得更改地面及位置。

2. 展品运输：乙方负责将展品运输至展会举办地点并承担运输费用；乙方负责展会期间的展品仓储；乙方应在展会结束后起至当日二十四时前将所有展品撤出展地，否则由此引起的损失和延误，乙方应向甲方做出赔偿。

五、违约责任

1. 甲方由于自身原因致使展会未能举行的，应赔偿乙方相当于合同总价款 30％的违约金。

2. 乙方未能依约缴纳本合同第二条约定的履约定金的，每延期一日支付应付定金 20％的违约金，累计逾期超过 30 日的，甲方有权解除本合同。

3. 乙方未能依约缴纳本合同第二条约定的剩余场租的，每延期一日支付应付款 20％的违约金，累计逾期超过 30 日或距本合同约定的展会开幕前 7 日的（以先到为准），甲方有权解除本合同。

4. 展会失败：由于下列直接或间接的原因，致使展会被取消、暂停或缩短展期，从而给双方带来损失的，互不负赔偿责任。

① 不可抗力。

② 战争行为、军事活动、地方性法规或政府部门的要求或决议变更。

③ 火灾、水灾、台风、极端的恶劣天气，地震、流行性疾病或这些自然灾害同时发生时。

④ 工人罢工或停工。

5. 除上述约定以外，任何一方违反本协议的约定，给对方造成损失的，应承担赔偿责任。

六、其他

1. 乙方在展会上展出的内容应符合法律、地方性法规的要求。包括人体模特及实物在内的参展内容不得出现色情内容，包括裸体画面。如有违反，甲方有权解除合同，并不退还乙方的参展费用。

2. 甲方负责联系及保障展会期间水、电的正常供应，但非因甲方能力所能控制的因素造成水、电非正常供应的，甲方不承担违约及赔偿责任，因乙方原因造成水、电无法正常供应的，乙方应向受损失方予以赔偿。展会期间乙方的电费由乙方承担。

七、因本合同发生纠纷，由有管辖权的人民法院裁决。

八、本合同一式两份，甲、乙双方各执一份，自双方签字之日生效。

甲方签字   乙方签字

案例来源：2014年成都车展官网。

3. 展会新闻稿

为扩大展会的影响，培育展会品牌，增加展会的软实力，展览会大多有负责新闻工作的机构，设有媒体工作点，提供新闻工作所需的服务。

展会新闻稿的内容主要包括标题、导语、主体、背景、结尾几个方面，新闻稿的要求必须符合标题醒目、要素齐全、结构合理、短小精悍等特点。

4. 展会会刊文案

展会会刊通常由组委会统一编制，其中主要包括的内容有：前言、办展单位、联系方式、展览会的基本信息、展馆信息、相关活动、广告、参展商名录、调查表和备忘录、光盘等。近年来由于会刊制作的精美程度越来越高，成本也在逐渐增加，为控制展会成本，展会会刊除少量的赠送以外，基本会以销售的方式来发放。参展方或与展会主题相关行业的人士及专业观众通常会因各自的立场和原因购买会刊。

10.5 展会评估总结文案

展会评估是展会运行的一个重要组成部分，通过对展览环境、展览工作和展览效果等方面进行系统、深入的评价和总结，可以更深刻地了解展览环境，对已做工作做出客观、公正、真实的评价，从而为以后的展览工作提高效率和效益提供经验和建议。

1. 展会评估报告

展会评估报告的主要信息来源有：参展商和专业观众的意见、投诉及投诉处理情况；展览会主办单位或其代理机构所开展的参展商和专业观众意见调查；展览会主办单位尤其是项目部工作人员的总结报告；当地主流媒体和业内权威专业媒体的评价等。

展会评估报告从不同角度出发可分为两个层面：一个层面是会展活动组织方的展会评估，另一个层面是参展方的评估报告。两个层面的展会评估报告既有相似点，又有很多有差异。如表 10 - 1 所示，将展会报告分为报告内容、对外目的、对内目的及现状四部分内容，从组织方和参展方的角度出发进行了客观的评价和分析。

表 10 - 1　展会评估报告分析表

	组织方	参展方
报告内容	展览工作评估 展览质量评估 展览效果评估	展览质量评估 展览效果评估
对外目的	促进下一届展会的召开 与参展方保持联系 为下届展会储备参展客户资源 确立展会品牌形象	展示参展收益 展示企业形象
对内目的	衡量展会的经济效益 提高办展的质量	衡量展会的经济效益 提高今后参展质量
现状	大型展会主办方都会统计详尽数据 有时会以 PPT 的形式发送给参展商 多数分析会纳入到展后报告中	多数参展商会衡量办展效益 很少有参展商做细致评估 能落实到评估报告的更少 多数会纳入到展会总结报告

2. 展会总结报告

总结报告是展会工作中使用极为广泛的一种事务性文书。在展会工作中，经常对一定时期内的展会工作实践或已完成的某一专项展会工作进行全面系统的回顾、分析、检查和研究，找出成绩，发现问题，总结经验教训，揭示事物的规律，以便指导今后的展会工作。

本 章 小 结

会展文案又称为会展文书，是围绕会议或者展览而产生的各种书面文字材料的总称。会展文案涉及法律合同文案、各类表格文本、广告文案、宣言、声明、计划总结文案、各种主持词和演讲稿等多方面。本章主要对展会准备文案、展会营销文案、展会管理文案、展会评估总结文案等几个方面进行了综述。

课 后 习 题

1. 展会准备文案包括哪些？可行性研究报告主要包括哪些内容？
2. 展会营销文案有哪些？
3. 简述展会评估总结报告对策展方和参展方的作用。

第 11 章

奢侈品展会策划与管理

据世界奢侈品协会统计，截至 2016 年 10 月，中国奢侈品消费总额达 2464 亿美元，全球占有率为 46％，中国已成为第一大奢侈品消费国。

据杭州大厦常务副总经理童民强介绍，目前全球 80％的奢侈品品牌都进驻这里，100 平方米的"杰尼亚"品牌店面，一年销售额超过 7 000 万元；OMEGA 手表，一年的销售额为 1 亿元左右；100 多万元的手表，刚摆上柜台就卖完了，更贵一点的珠宝也纷纷被抢购。杭州大厦 LV 柜台的销售业绩在全世界 LV 单店中排名第一，杭州已成为全国奢侈品销售量第三大城市。

强劲的购买力催生了一个新事物的出现——奢侈品展会，从 2004 年源起摩纳哥的 Top Marques 在上海初试啼声以来，各类奢侈品展已经在深圳、广州、北京、上海落地生根，如"北京国际奢侈品展""全球奢侈品嘉年华""顶级私人物品展"等。而近两年，这些奢侈品展更是深入中国腹地，在很多城市遍地开花，如杭州、青岛和西安等地。

11.1 奢侈品的定义

奢侈（luxury）一词最初来自拉丁语词根 lux，是"光"的意思，后来演变为词汇 luxus，意指"极强的繁殖力"，延伸含义为浪费、无节制。

早在 15 世纪初，意大利人这样定义奢侈品："奢侈品就是甜品、糖、可可、咖啡与茶。"可见，人类对奢侈品最初的认识就是稀有的、昂贵的、能够提供奢侈享受的物品。这样的奢侈品内涵持续了数百年，克里斯托弗·贝利在《奢侈的概念——概念及历史的探究》中仍然延续了这一认识。他认为"任何一种物品要成为为人所欲的奢侈品，人们就必须相信，拥有它是'一种享乐'，奢侈品与享乐观念之间的这种必要联系说明了为什么可以说'享有'奢侈品"。至今国际上对奢侈品的普遍认识是"一种超出人们生存与发展需要范围的，具有独特、稀缺、珍奇等特点的消费品"，又称为非生活必需品。经济学按照价格弹性将所有的商品划分为三个门类，即劣质品、必需品和奢侈品，这样的定义远远不能满足对奢侈品内涵描述的要求。

奢侈品的广义定义是：奢侈品是指消费者对某件特定商品预期会给自己带来的体验价值远远高于该商品具有的使用价值的一类特殊商品。这类商品的主要功能不是实现使用价值的转移，而是以满足体验及心理的需求为主要功能。因为消费者个体差异大，所以能够实现的价值也因消费者感知不同而差异悬殊。

11.2 奢侈品展会的特点

11.2.1 奢侈品的特点

1. 奢侈品是相对概念

奢侈品的相对性表现在三个方面：其一，因消费者个体收入、偏好差异而表现为对奢侈品认识的程度是相对的，消费者之间互为参照系；其二，因时代变迁，消费者的奢侈概念是变化的，消费者不可能脱离时代特征的影响，表现为消费者自身对奢侈品认识发展与变迁的相对性，消费者自身按照时间序列参照；其三，奢侈品自身的发展也存在阶段性，一件商品成为奢侈品需要一个过程，而且也不可能永远是奢侈品，随着人类社会的发展，奢侈品成为大众商品是趋势。奢侈品概念存在于商品概念发展的一个阶段，奢侈品概念是相对于整个商品概念的一个相对阶段。

2. 其价值被广泛认可，但有效需求有限

奢侈品能够提供体验的能力受到广泛认可，但奢侈品不是必需品，不会由认可直接产生需要，且有支付能力的有效需求更是有限。

3. 长期供给量有限

形成奢侈体验价值来自两个方面：其一，源自某种天然资源的稀缺，如高品质的玉、彩色钻石等；其二，人为的稀缺，如作者已故的艺术品或手工打造的豪华轿车等。供给受到限制，方能产生稀缺，体验价值也会因体验供给的稀缺而倍增。短期来看，大量供应会导致奢侈品的大众化消费，价格渐渐回归于使用价值，失去体验价值，从而失去心理预期的体验价值这一奢侈品存在的基础。所以，奢侈品的短期供给也受供需关系的影响。因此，奢侈品的供给量必须是可以被控制的，且长期的供给量是有限的。不能控制供给量的商品是不能成为奢侈品的。

4. 价格弹性、收入弹性都很高

奢侈品最早的概念就是针对必需品而言的，因为它和必需品的弹性性质正好相反，是价格弹性和收入弹性都很高的一类商品。

案例 11.1

表 11-1 是 2016 年奢侈品品牌价值排行榜。

表 11-1　2016 年奢侈品牌价值排行榜（全国 100 强之列）

本年排名	品牌名称	价值单位/亿美元	价值变化	国家
19	路易一威登（Louis Vuitton）	239.98	6%	美国
34	爱马仕（Hermès）	128.33	−13%	法国
53	古驰（Gucci）	93.85	−14%	意大利
62	卡地亚（Cartier）	77.38	8%	法国
81	普拉达（Prada）	55.04	−2%	意大利
83	博柏利（Burberry）	53.62	−5%	英国
89	迪奥（Dior）	49.09	8%	法国

案例来源：十大品牌网

11.2.2　细分目标客户群

奢侈品作为商品的特殊形式，目标客户群体也是特殊的，在定位目标客户群之前，需要进行目标客户群的市场细分。

市场细分（market segmentation）的概念是美国市场学家温德尔·史密斯（Wendell R. Smith）于 1956 年提出来的。市场细分是企业根据消费者需求的不同，把整个市场划分成不同的消费者群的过程，其客观基础是消费者需求的异质性。进行市场细分的主要依据是异质市场中需求一致的顾客群，实质就是在异质市场中求同质。市场细分的目标是聚合，即在需求不同的市场中把需求相同的消费者聚合到一起。对于奢侈品展会来讲，目标客户群是指认同奢侈品价值，并有意愿、有能力购买其展出产品的群体。奢侈品消费从不同角度有不同的分类方法。

1. 按照消费驱动力的角度进行分类

普遍来讲，奢侈品消费分为两大类，即商品驱动型消费和体验驱动型消费。在西方个性文化较为普遍的国家，消费者偏爱体验驱动型消费，追求能够放松压力的舒适假期或者高品质的服务等。而在东方文化影响较深的国家，消费心态仍以显示身份为主，消费者属于商品驱动消费类型。

2. 按照消费目的进行分类

（1）高品质的体验型奢侈品消费

对于许多消费者而言，高品质的生活体验不尽相同，可以是享受一顿丰盛的晚餐、参加一些主题聚会、旅行或度假等，这些都可以帮助消费者恢复体力、促进情感及缓解压力。抑或是购买自己钟爱的配饰，表达对自己的关心。

（2）社交需要型奢侈品消费

社交需要型奢侈品消费包含三层含义：其一，人际交往是生活中相当重要的内容，交际过程中所出现的物品通常能够代表拥有者的品位、知识、成就和价值标准，有一部分消费者钟爱奢侈品的动机就基于此；其二，对奢侈品的消费是基于人们的生活归属于一些大大小小的群体，这时奢侈品往往具有更加鲜明的品牌形象和特征，因此往往更加容易被选择充当某个群体或圈子的形象或标志，从而成为这部分人共同的追求和购买对象；其三，奢侈品也被作为商业赠礼的社交性手段，奢侈品的高价或明或暗地表示了礼物的价值。

3. 按照消费者收入进行分类

在市场营销领域，按照消费者收入进行分类是最常见的一种分类方式。由于奢侈品消费人群收入差距较大，不同的收入阶层购买奢侈品的消费行为迥异，因而很有必要以消费者收入水平作为标志进行分类研究。

（1）富豪阶层

一种物品是奢侈品还是必需品不完全取决于物品本身固有的性质，还取决于购买者的收入水平及其偏好，这也是奢侈品具有的相对性的体现。对于富豪阶层，奢侈品就是必需品。这类人群对奢侈品的欲望与要求几乎完全不受其支付能力的限制和约束，他们有能力消费顶级奢侈品，奢侈品的高价格、高税负已不是其关注的重点，而价格及税负的变化对其实际财富的影响也可以忽略不计。所以，即使对奢侈品课税导致商品价格上升，富豪们的消费行为也几乎不会受到任何影响。

（2）富裕阶层

富裕阶层是奢侈品消费的重要部分，他们的消费习惯与偏好不会轻易改变。这部分人大多抱有强烈的被认知的需要。他们期望奢侈品作为一种身份的标签，对奢侈品的消费能够得到心理上的肯定和满足。他们消费行为的特点是看重商品的品牌和档次，对价格和税负的变动不是很敏感，轻易不会改变自己的消费偏好。

（3）普通阶层

对奢侈品的消费，除了富豪阶层和富裕阶层之外，还有一个并不富裕却不乏购买欲望的群体，也称为偶尔消费者。这个阶层消费行为的特点是因为收入有限，只能通过购买相对便宜的名牌配件来暗示自己身处较高阶层。这样的消费者在价位相对较低的奢侈品消费中占有很大比例，对奢侈品的需求弹性甚至低于生活必需品，主要集中在皮包、香水、时装等入门级奢侈品。

11.3 奢侈品的分类

以价格为分类标准可将奢侈品分为三类，即入门级奢侈品、中级奢侈品和顶级奢侈品。

1. 入门级奢侈品

入门级奢侈品主要是指日用消费产品，如香水、服装、箱包等，价格一般都在 10 万元以下。这类奢侈品大多强调个性和与众不同的体验，通过创造品牌，利用品牌感染力，建立与消费者之间稳定的品牌关系。此类奢侈品的消费者多数是品牌忠诚度比较高的消费者。

2. 中级奢侈品

中级奢侈品指的是汽车、名表、珠宝等价值在 10 万元到数百万元之间的奢侈品。这类奢侈品一般都有着一流的品质。这类奢侈品依靠细腻的手工、对品质的苛刻要求、经典的设计理念、设计大师的匠心独运、考究用料，使奢侈品精致而唯美，且多有动人的传统和历史。此类奢侈品具有极强的文化性特征，需要时间的积累。此类奢侈品的消费是一种对生活方式的推崇。

3. 顶级奢侈品

顶级奢侈品价位都在千万元以上，比如豪宅、别墅、游艇、飞机等。这类奢侈品提供给消费者平时难以获得的生活体验或者奢侈经历，也可能是一种自我实现的感受，不管是外出旅行还是仅仅与家人共享天伦之乐。顶级奢侈品的消费者都是富豪，他们是奢侈品最大的消费群体。

11.4 奢侈品展会分类

11.4.1 品牌推介会

奢侈品展会经常以某品牌推介会的形式存在。此类推广活动，通常仅限于特邀嘉宾参加，其中包括业内人士、相关媒体、品牌代言人、演艺明星等。推介会的主要方式有新品发布会、私人酒会、时尚秀、私人晚宴、品鉴会等。这类品牌推介会的目标顾客群非常清晰，就是认同品牌价值观念的人员。这类推介会通常不以当场销售为目的，其主要目的在于做品牌推广或者是应季商品的推广。品牌推介会的主要特点如下。

① 通常规模较小，会期较短。
② 与会者全都是邀约而来。
③ 目的仅为品牌推广或新品发布。
④ 重在提供更多交流空间（与媒体、参会嘉宾等）。
⑤ 照顾周全，氛围较温馨。

案例 11.2

Ralph Lauren 的创举——4D show

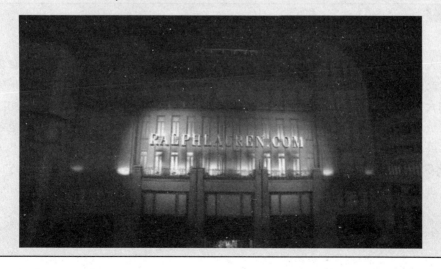

美国时装品牌 Ralph Lauren 在纽约以 4D 投影结合建筑物，举办了一场令人叹为观止的服装发布会。

2010 年 11 月 10 日，数千双眼睛亲自见证投射在 Ralph Lauren 位于纽约和伦敦旗舰店正面上的先进视频映射技术。在伦敦，此次盛会正好与推出 RalphLauren.com 英国网店同期，这也是品牌在欧洲的第一个网上平台。

集艺术、时尚、音乐和香熏于一体，配合 15 个画面展现大过实物的模特和 Ralph Lauren 时尚配饰图像，令观众产生错觉，觉得图像超越建筑物，浮动在飘向观众的空间之中。这些图像再配合音乐和全新 Big Pony 系列香水飘洒在专卖店前的观众之中，令"嗅觉"成为第四维元素。

随着科技的日新月异，各大品牌也企图让消费者们有耳目一新的全新感官。例如英国经典品牌 Burberry 2010 年秋冬系列服饰的发表会，就以 BURBERRY 3D 世界连线服装秀为号召，以 3D 技术及网路放送到全世界。

Ralph Lauren（拉夫·劳伦）是有着浓浓美国气息的高品位时装品牌，成立于 1967 年，款式高度风格化是 Ralph Lauren 旗下两个著名品牌"Lauren Ralph Lauren"（拉夫·劳伦女装）和"Polo Ralph Lauren"（拉夫·劳伦马球男装）的共同特点。除时装外，Ralph Lauren 品牌还包括香水、童装、家居等产品。Ralph Lauren 勾勒出的是一个美国梦：漫漫草坪、晶莹古董、名马宝驹。Ralph Lauren 的产品，无论是服装还是家具，无论是香水还是器皿，都迎合了顾客对上层社会完美生活的向往。或者正如 Ralph Lauren 本人所说："我设计的目的就是去实现人们心目中的美梦——可以想象到的最好现实。"

案例来源：百度百科。

案例 11.3

Fendi 2007 长城秀

意大利时尚品牌 Fendi 在中国万里长城举办的时装秀，原定在 5 月中举行，但因种种因素临时改变计划，最后这场全球瞩目的时装秀延后到 10 月 19 日才举行。

据内幕消息说，在长城的烽火台举办时装秀是前所未有的壮举，实行起来困难重重，比如应该在长城的哪一段举行？如何将灯光、音响、模特、500 多名媒体和嘉宾运到长城等问题在秀场开始前都在媒体人的脑中打转。

很多对中国有一定认识的时尚圈朋友，都不看好这场高难度的时装秀。有的预测当天一定会出现很多状况；此外，10 月中旬夕阳西下的长城，温度可降到摄氏 4 度，加上寒风的吹袭，出席者不变成冰棒，也可能被冻僵。可是，出乎观众意料的是，Fendi 式的呵护在享受 Fendi 盛宴的同时感受到了 Fendi 品牌屹立多年的缘由。

1. Fendi 式的呵护

"时装秀选择在长城的"天下第一关"举行，四面环山围绕，长城上的时装 T 台的背景是连绵不断的城墙与一个接一个的烽火台。当夜，灯火通明，时装秀结束时，T 台背后的长城还有一闪一闪的灯火，就像星星从天空被摘下，铺在长城上。这是我这 14 年来，在世界各地出席的众多时装秀中，见过的最壮观的舞台！历史与现代，新旧交织，使我的心情非常激动。"

"我们抵达现场时，Fendi 为每一名女嘉宾预备了暖厚的 Fendi 围巾，每一名男嘉宾则预备了 Fendi 暖手囊。怕输又怕寒的我，两种都要了，皆派上用场。"

"时装秀的椅垫是有暖气的，时装秀结束后，服务员还为我们预备热巧克力饮料和 Brandy，全身暖烘烘的。前往 'after show party' 途中，车上的服务生为我们端上矿泉水和美味的 Fendi 巧克力。很贴心吧？"

"到时装秀 T 台前，我们必须爬一小段蛮陡的楼梯。为了确保穿高跟鞋的女嘉宾的安全，楼梯两旁站了两排帅哥协助扶持。同行的时尚圈女友，竟然握着其中一位帅哥的手，舍不得松开，她说：'你有没有看见，那男孩实在是太帅了'！"

Fendi 长城时装秀是法国 LVMH 集团的"大制作"，因此大老板——LVMH 主席 Bernard Arnault 与夫人都出席了。而受邀出席的艺人有章子怡、侯佩岑、韩国影后全度妍，"Superman Returns"女主角 Kate Bosworth 与她的英国男模男友 James Rousseau、电影 *Crash* 女演员 Thandie Newton、前日本足球明星中田英寿等。

Fendi 设计师，时尚界的传奇人物——Karl Lagerfeld 和 Fendi 家族成员 LalSilvia Fendi，在这历史性的时装秀中展出 88 套新装，皆由 88 名中国大陆及欧美名模走秀。为时装秀压轴的是走红国际的中国名模杜鹃。

2. Fendi 式的娱乐

长城时装秀只是这场意大利与中国文化交流的开始，之后的晚宴与派对则在三里屯举行。在四面皆是现代建筑的小广场，我们欣赏了巨型 Fendi Baguette 包包的展示，用 Fendi 图案面料陈列的"艺术品"；Fendi 也利用高科技，将 Fendi 罗马总部的 Palazzo Fendi "投影"在建筑上，又在同一堵墙上放映 Studiofesti 制作的 Fendi "电影剪辑"，又有空中飞人从"Palazzo Fendi"的顶楼降到半空中飞舞，又有罗马舞旗与中国舞交替表演；激光涂鸦艺人 Damiano 用电脑科技在"Palazzo Fendi"涂鸦……晚宴就设在两幢还未完成的建筑之间的空地上。

此外，还有摆满 Fendi 家具的"酒厅"与舞厅，供嘉宾饭后跳舞、饮酒……总之，它与长城时装秀形成强烈的对比：前者是 2 500 年历史的中国，后者是现代钢骨水泥的中国，完全展现了 Fendi "双面性"风格的精髓。

案例来源：百度百科。

11.4.2　综合性展会

综合性展会的特点是产品线较为丰富，涵盖了所有的奢侈品门类，是一个"大而全"的展会类型。综合性展会基本上涵盖了从私人飞机、豪华游艇、私人岛屿、豪宅、名车、名表、古董、艺术品、衣物箱包等所有的奢侈品门类。

摩纳哥占地不足 2 平方公里，但该国因其独特的地理位置和美妙的自然风光，集聚了世界各地的富豪、明星，使得当地的奢侈品零售业极度发达，各类奢侈品展览也占尽优势。Top Marques 作为全世界最大的奢侈品展会每年都在摩纳哥举办。综合性展会的特点如下。

① 产品类别丰富。

② 展会规模较大。

③ 参观者的人数较多。

④ 某类产品的专业性较弱。

⑤ 以现场销售为目的。

案例 11.4

Top Marques 上海 2015

第十七届 Top Marques 奢侈品展于 2015 年 12 月在上海国际会议中心拉开帷幕。

有报告显示，中国已成为世界上最大的高端腕表和珠宝的消费大国，中国消费势力已成为奢侈品产业的中流砥柱。Top Marques 珠宝展区的火爆场面也映射出奢侈品巨头对中国市场的重视。

世界顶级腕表纷纷登场，包括 Carl F. Bucherer（宝齐莱）、Juvenia（尊皇表）、Porsche Design、肯宁家等品牌，将展示超过 150 多块复杂精密高级腕表和钟表，包括宝齐莱 125 年周年的特别限量版的腕表。据悉，中国收藏家家集结号将联合多位钟表大师在贵宾休息室开设高端钟表沙龙，与中国的财富新贵们分享腕表收藏和投资领域的心得，吸引了众多钟表收藏家参加。

高级定制珠宝已经成为中国财富精英的新宠，众多来自世界各地的珠宝商，包括 Fima Diamonds、The Carat Club、Wendy's Jewellery、翟倚卫玉牌大师、Global Gemstone 和 Henry's Collection 等呈现了限量款的高级定制珠宝系列，其中 Fima Diamonds 现场的珍稀钻石总价值超过 3 000 万美元，成为现场最令人眩目的展品。

据主办方介绍说，共有超过 20 多家腕表和珠宝品牌亮相此次盛会，其中一半以上为首次进入中国市场，可见以高级钟表和奢华珠宝为代表的"奢侈品中国热潮"再度高涨。

本届展会依然传承了 Top Marques 一贯的跑车元素和赛车文化。刚刚进入上海展览中心的嘉宾一定会亲身感受到强烈的超跑氛围，巨大而夸张的轰鸣声充满全场。作为 Top Marques 独家超跑会俱乐部合作伙伴，SSCC 上海超跑会率领近百位会员和 Top Marques 的贵宾豪华车队参加了这次展会，现场的豪车品牌包括兰博基尼、玛莎拉蒂、捷豹、路虎、阿斯顿·马丁、凯迪拉克、KTM、Artis 岛田改装车、奥迪和奥古斯塔摩托车等。

Top Marques 一直致力于呈现代表高端生活方式的顶级品牌，本届展会精选了代表中西文化经典时尚家居类产品。欧洲古董家具品牌——宝勒艺廊带来了原汁原味欧洲大师级的古董家居，欧洲第一瓷器 Meissen 呈现了 2013 年最新款产品，而皇室御用顶级瓷器品牌 Noritake 和大仓陶园为中国市场定制了多个限量款的艺术品瓷器系列。

Top Marques 一直致力于推广国粹系列奢侈品牌，此次联合赞助商歌德盈香呈现了陈年名酒套装系列、陈年名酒单瓶系列、陈年名酒高端定制系列，特别是目前存世数量极少的五六十年代陈年茅台酒。礼品赞助商乘虹饮练提供顶级普洱茶，沿用古法精致炮制而成。桑马红木代表了清式宫廷家具的最高工艺水准，将携重量级展品登场。宜雅泰和园也呈现了高端红木家具，并融合现代时尚元素，公司出品的"丝翎檀雕"小叶紫檀《寒雀图》笔筒备受瞩目，成为国家博物馆永久收藏的木雕艺术精品。

据主办方透露，展览不对外开放，受邀嘉宾需持邀请函赴现场方可体验这场超级盛宴。除了周五晚上的开幕酒会外，周六和周日的展览也同样精彩。展期各种精彩活动不断，包括珠宝秀、时装秀、跑车试驾、品鉴沙龙和各类新品发布。作为展览合作伙伴，M1NT 也为展览嘉宾准备了精彩丰富的派对。

案例来源：Top Marques 奢侈品展官方网站。

案例 11.5

特殊奢侈品展会营销方式

——TOP 奢侈品沙龙私塾定制生活馆落户北京星河湾

这是一场顶级高端生活与私属化定制奢侈品的品位对话，这是一场华丽潮流与高尚格调的盛大演出，这同时也是一场强强携手、跨界营销的联盟宣言——2009 年 4 月 27 日，由众多世界顶级奢侈品牌构筑的 TOP 私属定制生活馆落户星河湾，昭示着星河湾迈出打造世界级高端社交品牌平台的重要一步，同时也极大地提升了星河湾在中国高端住宅市场的领袖地位及品牌号召力。

什么是顶级生活？我们追求的仅仅是物质级的奢侈品？一些国际大品牌，虽然价值不菲，但也变得越来越随处可见，但这些就是我们追逐的奢侈生活的全部吗？清新的空气和健康的身体，享用悠闲的私人时光，拥有独特的生活体验，感受文化艺术带给心灵的震撼……奢侈品代表的是一种生活态度，一种对自我生活品质的选择。

TOP 奢侈品沙龙作为一家专门提供全方位、持续性贴身高端私人定制化服务的平台，将为我们尊贵的宾客带来一系列专属私家服务。

星河湾此次与众多品牌的合作，标志着星河湾将极力打造一个面向世界，展示当代中国建筑文化、人居艺术、高端人群生活品位及理念的窗口，为国内外高端人群提供高端的社交与生活平台，并形成一个强势的高端品牌联盟，为星河湾业主的生活带来更高的附加值。

"星河湾之所以能够得到购房者的青睐，原因不仅仅是卖房子，更是顺应了人民生活水平提高后所追求的一种幸福生活的理念。它的豪华和精致，正是为了给客户提供足够舒适、经典的生活；它的国际化，正是迎合了城市未来财富阶层的背景和生活氛围。"星河湾副总裁梁上燕女士自豪地说。

正如她所说的那样，星河湾在打造高端私属定制生活上同样不遗余力。2009 年，星河湾在继续高品质战略的同时，又加入了更多的创新元素，不但全方位提升了品质价值，还大大增加了其品牌的附加值。

星河湾秉承着"开发到哪里就美化到哪里"的信念，把尊重城市、尊重土地、尊重资源的社会责任感植根于企业内部。北京星河湾地处东四环以外、东五环以内，周遭称不上繁华，但与 CBD 仅 3.8 公里的距离，也算名副其实的闹中取静。高端社交资源的整合、"四季有景"的园林景观、贵族标准的配套设施……无一不是星河湾牢牢占据北京市场的实力表现。

而广州星河湾以"舍得、用心、创新"的企业追求为番禺、为华南板块打造出了一个"心情盛开的地方"，为珠江构筑起一条长达 1.83 公里的亮丽江景，更在这片神奇的土地上多次引领了潮流。

星河湾将其楼盘的业主作为目标客户群，将奢侈品展会及豪门生活方式引进楼盘项目，可以说这是奢侈品展会营销的一种创新，它既提升了楼盘的文化生活底蕴，同时也更好地为业主提供了服务，可以说是奢侈品营销界的一个经典案例。无独有偶，这种营销方式其实是借鉴了发达国家富人区的管理体制和营销理念，在国外富人区内可以享受到一系列的服务，包括品质优良的贵族学校及各种各样的订制服务等，星河湾的这种营销方式在拿来主义的基础上结合国人特质大胆创新，走出了一条豪宅建设之路。

世界奢侈品协会中国俱乐部 Vipstreet（北京）坐落于北京星河湾会所二层，会所展示中心面积为 2 800 平方米，由奢侈品鉴赏消费厅、奢侈品牌文化长廊、奢侈品博物馆、会员红酒、雪茄坊组成，为顶尖奢侈品牌与奢侈品消费者提供了一个相对私密与最亲近的沟通平台。

案例来源：http：//www. lux. hexun. com。

案例 11.6

第五届北京国际顶级生活品牌（奢侈品）博览会（Luxury China）在北京展览馆开幕。本届博览会由中国国际商会、北京振威展览股份有限联合主办，展会吸引了来自 20 多个国家 300 多个国际知名品牌参展。

主办方介绍，北京奢侈品展不仅是展示国际高端顶级生活品牌、为展商提供展示、宣传、交流的平台，也致力于将智能与品质生活方式带给观众，传递健康舒适的生活理念。

据悉，该展会已连续举办五届，本届展会的主题为"智能（智慧）"与"品质"。主办方介绍，本届展会吸引了来自意大利、法国、瑞士、美国、英国、德国、马来西亚、澳大利亚、泰国等 20 多个国家 300 多个国际知名品牌参展。展品涵盖豪车、珠宝、腕表、美酒、箱包皮具、奢华旅游、家居、艺术品等众多品类，预计参观观众 3.9 万人。德国梅森瓷器（Meissen）在去年参加北京奢侈品展后，今年再次参展。梅森瓷器相关负责人表示，他对北京奢侈品展很有信心，相信通过这一平台的展示宣传，可以将梅森瓷器高端、时尚、奢华、极致的产品理念传递给更多的人。

同样作为北京奢侈品展的老客户，孔氏珐琅已经是第三次参展。此次展会上展示的双陀轮腕表"辈辈封猴"及全新的珐琅珠宝受到了观众欢迎。

2016 年北京奢侈品展开幕，300 多个国际知名品牌参展。另外，在展会现场，摩根汽车、特斯拉汽车展区人流不息，不少观众纷纷驻足。摩根汽车现场展示摩根 EV3、摩根 4/4 纪念款车型，其中摩根 4/4 纪念款车型全球限量仅 80 台。

值得一提的是，今年展会还开设了高端智能服务机器人展区，参展的智能服务机器人主要服务于高端人群的日常生活，包括智能家居机器人、生活娱乐机器人、送餐机器人、儿童陪伴机器人、医疗机器人等。

由于我国奢侈品消费发展较晚，尽管近年奢侈品消费有了长足的发展，但是就综合性奢侈品展会来讲，我国和发达国家的展会在规模、参展品牌、参展门类等各方面还有着不小的差距。

11.4.3 专项展会

奢侈品专项展会按照目标客户群不同，可以分为豪车展、游艇展、房车展、珠宝首饰展等。专项奢侈品展览的举办除了要考量当地或辐射周边的消费实力以外，更应该着重考虑当地目标客户群体的消费目的、消费习惯和消费理念。对于经济文化水平比较发达的地区，消费者的消费理念、习惯及消费目的都有着不小的差距，若一概论之，则有可能导致展会的效益受损，甚至会导致展会的失败。

表 11-2 所示的是 2017 年我国举行的专项奢侈品展会，可以看出，奢侈品专项展会的地域性非常的明显，基本都集中在经济发达的省市及地区。

表 11-2 我国 2017 年举行的专项奢侈品展会一览

序号	展会名称	城市	展出场地	展览面积/m²	举办时间
1	2017 第十七届中国（上海）国际眼镜业展览会	上海	上海世博展览馆	71 000	2017/2/16
2	2017 年呼和浩特珠宝玉石首饰展览会	呼和浩特	内蒙古商品交易中心	3 000	2017/3/10
3	2017 第十五届南京国际珠宝首饰展览会	南京	南京国际展览中心	18 000	2017/3/25
4	2017 东北（沈阳）第十届奢侈品珠宝文化展示交易博览会	沈阳	辽宁工业展览馆	20 000	2017/4/3
5	2017 上海国际奢侈品包装展	上海	上海展览中心	54 000	2017/4/13
6	2017 第十五届中国（温州）国际眼镜业展览会	温州	温州国际会展中心	30 000	2017/5/7
7	2017 第十一届中国重庆国际珠宝首饰玉石博览会	重庆	重庆国际会议展览中心	45 000	2017/5/20
8	2017 第二十八届中国（深圳）国际钟表展览会	深圳	深圳会展中心	45 000	2017/6/23
9	2017 第六届北京国际顶级生活品牌（奢侈品）博览会	北京	北京国家会议中心	23 500	2017/7/9
10	2017 第十二届中国重庆国际珠宝首饰玉石博览会	重庆	重庆国际会议展览中心	82 400	2017/11/4

随着针对中国先富人群的展会市场开发日渐成熟，奢侈品展会的"细分"正成为该行业关心的新话题。著名展会策展人 George Dickens 说："面对越来越激烈的奢侈品展会竞争，业内人士都在寻找新的发展模式。"其中，以下两种观点值得研究。

（1）大型综合奢侈品展未必更加有效

大而全的综合性奢侈品展会一方面能够满足多元的消费者需求，但另一方面，大型综合奢侈品展会正是因为"大而全"，导致了目标客户群体的不明确，没有做到精确地分析目标客户群，仅仅是做到了为有钱人办一个奢侈品展会，而不是为有需求的消费者举办的展会。

（2）细分：不可避免的趋势

相比较而言，上海人比较精细、成熟，奢侈品消费的心理也较为成熟。如果要在北京或上海的展览中纳入游艇环节，过关手续和成本特别高。这个类别更适合在深圳或厦门出现。在我国，南北生活习惯的差异、东西消费行为、目的的差异都会导致需求不同，这就不可避免地要进行市场的进一步细分。

案例 11.7

2013 广州国际游艇展

一场集"赛事、活动、展览、会议"于一体的复合叠加型国际游艇盛事；一个汇聚政企高层、权威专家、财富巨头、社会名流、中外传媒的平台；

规划总规模 60 000 ㎡，"海、陆、空"高端奢侈品与时尚生活方式大集结；

六大主要配套活动贯穿全程，严肃性、高端性、互动性、娱乐性全面体现；

精准宣传及整合传播融聚顶级人脉，无缝隙覆盖专业人士及高端商务人群；

优势资源大整合、大集结，协助企业赢取中国游艇经济时代的黄金商机。

1. 六大特色铸就行业标杆式盛会

① 新高度：紧密结合国家"十二五"规划及国家发展海洋经济的战略部署，助推游艇和水系运动休闲经济发展，并通过政府部门的扶持，形成政府扶持、市场运作、社会参与、中外互动的联动格局。

② 高权威：中国国家有关部委局、国家级协会和国际权威机构联袂支持，打造游艇暨水系运动休闲产业领域的标杆式盛会。

③ 高定位：打造成亚洲顶级游艇及水系休闲产业展贸平台；最终成为全球水系休闲经济领域的总部展、新品展、全球展、风向展。

④ 大平台：游艇及水系运动休闲产业"官—产—学—研—资—媒—介"大融合的平台，技术流、资金流、物流、信息流、服务流等高度聚集。

⑤ 广传播：通过整合电视、广播、报刊、网络、手机等传统媒体和新兴媒体的资源，实行精准的观众群体定位和精细的宣传投放，进行全方位、立体式、持续深化的传播模式，实现传播效应的最大化。

⑥ 高互动：高峰论坛、行业颁奖盛典等体现严肃性、高端性；游艇宝贝大赛、游艇大巡游等体现公众参与性、娱乐性；并完美对接体育、旅游、休闲、娱乐等关联市场，实现产业链全面互动。

2. 优势资源强势对接

① 积极的政策引导：中国已经启动海洋经济发展战略，其中广东省计划投入 1 万亿

元发展海洋经济。游艇经济作为海洋经济和休闲经济的组成部分,已被中国各级政府和产业界高度重视,国内有17个省市政府提出发展游艇经济,广东省也明确提出了"建设游艇旅游强省"的目标。

② 优越的自然条件:中国拥有1.8万多公里海岸线、6 500多个岛屿、24 800个湖泊,发展游艇业和水系运动休闲经济具备先天优势。而广东省海岸线长度位居全国之首,内陆河流纵横交错,连接香港和澳门;广州市区内有七条江河穿流而过直接进入南海,其市内水面面积是陆地面积的十倍以上,在全球城市中绝无仅有。

③ 巨大的市场需求:中国是世界第二大经济体和第二大奢侈品消费国,珠三角、长三角和环渤海地区人均GDP已达8 000美元以上,强大的消费潜力有望在未来几年引发上千亿元的游艇经济商机,而广东作为中国第一经济大省和富裕阶层聚集地,未来几年游艇需求量也将进入"爆发期"。

④ 强势的宣传推广:展会拟与250余家国内外媒体、100多家国内外行业机构、500多家中外游艇俱乐部合作,计划发出10万份各类邀请函及100多万条短信,并结合市场公关、户外广告、直邮系统、网站传递、大众媒体(电视、电台、报纸)、专业市场等联袂形成立体式、全方位、精准化的宣传模式,向专业人士及买家群体广泛传递展会信息和参观邀请,扩大企业的参展回报。

3. 七大关联特色展区良性互动

① 游艇邮轮及高端生活展。

② 潜水与潜水目的地展。

③ 钓鱼用品展。

④ 水上运动器材及用品展。

⑤ 水上安全及救生展。

⑥ 水上娱乐及水系景区展。

⑦ 户外装备及沙滩运动展。

4. 目标观众全面覆盖

① 跨国公司及中国大型企业。

② 富商富豪、高收入群体、行业专家。

③ 制造商、代理商、经销商、进出口贸易商等。

④ 房地产开发商、旅游开发公司、旅行社、俱乐部、高尔夫球场。

⑤ 银行VIP会员、VISA用户、通信运营商金卡用户、高端俱乐部及会所会员。

⑥ 主题公园、旅游景区、海滩、酒店、港口码头、休闲度假村、游乐场所、高档休闲娱乐场所。

⑦ 政府部门、商会、协会(学会)、商务机构、科研机构、专业媒体。

5. 展品范围

① 休闲艇、旅游观光船艇。豪华游艇/船、个人艇、橡皮艇、喷水推进艇、电力推进艇、水陆二用船艇、房艇、多体艇、钓艇、游览观光船艇、画舫船、磁力船、手划船、脚踏船、电动船、充气艇帐篷船、气垫船、漂流船等。

② 竞技艇、运动艇。龙舟、赛艇、皮划艇、摩托艇、冲浪艇、帆艇、快艇、水上健身艇等。

③ 公务艇。港作工程船、巡逻缉私船、引航船、高速客船、渡船、救生船/艇、绿色环保船艇、环境保护船、监测船、消防船等。

④ 游艇设计。外观造型设计、内装饰设计、空间结构设计等。

⑤ 游艇配件。船艇动力、控制、通信导航、工具、材料、设备、生活用品和救生配套等。

⑥ 配套服务。媒体、文化刊物、俱乐部、保养护理、游艇运输、二手交易、码头设施及管理等。

⑦ 高端生活方式。公务飞机、直升机、飞行俱乐部；房车、豪车；水岸商务地产、世界知名豪华别墅、木屋；豪华家具；马术，高尔夫；艺术品、收藏品；名酒、葡萄酒及世界奢华名品等。

⑧ 水上运动器材及用品。水上运动、钓鱼用品、潜水用品及装备、帆船帆板、冲浪装备等。

今年的游艇展吸引了来自包括意大利、英国等20多个国家和地区的百余家中外品牌同场亮相。除了找出各种豪华游艇之外，法拉利、玛莎拉蒂等顶级跑车、私人飞机等高端奢侈品也将分别在主会场和分会场奢华集结，将为观展者带来一场豪华视觉盛宴。此外，展会还将同时举办"2013国际游艇产业发展高峰论坛"，作为广东历年来举办的游艇行业最具规模、层次最高、涉及面最广的一次活动，论坛将汇聚数十名游艇业领袖、专家学者和政界、商界高层人士，齐齐探讨广东的游艇行业未来的发展方向。而除了看船看车听论坛，游艇展会当然也少不了养眼的美女。据组委会透露，展会期间还将举行"游艇宝贝秀"活动，数十名游艇宝贝比基尼秀、水手服秀轮番上演，将"美女"与"游艇"双聚焦元素完美结合，推广游艇的休闲旅游文化。

案例来源：2013年广州国际游艇展官网。

11.4.4　艺术品拍卖会

上述案例所示的专项奢侈品展会基本上是集中在有使用价值的物品上，而另外还有一类商品其收藏价值远远超过其使用价值，这类商品被称为"艺术品"。据悉，全球富豪正在放弃购买昂贵的游艇和私人飞机，而开始热衷于艺术品的投资，原因是他们认为这些资产更具有"长期价值"。而与此同时，全球最具影响力的世界上最重要的艺术博览会——马斯特里赫特艺术博览会，在10天时间里吸引了世界各地67 755名观众，130多架私人飞机在此降落。

清华大学特聘教授、我国资深营销策划人和品牌管理专家叶茂中认为，"奢侈品是一种真正的艺术美学，文化、历史、艺术赋予奢侈品灵性"，"真正的奢侈品是艺术品"。艺术品是奢侈品的一类，奢侈品包含了艺术品，但奢侈品和艺术品都有着其自身的特点，具体如表11-3所示。

表11-3 奢侈品和艺术品的区别

类别	数量	材质	工艺	加工形式	境界
艺术品	唯一性	各种材料均可	率性和理性相结合	个体创作为主	奢侈品中的极致
奢侈品	重复性	昂贵及稀少	成熟化	群体制作为主	卓越的消费品

全世界最著名的艺术品拍卖行有历史超过250年的佳士得拍卖行（CHRISTIE'S，旧译克里斯蒂拍卖行）和苏富比（Sotheby's，通常也译为索斯比拍卖行）；国内知名的拍卖行有中国嘉德拍卖有限公司、北京瀚海拍卖有限公司、北京保利国际拍卖有限公司等。

艺术品可以是奢侈品中的极品，但是奢侈品不一定是艺术品，可以说，艺术品具备了奢侈品概念中的几个要素，同属于稀缺资源，艺术品可算作奢侈品范畴。

艺术品拍卖会的筹办通常是以各拍卖公司为主体来进行的。

根据艺术品拍卖会进行的时间顺序可以将艺术品拍卖会分为拍卖前、拍卖会的实施、拍卖现场及拍卖后。

1. 拍卖前

（1）拍卖标的征集

拍卖标的征集是指拍卖人寻找和选择拍卖资源的活动，一般包括常年征集和定向征集两种方式。

文物拍卖标的征集应遵守国家有关文物拍卖标的范围的规定，并与本企业的文物拍卖资质相符。拍卖人在征集前可通过适当的媒介对其征集活动进行宣传，主要宣传内容包括：征集时间、征集地点、征集范围及联络方式。拍卖人征集拍卖标时，应安排相应专业人员参加现场征集活动，携带加盖公章的拍卖人营业执照复印件或相关证明。

拍卖人境外征集拍卖标时，应遵守国家关于文物进出境管理的相关规定。

（2）拍卖委托

① 委托拍卖合同的内容。

② 委托拍卖合同的签订。

③ 委托拍卖合同的管理。

（3）拍卖标的鉴定与审核

委托拍卖合同签订前，拍卖人应对征集的拍卖标的进行初步鉴定，根据鉴定结果决定是否接受委托。

委托拍卖合同签订后，拍卖人认为需要对拍卖标做进一步鉴定的，可依法进行鉴定。拍卖标鉴定结论与委托拍卖合同载明的拍卖标的状况不相符的，拍卖人有权要求变更或者解除合同。

拍卖人应依法将拟上拍的文物拍卖标的报所在地的省、自治区、直辖市人民政府文物行政部门审核，并依据审核意见确定是否上拍。对未通过审核的拍卖标的，拍卖人应告知委托人，并与其解除该标的的委托拍卖合同。

拍卖人对拍卖标的进行鉴定时，应制作鉴定记录。鉴定记录内容包括鉴定时间、地点、鉴定人或鉴定机构、鉴定意见和结论。

（4）拍卖标的的保管

① 库房基本设施。

② 拍卖标的存放。

③ 库房安全管理。

④ 拍卖标的入库。

⑤ 拍卖标的出库、临时出库、买受人提货、拍卖标的退还。

⑥ 库房盘点管理。

⑦ 运输包装。

（5）拍卖图录的制作

拍卖活动举办前，拍卖人应制作拍卖图录，以便相关各方了解拍卖活动及拍卖标的的基本情况。

拍卖图录一般包括以下内容：拍卖活动名称、预展及拍卖的时间和地点、拍卖规则等拍卖参与各方应知悉的内容、委托竞投授权文本、拍卖人联络方式等信息、拍卖标的基本情况及特别说明。基本情况包括拍卖标的的名称、作者及生辰、年代、形式、质地、尺寸、钤印、题跋、参考价等内容。

拍卖图录的内容应符合省、自治区、直辖市人民政府文物行政主管部门的审核意见。

对于禁止出境的拍卖标的、无保留价的拍卖标的，拍卖人应于拍卖图录上特别标注。

应竞买人的要求，拍卖人可提供拍卖标的的状态报告，以作为拍卖图录的补充。

全部拍卖标的应刊印于拍卖图录，并可根据需要配附图片，图片应尽可能准确反映拍卖标的的实际状况和品质。

2. 拍卖会的实施

（1）申报与备案

拍卖会举办之前，拍卖人应根据有关法律、行政法规的要求完成向有关行政主管部门的拍卖会申报、备案工作。

（2）拍卖公告

拍卖人应于拍卖日七日前发布拍卖公告，拍卖公告应包括以下内容：拍卖的时间和地点、拍卖标的或拍卖场次、拍卖标的的预展时间和地点、参与竞买应当办理的手续、拍卖人联系方式、需要公告的其他事项。

（3）日程安排与岗位设置

拍卖日程通常包括：新闻发布、拍卖公告、标的预展、现场拍卖、财务结算、标的移交等各阶段的实施日期和期限。

拍卖会应设置现场指挥、客户接待、安全保卫、新闻报道、联络协调、后勤保障等主要岗位。

（4）标的展示

① 标的预展。拍卖人应在拍卖前展示拍卖标的，并提供查看拍卖标的的条件及有关资料。拍卖标的的展示时间不得少于两日。预展场地应符合国家有关文物艺术品展示场地的要求，展板、展架、灯具等应符合国家安全标准。拍卖人可选择专业机构负责展区设计、展场布置工作。

② 展场布置。拍卖人可根据需要设置：展场布局图，计算机系统、通信系统及摄像系统，以及咨询接待处、竞投登记处、结算处、媒体接待处、委托竞投处、图录资料发放处等。

根据国家有关规定，展场明显处应设置安全疏散图示。

（5）竞买人登记

在办理竞买登记手续时，竞买人为自然人的，应提供本人有效身份证件；竞买人为法人或者其他组织的，应提供有效的注册登记文件、法定代表人身份证明或者合法的授权委托证明文件。竞买人委托他人代为办理竞买手续的，代理人应出具授权委托书和竞买人、代理人的有效身份证明。

拍卖人和竞买人应签署竞买协议。竞买协议的内容包括：竞买人和拍卖人的基本情况、竞买牌号，以及双方在拍卖活动中的主要权利和义务、竞买人认可的拍卖规则。

为维护拍卖秩序，拍卖人可向竞买人收取一定数额的竞买保证金，并向竞买人出具竞买保证金收据。

拍卖人发放的竞买号牌为竞买人参与现场竞价的唯一凭证。

（6）代为竞买和委托竞投

主要是指委托他人代为竞买和委托他人竞投。

3. 拍卖现场

（1）会场要求

拍卖人应根据拍卖标的状况和竞买号牌的发放数量合理布置拍卖会场。

拍卖人可在拍卖现场设置投影系统和监控系统，并根据需要设立委托竞投席。

拍卖人应落实拍卖会场的安全消防措施。

（2）拍卖主持

拍卖师应于拍卖前宣布拍卖规则和注意事项。

拍卖师原则上应按照拍卖图录号的顺序依次拍卖，如有调整，应在拍卖前予以说明。

拍卖标的无保留价的，拍卖师应在拍卖前予以说明。

（3）保留价规则

拍卖标的有保留价的，竞买人的最高应价未达到保留价时，该应价不发生效力，拍卖师应停止拍卖标的的拍卖。

（4）拍卖成交

竞买人的最高应价经拍卖师落槌或者以其他公开表示买定的方式确认后，拍卖成交。拍卖成交后，买受人和拍卖人应签署成交确认书。

（5）拍卖笔录

拍卖人进行拍卖时，应依法制作拍卖笔录。拍卖笔录应由拍卖师、记录人签名；拍卖成交的，还应由买受人签名。

4. 拍卖后

（1）拍卖结算

① 买受人结算。

② 委托人结算。

（2）拍卖档案的管理

档案资料的内容包括以下几个方面。

① 委托拍卖合同、委托人提供的对拍卖标的享有所有权或处分权的证明及其他资料、证照复印件等，以及拍卖标的的保管、保险、移交等事项的有关资料。

② 拍卖公告，包括刊登公告的剪报、电视录像、电台广播录音。

③ 拍卖标的资料，包括拍卖图录、与拍卖标的相关的各类图片、文字资料、鉴定记录，以及有关部门的批复文件。

④ 预展及拍卖现场的影像、文字资料。

⑤ 竞买登记文件，包括竞买协议、竞买人的身份证明复印件、委托代理竞买授权书，以及代理人的身份证明复印件。

⑥ 拍卖规则、注意事项、重要声明等。

⑦ 成交确认书、拍卖笔录。

⑧ 有关拍卖业务经营活动的完整账簿和其他有关资料。

⑨ 拍卖人可自行选择档案管理方式。管理方式包括：以拍卖会为单元整理存档；以资料的内容为单元分类存档。

⑩ 拍卖资料应当真实、准确、完整，查阅方便。每个拍卖档案均应建立档案目录和编号。

拍卖全过程应遵循《中华人民共和国拍卖法》《中华人民共和国文物保护法》等法律法规，在参与艺术品拍卖活动前应先行了解拍卖行的拍卖规则，签署登记文件并按照拍卖行规定缴纳竞买保证金。

案例 11.8

2017 年 2 月 15 日，湖南省汨罗市市直单位机关公车改革处置车辆首场拍卖会在汨罗江会议中心举行，49 辆公车拍出 44 辆，成交价款 187.75 万元，比起拍价 106.6 万元高 81.15 万元。

14 时 38 分，拍卖会如期举行，竞拍者在拍卖师的引导下，竞相举牌，希望拍到自己中意的车辆。首辆拍卖的车是购于 2014 年的大众 L56188，在拍卖师喊出 3.8 万元的起拍价后，立刻就有人喊出了 "6 万"，随后有人直接加价到 "8 万"，经过多轮竞价后，该车最终以 9.1 万元成交，成为拍卖会溢价最高的 "标王"。

"买公车比去二手市场购买相对放心些，车子的里程公里和年限都是准确的。" 市民郑铁清高兴地告诉记者，今天以 8.4 万元成功拍到最高起拍价为 6.5 万元的大众帕萨特牌轿车，比预期价少了近 1 万元，很划算。

"拍卖的公车车况良好，保险等手续都较齐全，过户后竞买人就能直接开车上路了。" 本次拍卖委托者湖南昌大拍卖公司相关负责人告诉记者。拍卖之前，所有车已于 2 月 13 号和 14 号在沿江大道金正农业科技园内开展公开现场看车活动，老百姓可放心购车。

本次拍卖会由汨罗市财政局委托湖南昌达拍卖公司举行，共有近 400 名市民参与了竞拍，参拍车辆品牌有本田、大众、别克等多种品牌。

案例来源：http://www.baike.so.com。

11.5　奢侈品展会服务管理

一说起奢侈品，能够联想到的就是豪华的商场、优雅的购物环境和极具亲和力的销售人员，奢侈品服务是"量身定制"的高端服务。奢侈品也好，大众休闲品牌也好，为顾客服务的宗旨是一样的，就是要让顾客感到满意。但由于这两类产品目标客户群的消费心理、消费群体的差异，导致使顾客达到满意的程度也不一样。奢侈品牌的销售场所给人一种更受重视、更加宽松、愉悦的购物氛围和购物环境。

奢侈品展会的服务也要与奢侈品的规格和品位相一致、相匹配，这样才能达到展会的效果，在研究奢侈品展会服务之前，首先来研究一下奢侈品销售人员应当具备的条件。

11.5.1 奢侈品销售人员应具备的条件

1. 良好的外形、气质条件

毋庸置疑，良好的外形条件是奢侈品品牌招聘销售人员的第一标准。外形的美感能给顾客带来美好的第一印象，会让顾客认为该品牌的销售人员和品牌的气质有很高的契合度，从而对品牌产生更进一步的认同感。

2. 品牌文化及产品知识

奢侈品销售人员必须在熟悉产品知识的同时对品牌文化有深刻的了解。奢侈品除了售卖产品以外，更多的是通过品牌的文化去影响消费者的生活和理念，譬如路易威登（LV）自1854年开始就为拿破仑三世等法国皇室贵族定制旅行皮箱，这一文化一直延续至今，LV的广告宣传片就是以旅途中的人感受到的文化、生活等细节为主题。LV的文化就是旅行的文化，"Where will life take you"的广告语也深入人心。所以，奢侈品销售人员必须了解品牌文化，并有责任传播这种品牌文化。

3. 得体的态度、语言、表情、姿态

因为奢侈品的消费者比普通商品消费者更加挑剔，能够购买该品牌产品就是证明顾客对品牌和产品都有很好的认同感，所以奢侈品销售不应让顾客感觉到迫切销售的心理，应当给顾客一个宽松的、备受尊重的、不受打扰的环境。曾有一位男性顾客去某奢侈品专卖店挑选女士皮包，当提出让销售人员挎着包展示一下的要求时，销售人员非常配合地、自信地挎着包，没有任何的语言，专业地摆着不同的姿势，展现皮包不同的角度，以供参考。销售人员十足到位的表情、姿态，促使这位顾客当场就买下了该款皮包。

4. 对产品十足的信心和全面的专业知识

奢侈品销售人员必须掌握更加全面的产品知识，以应对奢侈品受众群体更多的问题。北京金宝街宾利展厅的几名销售人员不仅熟悉宾利汽车的相关知识，而且还是宾利汽车的专家，同时也是一个"汽车行家"，能够感同身受地与顾客交流有关汽车的方方面面的话题。同时奢侈品销售人员还必须具备对产品十足的信心。中国古语说得好："相由心生。"当对本品牌产品极度自信的时候，这种自信会表现在销售人员的言语中和笑容里，会让消费者有更深切的感受，从而有更迫切地拥有产品的想法。

5. 良好的销售技巧

奢侈品的消费者对产品会更加挑剔，很多消费者是纯粹的该品牌的拥趸，但对于另外一些消费者来讲，对特定某个品牌不一定有那么强烈的归属感，有些顾客喜欢享受和店员交流

的欢乐时刻，而有些顾客则不喜欢多余的附加服务。所以，需要准确掌握每一位顾客的个人喜好和需求，以便提供有针对性的个性化服务。

销售人员销售的不仅仅是产品，而是一种全新的生活理念。

6. 了解有关风土人情

对于奢侈品销售人员来讲，不仅需要了解产品，还要研究消费者，要研究这个层次消费者感兴趣的话题和关注的话题。好的销售人员应当能够通过一次销售让顾客感受到朋友的温暖，这时共同的话题是一个很好的切人点。

11.5.2 奢侈品展会服务

展会的常规服务在第5章中已经做了详尽的描述，本章不再重复讲解。本章主要针对奢侈品展会中特有的一些服务内容进行阐述。

1. 品牌推介会餐饮服务

对于单独品牌的推介会这种形式的奢侈品展会来讲，餐饮必须符合奢侈品发布的格调。这类推介会通常会以冷餐会、酒会的形式举办，这就需要提供相应的餐饮服务，主办方需要大致计算邀请的专业观众、媒体、特邀嘉宾的人数，根据人数安排场地和餐饮。通常情况下奢侈品品牌推介会餐饮的形式是灵活的冷餐会，仅提供少量的便于取放、食用的小西点和品种繁多的酒水饮料，器具、酒水、西点的准备都可以委托专业的冷餐会制作公司。大的西餐厅和五星级酒店一般都会提供该项服务。为了很好地控制成本，主办方只需要提供参展人数和标准即可。

品牌推介会的餐饮服务只是简单的配角，不宜将餐饮服务隆重化，以免引起"喧宾夺主"的副作用，而且配餐必须是简单的西点。方便、快捷、无异味是奢侈品品牌推介会餐饮的根本要求。

2. 奢侈品展会观众邀约服务

由于奢侈品展会的特殊性，观众群体的来源和一般展会观众群体的来源有所区别，奢侈品展会的目标客户群很确定。观众群体主要集中在豪宅业主、豪车车主、企业家、各大奢侈品品牌管理的 VIP 客户、国际银行 VIP 理财客户、各大会所的会员、各大媒体等。多数会展公司提供" 专业观众解决方案"，这些公司会有相应的专业观众的数据库资源，并设有独立运营或者委托运营的呼叫中心。这项工作可委托进行。

对于品牌推介会而言，观众的群体更为具体一些，主要是以各大媒体为主，同时会邀请业界人士、相关明星及品牌形象代言人。

邀约的方式有邀请函、杂志广告邀约、邀请电话、业内朋友推荐等。奢侈品展会由于其特殊性，会以小众圈内相互邀约的方式进行，通常不会直接采取电子邮件的方式来邀约。

邀约成功后，应当在展会前对参加展会的所有受邀观众的喜好、参加展会想要获取的信息进行沟通，做到心中有数，以便展会的召开做好准备。

3. 拍卖会服务

拍卖会因其商品的特殊性，一些大型的拍卖公司还会为顾客提供对艺术品、古董等物品优质完善的安保、运输及储藏服务。这些服务发生于拍卖前、中、后全过程，属于拍卖会的拓展服务内容。

案例 11.9

佳士得艺术品服务——新加坡自由港

一、保险服务

1. 一应俱全的优质服务

客户的需要各有不同，因而需要复杂的保险安排及投多份保单。现在，佳士得保险服务为您提供一份全面保障，不但迎合您的多种保险所需，更令投保变得简单，免去繁复的行政工作。在佳士得的悉心安排下，您只需记住一个续保日期和支付一笔保费，其余佳士得会为您办妥，从此无须再受四处奔波之苦。

2. 度身设计，切合需要

传统保单未必切合佳士得客户的各种需要。因此我们会细心聆听您为珍藏和资产投保的特定需要，为您设计最合适的保单。保单会提供涵盖各国的全球保障，更具弹性，让您随时随地处理借贷、搬运及修复藏品等安排，并获得最佳的保障。佳士得更会为您统筹所有保险安排与其他服务，包括艺术品出舱服务、艺术品运输服务及拍卖服务，加倍方便。

3. 个人化服务

佳士得会为您安排一名客户经理，随时为您效劳，并提供各种保险意见，协助您更改保单的保障范围或处理索偿。客户经理会与您于保持密切联系。作为佳士得保险服务的客户，您亦可获得佳士得专家提供的艺术收藏意见和支援。佳士得与保险服务合作伙伴会联手提供其他增值服务，例如风险管理意见或家居生活方式安全检查等。

4. 免费检查保单安排

佳士得保险服务的主要特色之一，是免费为您检查现在的保单安排。我们会评估保单是否存在漏洞或不保事项，并在有需要时提供最佳建议方案。如欲安排检查（佳士得概不承担任何责任）或了解佳士得保险服务，请随时联系我们。

二、佳士得艺术品储藏服务——新加坡自由港

新加坡佳士得艺术品储藏服务位于亚洲区内唯一一个自由港——新加坡自由港。这里以瑞士自由港为蓝本，自由贸易区更全天候运作。

新加坡佳士得艺术品储藏服务的优势包括：

① 在自由港内进行的所有交易均可获豁免地方税。

② 外地人士可以无限期贮存、展示及买卖收藏品，并享有绝对保密性和豁免地方税。

③ 简易的海关程序，保障客户隐私。

④ 进口物品无须提供担保。

⑤ 可从飞机直接取得物品。

1. 尖端科技

新加坡佳士得艺术品储藏服务采用最先进的科技，确保所有寄存的收藏品安全妥当，采用的科技包括：

① 生物认证读取器、电子锁、动态侦测仪、红外线检查录像机和动作感应屏幕。

② 隔热系统。

③ 太阳能冷冻技术，维持室内温度在 21 摄氏度（70 华氏度）以下。

④ N+1系统设定，确保温度不变。

⑤ 隐形雷射光线包围整座设施。

⑥ 覆盖全面的烟雾感应器、热感器和水侦测系统。

⑦ 综合实物及电子监察系统。

⑧ 无线扫描和条码系统，追踪所有管理的藏品。

2. 完备设施

佳士得艺术品储藏服务位于便利的新加坡樟宜国际机场内的自由港。这座占地6 000平方米的设施，体现了现代化技术和环保设计的理念，特点如下。

① 地处樟宜国际机场内，可以直接到达飞机跑道，运送艺术品更快捷方便。

② 保安科技包括辅助武装警力、隐形镭射感应装置和生物认证系统组成的24小时电子监控系统。

③ 环境控制符合艺术品存放标准，另有储存酒品的专门区域。

④ 私人观察室。

⑤ 自由港内的综合专业服务提供快速包装和运输服务。

3. 专业团队

佳士得艺术品储藏服务的所有员工都经过精心筛选，并进行严谨的背景审查。每位员工须接受专门训练，了解佳士得拍卖行200多年处理艺术品设计的各个范畴。佳士得艺术品储藏服务的员工将会应用佳士得的专业知识，迎合处理艺术品、古董及收藏品独特的要求，并为不同种类的艺术品建议最佳的储存环境。

4. 储存空间

① 独立储存空间。

② 专人管理储存服务。

③ 专人管理储存室。

④ 酒品储存。

⑤ 独立珠宝首饰保险箱。

5. 优质服务

① 定制服务。佳士得艺术品储藏服务的客户可尊享以下独家免费服务：

接收藏品、检查及安装服务、运送安排、上网服务、网上账户管理

② 专人管理储藏——附加服务。相片记录藏品、藏品检查笔记、存储的包装、无线扫描和条码、网上存货管理。我们的安全网上账户管理系统允许客户从世界上任何地方处理他们的珍藏。通过系统，所有CFASS客户能观看和处理他们的账户、预订藏品的运输和储备参观室。使用专人管理储存的客户能够在网上观看藏品相片、描述、检查笔记、被包装的大小和包装的类型。客户如希望详细编目各自的藏品也能在网上的二十五个领域编辑。

③ 额外定制服务。根据需要，佳士得艺术品储藏服务将协调直接存取各种各样的服务，包括：评估、拍品交托管理、货款抵押管理服务、艺术品保险、私人买卖服务。

资料来源：佳士得官方网站。

4. 展会现场服务

展会举办期间，各参展厂家都会委派最专业的销售顾问、大区销售总监参加展会，对于产品的服务展会组织者完全可以不用参与，需要提供的是场内外的引导和咨询客服人员。相比较其他类型的会展活动，奢侈品展会的客流量不是很多，同时奢侈品消费者有更强烈的被重视的情绪，所以展会组织方应当筹备尽可能多的人员进行展会接待。在受邀观众到达场馆的时候，组织方应当安排专人进行接待，按照展前沟通过程中了解的受邀观众的个人需求，直接引导受邀观众到自己所关注的产品展台或展厅。

案例 11.10

首届宁波顶级私人用品暨奢侈品展整体方案

前言：浙江宁波地处中国东南沿海、长三角南翼，国家首批沿海开放和享有省一级经济管理权限的计划单列副省级城市，头顶国家首批十佳办展城市、中国外商投资最佳城市、国家历史文化名城、中国优秀旅游城市等荣誉光环。作为重要的区域经济中心、航运中心、物流中心、交通枢纽和对外贸易港口，宁波商业资源优越、经济发展迅猛。随着杭州湾大桥的正式通车，宁波更是成为了中国经济新一轮发展的重点和热点。

强大的经济实力、厚重的文化沉淀、激增的消费能力和欲望，使宁波成为名副其实的最具消费潜力的城市，特别是顶级私人用品、奢侈品、艺术收藏品更是达到前所未有的消费热度。据权威调查，中外许多奢侈品、艺术品展会上的买家就是出自于宁波。

为了展示当今国际奢侈品品牌艺术的无穷魅力，充分体现中国本土奢侈品的文化与特色，揭示国际奢侈品潮流的精髓，同时给国内外顶级时尚品牌搭建一个平台，拉近奢侈品、艺术品与顶级财富人士的距离，为企业品牌和个人发展提供一个良好的发展契机，特按照宁波市政府关于打造国际会展之都，提升宁波国际化程度和城市品牌建设的相关指示精神，立项本案。

一、指导思想

本届奢侈品展将围绕"会聚国际极品，引导顶级消费"的活动主题，坚持以"传递文化、提升品位；会聚极品、引导需求"为宗旨，以"提升城市形象，升级消费结构"为目标，以国际化、品牌化、专业化、市场化、信息化为方向，通过举办产品展示与交易、趋势发布与论坛等活动，树立宁波奢侈品消费地位，提升城市形象和国际知名度，使本展会成为我国重要的奢侈品、收藏品展示、交易和消费平台。

二、主要活动内容

（一）首届宁波（国际）顶级私人用品暨奢侈品（收藏品）展

1. 参展商品

（1）驾乘天下——顶级跑车、房车、赛车、摩托车、豪华游艇、私人飞机等。

（2）品味巅峰——珠宝名表、服装服饰、名酒美食、雪茄烟具、娱乐视听、休闲健身、贵重礼品、名贵宠物等。

（3）家居至尊——豪宅、别墅、收藏品、艺术品、古玩、名贵家具、家居装饰等。

（4）高贵服务——私人会所、高尔夫球会、游艇俱乐部、顶级酒店、奢华旅游、航空公司、金融理财、移民咨询、贵族学校、高档美容及医疗机构等。

2. 参观观众

(1) 江浙商会、企业家协会会员。

(2) 豪华车车主：15 种顶级品牌跑车、豪华轿车车主。

(3) 顶级房产业主：30 家别墅、高档楼盘业主及准客户。

(4) 会所和酒店：50 家顶级高尔夫球会、游艇俱乐部、私人会所会员；高级五星级酒店行政层客人。

(5) 品牌名店：60 余家顶级商场及奢侈品专卖店消费客户。

(6) 使领馆和外国人及国外政府机构和公司驻甬机构代表。

(7) 宁波市房产企业、外贸公司、媒体机构等公司和机构负责人。

(8) 各大奢侈品牌商 VIP 客户。

(9) 各银行 VIP 客户。

(10) 各保险公司 VIP 客户。

(11) 各证券公司 VIP 客户。

(二) 2008 中国（宁波）奢侈品高峰论坛

主要包括中国奢侈品发展现状和趋势、国际奢侈品与中国文化的差异、奢侈品的身份定位等论坛主题。旨在通过论坛形式，向目标客户、商业机构介绍中国奢侈品的巨大潜力、发展中存在的问题及培养基本的奢侈品消费注意常识。

(三) 奢侈品品牌发布会（推介会）

应参展品牌商的邀请，主办单位将配合其完成新品上市发布、业务咨询等活动，旨在将参展品牌详细、直白地向目标消费群体进行推介，广泛地传播企业品牌和上市产品，追求展会的实效化和功能化。

(四) 奢侈品体验营销

参展商可以申请特殊场地，开展企业产品的体验营销宣传活动，通过观众的亲身体验，达到真实的享受感觉，激发目标群体的购买和消费欲望。

三、组织机构

(一) 主办单位

(二) 协办单位

(三) 承办单位

(四) 组委会

(五) 组委会工作机构

组委会下设办公室，为展会常设机构。根据工作需要办公室下设综合协调部、招展统筹部、招商统筹部、宣传推广部、论坛活动部和后勤保障部，具体负责展会相关活动的组织、协调及实施。

1. 综合协调部

围绕奢侈品展览的工作重点，强化协调和服务功能，发挥枢纽、渠道作用，全面掌握情况。具体包括：奢侈品展的调查、研究、立项，出台整体方案；制订工作方案和活动计划；编制经费预算，筹措资金，核定各项支出；会刊、证件礼品制作；衔接新闻媒体宣传、活动总结评比；协调各部工作进度等。

2. 招展统筹部

负责组织、实施展务工作。具体包括：展会的总体招展；展区设定和摊位总体安排；总体形象设计和布局、特装图纸审定和搭建协调；参展企业资格审定和联络；展馆的现场协调、管理；展览业务资料的整理、汇总、业务统计等。

3. 招商统筹部

负责制订招商工作计划并组织实施。具体包括：制订专业观众和高端人群的邀请工作计划；国内外客商邀请、联络；负责掌握客户情况，整理客户资料；负责展会的招商推介及广告宣传的组织实施工作；配合后勤保障部做好客商接待工作等。

4. 宣传推广部

主要负责展会的整体宣传事宜，制订详细的宣传推广计划；联系目标媒体并达成相应合作内容；及时掌握展会进展情况，并动态更新展会情况，配合招商统筹部邀请国内外的高端人群；负责新闻发布会、论坛活动等重要活动的新闻宣传和记者陪同。

5. 论坛活动部

主要负责与展会相关的论坛、发布会、体验营销等系列专业活动。具体包括：活动方案制订；与参展品牌企业的沟通和衔接；参会专家、单位、观众邀请；具体活动方案的组织实施及现场管理；配合后勤保障部做好客商接待工作等。

6. 后勤保障部

制订展会接待总体方案，并组织实施。具体包括：重要领导、来宾、观众接待方案的制订；负责重要境内，特别是国外政府和公司驻甬负责人的联络、接待安排；协调安排客商参加各项活动；做好组委会安排的其他工作等。

四、展区设置和展位价格

本届展会共设"驾乘天下"展区、"品味巅峰"展区、"家居至尊"展区、"高贵服务"展区等四大展区。其中，展位价格如下。

- 4 m×4 m 国际标准摊位收费：8 000 美元/个。
- 3 m×3 m 国际标准摊位收费：6 000 美元/个。
- 光地：收费 380 美元/m²，36m² 起租。

注：摊位费用包括：展地租金、展馆保险、保安、开幕仪式、领导邀请、豪华酒会、名酒品尝、广告宣传、网络推广、摊位搭建、会议接待、机场接送、设计印刷、会刊、纪念礼品、歌星邀请及工商、消防、治安等单位手续报批费用等。

五、主要工作内容

（一）招展工作

本展会招展完全采用市场化运作的招展理念开展，但同时充分发挥行业协会、展览公司和国内外代理机构等各方积极性，形成合力，进一步建立健全招展网络，巩固展会规模，努力提高参展品牌的国际性和档次。

（1）编制招展细化方案，进一步充实和完善展商的数据库资源，并积极发展有关代理机构，特别是国外代理机构，充分体现参展商和参展品牌的国际化程度。

（2）加强与知名银行、保险机构、证券公司、房产公司、品牌汽车 4S 店、收藏品经营机构、奢侈品代理商、私人游艇会所、商务会所及高档酒店等地方的联系力度，确保本地参展品牌达到 50％左右。

（3）向长三角以外的区域进行拓展，积极加强与北京、上海、广州、深圳等中国大型城市奢侈品代理机构或生产厂家的联系力度，争取这些地方参展品牌达到 30％左右。

（4）主动寻求海外招展代理机构，特别是发展美国、日本、西欧等地方的代理机构进行海外招展，并争取海外品牌参展比例达到 20％左右。

（二）招商工作

强化专业观众和目标消费者邀请的重要性，进一步加大投入，创新招商方式，增强招商针对性和实效性，通过会员直邮、预约直邮、电话邀请等方式广邀国内外财富人士和实力买家参会参观，努力提高招商的广度、深度。

（1）积极做好上海、北京、深圳、广州、青岛、武汉、重庆、厦门等地方奢侈品展客商的邀请工作，并加大长三角区域实力买家的数据收集和整理，做好沟通、邀请工作。

（2）通过海外代理机构在境内外有影响的展览会上发请柬 10 万份，在国内外重点展会上设立招商广告牌和观众登记处。

（3）加大高端杂志、报纸、网站的招商力度，并发展代理招商机构，通过海外招商，吸引大批海外买家来甬。

（4）整合资源，利用公司现有的高端客户数据库，广泛邮寄邀请函。

（三）宣传推介工作

加大宣传投入力度，整合宣传资源，进一步提高本展会的知名度和影响力，吸引更多品牌参展和实力买家来甬参会。

1. 刊物宣传

展会将在《亚洲新闻人物》《浙商》《中国企业家》《奢侈品》《瑞丽》《经典高尔夫》《中华宝艇》《地标》《汽车博览》《世界经理人》《总裁》《商界时尚》等全国发行的高档期刊采用形象广告和软文配合的方式进行连续报道。

2. 报纸宣传

展会将在《中国经营报》《第一财经》《经济日报》《国际商报》《中国房地产报》《21世纪经济报道》《浙江日报》《宁波日报》《东南商报》《现代金报》等报刊媒体进行专题采访及连续报道。

3. 网络宣传

设立 2008 首届宁波（国际）顶级私人用品暨奢侈品（收藏品）展官方中英文网站，与中国经济网、新浪网、搜狐网、雅虎网、21CN 网、贵人网、龙今网、奢侈品网等网络媒体建立网站链接，并进行系列宣传报道。展会与新浪网合作，对展会进行现场采访及直播，并做特别报道。

4. 电视宣传

展会将在央视、凤凰卫视、浙江卫视、宁波电视台、分众传媒、宁波移动数字传媒等电视媒体对展会新闻发布会、开幕式、展会现场盛况等进行综合报道，并做专题采访；

同时与宁波音乐交通频道合作，对展会盛况进行现场直播。

5. 户外广告

展会将在杭甬高速、同三高速、杭州湾大桥、机场路、环城路及市区主要繁华路段设立大型户外广告牌；在宁波的高档酒店、会所、餐饮企业、汽车4S店、超市、大型购物广场等地方摆放易拉宝形象广告、张贴海报。

六、主要工作进度安排

（1）制订《2008首届宁波（国际）顶级私人用品暨奢侈品（收藏品）展总体方案》。（2008年6月）

（2）建立相关工作机构，明确工作职责。（2008年7月上旬）

（3）落实展位规划、招展招商工作方案，印制各类招商招展资料。（2008年7月中旬）

（4）开展招展、招商和宣传活动。（2008年7月下旬至10月上旬）

（5）召开新闻发布会，完成各种论坛活动、品牌发布会的准备工作。（2008年9月下旬）

（6）完成展馆总体形象设计、现场广告、改装展位设计。（2008年10月上旬）

（7）完成展位费收取和特装图纸审定工作。（2008年10月15日前）

（8）完成展务管理和来宾接待准备工作。（2008年10月17日前）

（9）特装、改装单位进场施工。（2008年10月19日）

（10）参展企业布展。（2007年10月19—22日）

（11）举行开馆仪式（2007年10月22日上午8:30）

资料来源：媒体资源网。

本 章 小 结

奢侈品在我国的消费势头造就了奢侈品展会的风生水起。本章从奢侈品的特点和分类出发细分了奢侈品目标客户群市场，并将奢侈品展会分为品牌推介会、综合性展会、专项展会和艺术品拍卖会四个方面，将大量与奢侈品展会相关的案例纳入到本章的研究探讨范围内，让奢侈品展会更生动、更灵活地展现在读者面前。由于奢侈品展会的独特性，还将奢侈品展会的服务管理单独列出，并进行了分析和整理。

课 后 习 题

1. 简述奢侈品的特点及其分类。
2. 简述奢侈品展会的分类及其特点。
3. 根据对 Top Marques 奢侈品展会的了解，简述综合类奢侈品展会的特点。

参 考 文 献

[1] 西斯坎德. 会展营销全攻略：循序渐进解开成功会展的秘诀. 上海：上海交通大学出版社，2005.

[2] 闫蓓. 会展策划. 2版. 北京：高等教育出版社，2009.

[3] 奥古斯丁. 危机管理. 北京：中国人民大学出版社，2001.

[4] 希斯. 危机管理. 宋炳辉，译. 北京：中信出版社，2010.

[5] 孙晓亚. 会展旅游业和会展业相互关系的研究. 科技信息，2010（1）.

[6] 刘阳. 中国品牌之道. 北京：中国工人出版社，2006.

[7] 刘松萍. 会展营销与策划. 北京：首都经济贸易大学出版社，2010.

[8] 华谦生. 会展管理. 广州：广东经济出版社，2004.

[9] 周云. 奢侈品品牌管理. 北京：对外经济贸易大学出版社，2010.

[10] 程爱学. 会展策划宝典. 北京：北京大学出版社，2008.

[11] 周云. 品牌学原理与实务. 北京：北京交通大学出版社，2009.

[12] 刘松萍. 会展、经济与城市发展：关于"广交会"的综合研究. 北京：中央编译出版社，2008.

[13] 杨勇. 现代会展经济学. 北京：北京交通大学出版社，2010.

[14] 刘晓杰. 会展服务. 北京：化学工业出版社，2009.

[15] 杨顺勇. 会展项目管理. 上海：复旦大学出版社，2009.

[16] 许传宏. 会展服务管理. 北京：北京大学出版社，2010.

[17] 过聚荣. 2006—2007年中国会展经济发展报告. 北京：社会科学文献出版社，2007.

[18] 王方华. 中国会展经济发展报告：2009. 北京：社会科学文献出版社，2009.

[19] 应丽君. 会展服务管理. 北京：机械工业出版社，2007.

[20] 金辉. 会展概论. 上海：上海人民出版社，2006.

[21] PETER J. 消费者行为与营销战略. 王苇南，译. 8版. 大连：东北财经大学出版社，2009.

[22] 卢晓. 节事活动策划与管理. 上海：上海人民出版社，2006.

[23] 谭红翔. 会展文案写作实务. 大连：东北财经大学出版社，2010.

[24] 张敏. 中国会展研究30年文选. 上海：上海交通大学出版社，2009.

[25] 梁海军. 开会原则：成功的会议管理. 北京：中国物资出版社，2004.

［26］ 王云玺. 会展管理. 上海：上海交通大学出版社，2006.

［27］ 王首程. 会议管理. 北京：高等教育出版社，2003.

［28］ 龚维刚. 会展实务. 上海：华东师范大学出版社，2007.

［29］ 游昌乔. 危机公关：中国危机公关典型案例回放及点评. 北京：北京大学出版社，2006.

［30］ 马勇. 大型活动策划与管理. 重庆：重庆大学出版社，2007.

［31］ 华谦生. 会展策划与营销. 广州：广东经济出版社，2008.

［32］ 马勇. 会展项目管理. 重庆：重庆大学出版社，2007.

［33］ 镇剑虹. 会展策划与实务. 上海：上海交通大学出版社，2005.

［34］ 陈立. 浅议企业危机环境下的媒体管理. 现代企业教育，2010.

［35］ 李智华. 德国会展业给我国会展业的启迪. 北方经贸，2007（2）.

［36］ 冯玮，杨文彬. 美德会展业发展比较及其启示. 国际旅游研究，2009（8）.

［37］ 韦小良. 新加坡会展业成功战略的探讨. 桂林旅游高等专科学校学报，2003（12）.

［38］ 周志平. 如何培育会展品牌. 北方经济，2006（10）.

［39］ 金蓓. 电子商务在现代城市会展行业中的应用. 北京城市学院学报，2005（3）.

［40］ 林跃英. 对我国会展旅游发展若干问题的初步探讨. 旅游学刊，2002（6）.

［41］ 王宝伦. 会展旅游发展模式之探讨. 旅游学刊，2003（1）.

［42］ 刘助忠. 浅议会展营销新观念. 现代企业教育，2007（3）.

［43］ 林跃英. 对我国会展旅游发展若干问题的初步探讨. 旅游学刊，2002（6）.

［44］ 孙伟. 服务视角下的会展企业营销. 市场研究，2006（6）.

［45］ 马世俊. 会展的作用及我国会展存在的问题. 广西财经学院学报，2008（2）.